○

《기후변화의 심리학》에 쏟아진 찬사

"기후변화 과학은 쉽다. 화석연료를 연소하면 지구온난화를 유발하는 온실가스가 발생한다는 것이다. 하지만 사람들은 쉽사리 화석연료와 온실가스를 연결 지어 생각하지 않는다. 조지 마셜은 그것을 우리에게 일깨워 준다."

__ **빌 나이**Bill Nye

"조지 마셜은 사람들이 집단적으로 기후변화를 부정하는 심리를 가장 흥미롭고 도전적이며 독창적인 방식으로 통찰하는 사상가들 중 한 명이다. 그의 조언에 귀를 기울인다면 아마도 우리는 우리의 생존을 위협하는 이 위기를 직시하고 행동할 용기를 얻을 수 있을 것이다."

__ **나오미 클라인**Naomi Klein 《이것이 모든 것을 바꾼다》, 《쇼크 독트린》의 저자

"마셜은 이제 우리 모두가 죄책감만 느끼던 상태에서 탈피하여 지구를 구하기 위한 정책을 실행에 옮김으로써, 당면한 기후변화에 맞서야 한다고 제안한다."

__《**보스턴 글로브**The Boston Globe》

"흡인력 있는 책이다. 이 책은 정책 입안자, 풀뿌리 환경 운동가, 일반 대중이 너무 늦기 전에 기후변화에 맞서 행동을 취하도록 도와 줄 효과적인 동기 유발 자극제가 될 것이다."

__《**북 리스트**Booklist》

"빠져들게 되고, 전체를 아우르며, 대단히 읽기 쉽다."

"논지가 명확하고 충분한 조사를 바탕으로 쓴 책이다. 전문 용어를 줄이고 이야기에 집중했다. 설사 '기후변화'라는 단어만 들어도 졸리더라도 이 책은 읽어라."

"멋지고 쾌적한 다른 길이 있는데도 우리가 계속 위험한 길을 가는 이유를 명확하게 밝힌다."

"이 책은 읽고 치우는 책이 아니라 반복해서 읽고 지적으로 논의할 가치가 있는 책이다."

"생생하고 과격하지 않게 설명한다. 기후변화에 대비해야 한다고 주장하는 이들이 메시지를 제대로 전달하지 못한 이유와 그들이 무엇을 해야 하는지를 통찰력 있게, 때로는 비판적으로 살펴본다."

"흥미진진하다. 많은 해답을 제시한다."

"우리 모두를 위한 진정한 자기 탐구의 도전이다. 마셜은 공정하고 공평한 세상으로 나아가는 용감무쌍한 원정의 길목을 비춘다. 정신이 번쩍 들지만 동시에 희망을 주는 책이다."

"깨달음을 준다."

__《퍼블리셔스 위클리Publishers Weekly》

"포괄적이고 흡입력이 있다. 《기후변화의 심리학》은 기후변화 논쟁에 중요한 사회과학적 관점을 제시하면서, 그것을 이해하기 쉽고 흥미로운 방식으로 보여준다. 마셜은 기후 논쟁의 핵심은 이산화탄소와 기온 변화 모형에 있는 것이 아니라, 편향과 가치, 이념에 있음을 증명한다."

__《스탠포드 소셜 이노베이션 리뷰Stanford Social Innovation Review》

"굉장하다."

__《그리스트Grist》

"기후변화 과학과 시급한 정책적 함의를 전파하는 데 관심 있는 모든 사람이 읽어야 할 필독서."

__《크리티컬 앵글Critical Angle》

"마셜은 암울한 미래를 경고하면서도 해결책을 제시한다. 그는 기후변화 위협의 절박성을 외치는 동시에, 행동에 나서도록 사람들을 자극하는 메시지를 전달한다. 이 책에서 인터뷰한 전문가들의 의견이 옳다면, 자멸의 길로 가고 있음을 깨닫지 못하는 인간의 본성과 너무나 교묘하게 과학과 정책 수립의 기반을 약화시키는 화석연료 산업 때문에 인류는 결국 멸망하고 말 것이다. 전문가들이 틀렸기를 기도하자."

__《리서전스 앤드 에콜로지스트Resurgence & Ecologist》

기후변화의
심리학

기후변화의
심리학

조지 마셜 지음 | **이은경** 옮김

우리는 왜 기후변화를 외면하는가

갈마바람
Galmabaram

01

의문

1942년 폴란드의 레지스탕스 얀 카르스키는 대법원 판사 펠릭스 프랑크푸르터 앞에서 자신이 직접 목격한 바르샤바 게토 소탕 작전과 벨제크 강제 수용소에서 벌어진 폴란드 유태인 학살을 증언했다. 유태인이자 당대의 저명한 법조인이었던 프랑크푸르터 판사는 카르스키의 증언을 들은 뒤 "솔직히 말해야겠습니다. 그의 말을 믿을 수가 없군요."라고 말했다. 그러고는 이렇게 덧붙였다. "이 젊은이가 거짓말을 하고 있다는 소리가 아닙니다. 그가 한 말을 믿을 수 없다는 뜻입니다. 이는 서로 다릅니다."

받아들이기에 너무나 고통스러운 것들을 외면하고자 자신이 아는 사실에서 믿고 싶은 것만 믿는 우리의 능력을 어떻게 설명해야 할까? 증거를 직접 눈으로 보기까지 했으면서도 그것을 감당할 수 없다고 느끼면 뭔가를 고의로 무시해버리는 것이 어떻게 가능할까?

기후변화°를 위해 일해 온 내내 이런 질문이 머리에서 떠나질 않았다. 그 질문의 답을 찾고자 나는 이 책을 쓰게 되었고, 여러 해에 걸쳐 심리학과 경제학, 위험 인식, 언어학, 문화인류학, 진화심리학 분야의 세계적 전문가들은 물론, 수많은 평범한 사람들과도 많은 이야기를 나눴다.

그 여정의 각 단계마다 나는 사람들이 기후변화 문제를 이해하는 방식을 알고자 애썼으며, 그 과정에서 설명이 필요한 무척 흥미로운 특이 사례와 역설들을 발견했다.

- 홍수, 가뭄, 극심한 폭풍의 피해자들이 기후변화에 대해 말하기를 꺼리거나 심지어 기후변화가 실재한다는 사실조차 받아들이려고 하지 않는 이유는 무엇인가?
- 기후변화는 확실하지 않으니 믿을 수 없다고 말하는 사람들이 테러나 소행성 충돌, 외계인 침공 등을 눈앞에 닥친 위험으로 쉽게 확신하는 이유는 무엇인가?
- 일반적으로 우리 사회에서 가장 신뢰받는 전문가들인 과학자들이 불신이나 증오, 난폭한 욕설의 표적이 되는 이유는 무엇인가?
- 미국 최고의 일류 과학박물관에서 매년 100만 명이 넘는 사람들에게 기후변화는 자연의 순환에 따른 것이며 인간은 새로운 신체 기관을 발달시켜 이에 적응할 수 있다고 설명하는 이유는 무엇인가?

° 물론 기후는 항상 변화하고 있지만, 나는 여기에서 기후변화를 '직간접적인 인간 활동의 결과로 지구 대기의 구성이 바뀌고 (비교 가능한 기간을 관측했을 때) 기후가 자연적 변동의 범위를 넘어 변하는 현상'으로 규정하는 국제법상의 정의를 따른다.

- 사람들 중에서도 특히 공상과학물에 열광하는 이들이 정작 미래의 실제 모습이 어떨지는 그다지 상상하고 싶어 하지 않는 이유는 무엇인가?
- 아이가 생기면 기후변화에 관심이 줄어드는 이유는 무엇인가?
- 합리적이어야 할 정책 협상은 어쩌다가 가장 눈치 빠르고 공격적인 참가자가 이기는 토론 게임으로 전락했는가?
- 심지어 대통령조차 국립과학원이 아닌 인기 스릴러 작가에게서 기후과학에 대한 조언을 구할 정도로 미신과 거짓말에 근거한 이야기들이 설득력을 얻는 이유는 무엇인가?
- 석유회사가 자사 제품이 만들어내는 위협보다 미끄러운 바닥 때문에 생기는 위협을 훨씬 더 걱정하는 이유는 무엇인가?

이런 의문을 제기하는 과정에서 나는 기후변화를 완전히 새로운 시각으로 보게 되었다. 즉 과학 대 이권, 혹은 진실 대 허구의 미디어 싸움이 아닌, 세상을 이해하는 우리의 능력에 대한 궁극적인 도전으로 인식하게 됐다. 다른 무엇보다도, 기후변화는 우리 내면의 심리를 드러내고 우리가 보고 싶은 것만 보고 딱히 알고 싶지 않은 것은 무시해버리는 비범한 재능을 타고났음을 보여 준다.

나는 소규모 교육 자선단체에서 일하면서, 비영리단체와 정부기관, 기업들을 대상으로 많은 사람이 별로 이야기하고 싶어 하지 않는 주제를 어떻게 하면 좀 더 잘 이야기할 수 있을지를 조언해왔다. 나는 내 경력의 대부분을 나처럼 사회 문제에 관심이 많고 전문 지식을 지닌 진보적 성향의 환경 운동가들과 함께 일해 왔기 때문에, 이 책을 쓰는 과정에서 나와는 완전히 다른 세상에서 사는 사람들에게서 배울 게 많다는 사실을 깨닫게 된 것은 뜻밖의 즐거움이었다.

텍사스에서 티파티Tea Party(2009년 미국에서 조세저항운동을 이끈 보수단체—옮긴이) 활동가들과 이야기를 나누다가, 나는 왜 우리 환경 운동가들이 유독 티파티 활동가들의 관심을 얻는 데 실패해왔는지 의문이 들었다. 복음주의 기독교 지도자들과 이야기를 나누면서는 믿음과 지식의 경계가 궁금해졌다. 심지어 내가 평생을 바친 일을 깎아내리는데 몰두한 사람들과 만나는 일도 즐겼다.

따라서 나는 기후변화를 믿지 않는 사람들을 공격하려 애쓰지 않는다. 나는 그들이 어떻게 그런 결론에 이르렀는지 알고 싶다. 마찬가지로 기후변화를 믿는 사람들은 어떻게 그런 결론을 내리고 유지하는지도 알고 싶다. 나는 내 의문에 대한 진짜 답은 우리를 가르는 차이점에 있는 게 아니라, 오히려 우리 모두가 공유하는 것들, 즉 공통적 심리, 위험에 대한 인식, 가족과 종족을 지키려는 강렬한 본능에서 찾을 수 있다고 확신한다.

그런 오래된 심리나 본능은 기후변화 대처에 그다지 도움이 되지 않는다. 이 책에서 나는 기후변화가 인간의 위험 감지 본능을 움직일 만큼 어떠한 명백한 신호도 보내지 않으며, 위험하리만치 잘못 해석될 소지도 다분하다고 주장할 것이다.

전문가와 비전문가를 막론하고 모두가 기후변화를 그들의 가치관과 억측, 편견을 투영한 이야기로 변질시킨다. 이 책에서는 어떻게 이런 이야기들이 사람들의 입을 거치는 동안 그들만의 관습에 따라 진화하고 권위를 획득하면서 독자적인 생명력을 얻게 되는지를 설명한다.

그중에서도 말로 표현되지 않는 이야기, 즉 침묵이라는 집단적 사회 규범이 가장 폭넓게 퍼져있다. 기후변화에 대한 이런 반응은 또 다른 거대한 금기인 죽음에 대한 반응과 매우 유사하며, 인정하고 싶지는 않지만 둘 사이에는 생각보다 훨씬 많은 공통점이 있는 듯하다.

기후변화를 받아들이려면 적절한 책을 읽거나 잘 만든 다큐멘터리를 보거나 무엇이 선의의 행동인지 확인하는 정도로는 부족하다. 거기에는 신념이 요구된다. 신념이란 일단 품기도 힘들지만 유지하기는 더욱 힘들다. 개인적으로도, 기후변화가 실재하며 내가 소중히 여기는 모든 것에 매우 심각한 위협이 된다고 확신하기까지는 긴 시간이 필요했다. 이는 쉽게 받아들일 수 있는 지식이 아니며, 암울할 때면 나는 극심한 두려움을 느낀다. 동시에 나는 그 불안을 한쪽으로 치워 놓는 법도 익혔다. 위협이 실재한다는 사실을 알면서도 일부러 느끼지 않으려고 애쓰는 것이다.

결국 나는 이런 불안을 유발하는 원인을 오랫동안 들여다본다고 해서 내가 품은 의문이 풀리지는 않으리라는 것을 깨닫게 됐다. 이 책에는 그래프나 데이터, 복잡한 통계는 없으며, 기후변화가 가져 올 잠재적 충격에 대한 논의도 맨 마지막 장에 가서야 다룬다. 나는 이것이 옳은 방법이라고 확신한다. 결국 온갖 컴퓨터 기반의 모델과 과학적 예측, 경제 시나리오 등의 중심에는 가장 중요하면서도 가장 불확실한 변수, 즉 인간 집단의 선택이라는 변수가 존재한다. 우리는 과학이 예측하는 바를 수용할 것인가, 아니면 부정할 것인가? 이는 대단히 불안하면서도 몰두하게 되는, 매우 흥미로운 문제이다.

02

그런
거창한 문제는
나중에
이야기하기로 하죠

**왜 재난의 피해자들은
기후변화를 이야기하고
싶어 하지 않는가**

웬디 에스코바르는 아이들을 데리고 식료품을 사러 가던 길에 멀리 지평선에서 피어오르는 연기 소용돌이를 보며 불안한 기분을 느꼈다. 그러나 그 이후 닥쳐올 재난의 속도나 강도는 조금도 예측할 수 없었다. 한 시간 뒤 웬디가 집으로 돌아왔을 때 경찰은 이미 텍사스 주 21번 도로에 바리케이드를 세운 상태였다. 웬디는 입은 옷 외에는 아무것도 못 챙겼고 딸아이는 실내화를 신고 있었다. 2주일 뒤 마침내 도로 통제가 해제되었을 때, 잿더미로 변한 집에서 웬디가 찾을 수 있었던 유일한 물건은 증조부가 받은 퍼플 하트Purple Heart 훈장 (전투 중 부상을 입은 군인에게 수여하는 훈장―옮긴이)뿐이었다. 그나마도 거의 알아볼 수 없을 정도로 녹아버린 상태였다.

2011년 10월 발생한 배스트롭 산불은 누가 보아도 이례적인 재난이었다. 강수량이 사상 최저를 기록하던 시기에 불어 닥친 시속 48킬로미터의 바람 때문에 산불이 빠르게 번지면서 두 명이 사망하고 140제곱킬로미터에 달하는 숲이 불타버렸다. 산불이 대기권 밖에서도 보일 정도였다. 1,600채의 가옥이 파괴되었으며, 피해 규모는 과거 텍사스에서 발생했던 여느 산불의 열 배에 달했다.

내가 이상하다고 느꼈던 부분은, 산불이 발생한 지 일 년 뒤 배스트롭을 방문해서 여러 사람과 공식 인터뷰를 진행했을 때 그 누구도 가뭄이나 산불의 잠재적 원인으로 기후변화를 거론하지 않는다는 점이었다.

텍사스 시골이라고 하면 대개 짐작할 수 있듯이, 많은 사람이 기후변화 문제를 잘 알지 못했다. 그러나 전부가 그런 것은 아니었다. 예를 들어 '텍사스 사람은 모두 무식한 촌놈'이라는 말을 웃어넘기는 웬디 에스코바르는 지적이고 사려 깊은 여성으로, 날씨의 변화를 눈치 채고 있었으며 과학으로 설명 가능한 어떤 일이 벌어지고 있는 게 분명하다고 판단했다. 배스트롭 시장인 테리 오어는 기후변화의 과학적 사실은 인정했지만, 정치적 갈등을 초래할 수 있는 쟁점에 대해서는 당연히 조심스런 태도를 보였다. 두 사람 모두 기후변화를 논의한 기억은 한 번도 없다고 했다.

《배스트롭 애드버타이저Bastrop Advertiser》의 편집자 신디 라이트는 기상이변은 자연의 순환으로 나타나는 현상일 수도 있다며 확신하지 못하는 입장이었다. 라이트는 기후변화가 《배스트롭 애드버타이저》에서 다루기에 몹시 부적합한 주제라고 생각했다. 라이트는 내게 "우리는 지역 신문이에요. 기후변화가 우리에게 직접적인 영향을 미친다면 당연히 그 내용을 다루어야겠지만, 일단은 배스트롭 카운티 관련 주제가 우선이죠."라고 말했다.

'기후변화가 우리에게 직접적인 영향을 미친다면'이라고? 언론인이 자신의 집을 불태워버린 산불과 과학자들이 지난 20여 년간 가뭄 및 산불 증가를 야기할 것이라고 경고해 온 문제 사이에서 그 어떤 연관도 발견하지 못했다니 놀랍기만 하다. 조심스럽게 말을 아끼는 텍사스의 기후학자 존 닐슨 개먼John Nielsen-Gammon조차 이 둘 사이에 연관성을 시사하며 배스트롭 산불을 부채질한 극심한 가뭄과 전례 없는 폭염은 '정상 범주를 벗어난 것'이었다고 평가했다.

물론 그 어떤 과학자도 전적으로 확신하며 특정 기상 현상의 원인을 기후변화로 단정할 수는 없을 것이다. 그렇다고 해서 논의 자체를 못할 이유가 있을까? 완전한 과학적 확신이 없다는 이유로 논의 자체가 차단되었던 또 다른 사례가 있었던가? 대개 언론은 정보가 부족한 주제라 하더라도 충분히 토론의 대상으로 삼는다. 대화는 직감과 소문에서 촉발된다. 나중에 살펴보겠지만, 확신이 부족하니 기후변화를 논의할 수 없다고 하는 것은 그저 변명에 불과하다.

더구나 배스트롭 주민들은 방화범에 대한 온갖 억측을 쏟아내는 등, 산불에 관해 말을 아낀 것도 아니었다. 무엇보다도 배스트롭 주민들은 자신들에게 지역 공동체에 대한 커다란 자부심과 역경을 이겨낼 힘이 있음을 내가 알아주길 바랐다. 그들은 낯선 이들이 베풀어준 친절한 마음과 이타심, 너그러움을 이야기했다. 웬디 에스코바르는 내게 롱뷰에서 미용실을 운영하는 사촌의 고객이 우편으로 1,000달러짜리 수표를 보냈다고 이야기했다. 웬디는 "산불 발생 후 일상을 되찾아 가는 과정에서 많은 사람이 진심으로 걱정하고 있음을, 그리고 우리 모두가 하나임을 깨닫게 된 건 정말 멋진 일이었죠."라고 말했다.

일 년 뒤에는 대서양에서 발생한 사상 최대 규모의 허리케인 샌디가 뉴저지 주 해안에 상륙하면서 거의 35만에 달하는 가구가 피해를 입었다. 다섯 달 뒤 내가 그곳을 방문했을 때, 해안을 따라 늘어선 작은 마을은 여전히 파괴된 채로 남아있었다.

시사이드 하이츠에는 기둥이 무너져 내린 롤러코스터 잔해가 바닷가에 뒤얽힌 채로 널브러져있었다. 파스텔 색으로 칠한 목조 주택들이 음산하게 버려진 구역들이 이어졌고, 많은 집들이 지반이 뒤틀리거나 이상한 각도로 기울어져있었다. 북쪽으로 48킬로미터 떨어진 하일랜즈의 작은 마을에는 아이러니하게도 '파라다이스'라는 이름의 이동식 주택 주차장이 있다. 이곳에 사는 주민들은 맹렬하게 휘몰아친 허리케인을 온몸으로 겪었다. 주민 중 한 명은 냉장고 위로 올라가 가까스로 폭풍 해일에서 살아남았다고 말했다. 주민들은 살 집을 잃었고 보험금도 받지 못했으며 갈 곳도 없는 처지였건만, 주차장 소유주는 부지 재개발을 위해 이들을 쫓아내려 했다.

시사이드 하이츠 바로 남쪽에 위치한 시 브라이트에서는 시내 중심가의 모든 상점이 파괴되었고 방파제도 무너졌다. 내가 방문했을 당시 주민 중 3분의 2가 여전히 집이 없었으며 등록된 지역 사업장 100여 곳 중 단 여덟 곳만이 영업을 재개한 상태였다.

확실히 공화당 텃밭인 텍사스 주민에 비해 민주당 지지자가 많은 뉴저지 주민 중에는 기후변화를 받아들이는 사람이 더 많았다. 카리스마 넘치는 시 브라이트 시장 디나 롱은 허리케인의 발생 빈도와 세기에 변화가 있으며 해수면이 상승하고 있다는 주장에 동의했다. 그럼에도 롱 시장은 시 브라이트에서 허리케인과 관련하여 기후변화를 언급했던 사람을 단 한 명도 떠올리지 못했다.

내가 허리케인 피해를 입은 다른 지역의 지도자들과 연대하여 연방 정부에 기후변화와 관련한 조치를 취하도록 요구하면 어떻겠냐고 제안했을 때, 롱 시장은 못마땅한 표정을 지었다. 롱은 책망하듯 이렇게 말했다. "허리케인 샌디가 어떤 피해를 입혔는지 봤어요? 글쎄요, 물론 기후변화는 일어나고 있죠. 하지만 기후변화는 우리가 감당하기에는 너무나 큰 문제예요. 지금은 그저 돌아갈 집이 급해요. 그러니 그런 거창한 문제는 나중에 이야기 하기로 하죠."

텍사스 주 배스트롭과 마찬가지로 뉴저지 주 연안 마을에서도 지역 사회의 화합과 회복 이야기가 주를 이뤘다. 상기된 표정의 디나 롱 시장은 해안가의 유명한 술집 '도노반스 리프Donovan's Reef'의 잔해에서 건진 작은 플라스틱 조각을 자랑하듯 내보였다. 그것은 술집 문에 걸려있던 간판의 잔해로 'DO'라는 두 글자만 남은 작은 파편이었다. 롱 시장은 마을 주민과 언론, 투자자를 상대로 이야기를 할 때마다 그것을 부적처럼 가지고 갔다. 그 두 글자는 시 브라이트 부흥 운동의 표어가 되었고, 마을 어디를 가더라도 티셔츠와 포스터에서 그 단어를 볼 수 있었다.

배스트롭과 시 브라이트에서 찾아볼 수 있었던 강한 지역 자부심은 재해를 겪은 다른 지역에서도 똑같이 발견할 수 있다. 예상과 달리 사람들은 자연재해가 발생했을 때 좀처럼 공황 상태에 빠지지 않으며, 많은 경우 범죄를 비롯한 여러 형태의 반사회적 행동이 오히려 현저하게 줄어든다. 사람들은 전과 다르게 관대한 모습과 목적의식을 나타내면서 끊임없이 서로 연대한다.

자연재해가 발생하면 사람들은 공통의 목표를 찾는데 몰두하는 경향이 있다. 그러다보니 자칫 분열을 초래하고 당파적일 수 있는 기후변화와 같은 문제는 의도적으로 억누르려 한다. 샌디 훅의 학교에서 총기 난사 사건이 발생했을 때 오바마 대통령의 대변인을 비롯한 많은 사람이 총기 규제에 대한 언급을 자제했던 것처럼, 자연재해가 발생한 후에 기후변화를 언급하는 것은 부적절하고 부당하게 보일 수 있다.

자연재해로 인한 고통과 손실을 겪은 사람들은 되돌아갈 수 있는 '정상' 상태에 대한 강한 열망을 품게 되고, 결국 더 큰 차원의 변화가 일어나고 있다는 사실을 받아들이기가 훨씬 더 힘들어진다. 따라서 지역 공동체는 오로지 정상 상태를 회복하기 위한 재건과 투자에 매진한다.

시 브라이트에서 노스쇼어 남성복 매장을 운영하던 브라이언 조지는 허리케인 샌디로 물건을 모두 잃은 뒤, 매장 밖에 "우리는 시 브라이트를 사랑합니다. 꼭 돌아오겠습니다."라고 쓴 표지판을 내걸었다. 브라이언이 가게를 다시 열었을 때 주민들은 그가 그곳을 지킨데 대한 감사의 표시로 물건을 구매해주었고, 그 덕에 장사가 잘되었다. 그는 기후변화가 더 큰 재앙을 불러일으킬 수도 있다는 사실을 인정하면서도 그에 대해서는 체념했다고 말했다. "이곳이 제가 있을 곳이고, 조만간은 다른 재난이 닥치지 않기를 바라는 수밖에 도리가 없네요."

노스쇼어 매장 맞은편에서 베인스 철물점을 운영하는 프랭크 베인도 물건을 전부 잃었지만, 그가 든 보험은 홍수 피해를 보상해주지 않았다. 프랭크는 "건물이 화재로 불탔다면 지금보다는 형편이 나았겠죠."라고 씁쓸하게 말했다. 지역 공동체에서 무척 사랑받는 인물인 프랭크는 공화당 지지자로 앨 고어^{Al Gore}나 그가 주도하는 점박이올빼미 보호운동을 탐탁하게 여기지 않았고, 기후변화에 동의한 적도 없었다. 그렇기는 해도 허리케인 샌디 이후 그에게는 그것이 단지 매우 드물게 발생하는 극단적인 자연재해였을 뿐이라고 믿고 싶은 더욱 강력한 이유가 생겼다. 프랭크는 저축을 털어 가게를 새로 차렸을 뿐 아니라 매년 은행에 돈을 저축하는 '자가 보험'을 들면서 다음 번 폭풍은 한참 후에나 오기를 바라고 있었다. 그는 이것이 도박 행위라는 사실을 인정했지만 한편으로는 장사를 하는 자체가 도박이라고도 말했다. "사업이라는 게 원래 그래요."

극단적인 재해 자체가 이미 도박처럼 보였다. 완전히 파괴된 집들이 있는가 하면 전혀 피해를 입지 않은 집들도 있다는 사실에 배스트롭과 뉴저지

주민들 모두 당혹스러워했다. 여전히 영업 중인 시사이드 하이츠의 한 술집에서 남편과 함께 생일 축배를 들던 샤론 존스는 "마치 러시안 룰렛 같은 일이죠."라고 말했다. 샤론의 집은 완전히 파괴됐지만, 맞은편 이웃의 집은 거의 피해를 입지 않았다. 샤론은 변덕스런 운명에 잔을 들며 말했다. "정말 이해가 안 돼요."

허리케인 샌디나 배스트롭 산불 같은 자연재해를 겪고 나면 사람들은 패배를 인정하고 떠나거나, 아니면 남아서 재건을 해야 하는 냉혹한 선택지를 받게 된다. 대부분의 사람들처럼 남는 선택을 한다면 도박을 하게 되는 셈이고, 도박을 할 때면 언제나 그렇듯 미래와 자신의 운을 지나치게 낙관하는 성향을 보이게 된다.

심리학 연구에 따르면, 천재지변을 겪고 살아남은 사람들은 자동차 사고를 겪고도 다치지 않은 사람들처럼 앞으로도 자신들은 피해를 입지 않을 것이라는 그릇된 인식을 지니는 경향이 있다고 한다. 강도 2의 토네이도 피해를 입은 아이오와 주의 한 도시에서 실시한 대규모 현장 연구에 따르면, 주민 대부분은 향후 자신들이 토네이도 피해를 입을 가능성이 다른 도시 사람들에 비해 낮다고 확신하는 경향을 보였다고 한다. 그 지역에서 가장 심한 피해를 입은 사람들이 가장 낙관적인 태도를 보이는 경우가 많았다. 따라서 2012년 오스트레일리아 퀸즐랜드에서 발생한 극심한 홍수 재해 이후에 홍수 대비에 노력을 기울인 사람은 거의 없었으며, 많은 주민이 재해 복구비와 보험금을 부엌 공사와 같은 일반적인 주택 개선 용도로 사용했다는 사실은 놀랄 일이 아니다.

이런 측면에서 볼 때 흥미롭게도 기상이변 재해는 사람들이 기후변화를 무시하게 되는 이유와 경위를 통찰할 수 있는 계기가 된다. 각 단계에서 사람들의 인식은 각 개인의 심리적 대응 기제 및 주변 사람들과 함께 만들어

가는 집단 담론에 의해 형성된다.

인간은 정상 상태와 안전을 동경하며, 점점 커져가는 전지구적 위협을 떠올리고 싶어 하는 사람은 아무도 없다. 삶의 터전을 재건하면서 사람들은 그런 재앙은 드물게 발생하는 이상 기후 현상일 뿐이라고 믿으며 저축과 함께 기대를 투자한다.

지역 공동체 차원에서 주민들은 집단적으로 공통의 목표와 재건이라는 긍정적인 이야기를 선택하는 한편, 그들의 가치관과 삶의 방식에 의문을 제기할 것을 요구하고 분열을 초래할 수도 있는 기후변화와 같은 주제는 억누르는 선택을 한다.

생각해 보면, 천재지변의 피해를 복구하는 과정에 있는 지역 공동체는 그 어떤 사회보다도 책임과 긴축, 향후 닥쳐올 고난과 같은 이야기를 더 탐탁지 않게 여길 만한 환경에 놓인 것이 사실이다.

03

비전문가의 입장에서 말하기

**왜 우리는 기상이변이
우리가 내내 옳았다는 사실을
증명한다고 생각하는가**

"전례 없는, 상상조차 못했던 일입니다. 피해 규모가 너무 커서 어찌해야 할지를 모르겠습니다. 말문이 막힐 지경입니다." 2013년 11월, 태풍 하이옌이 필리핀을 강타하고 사흘 뒤에 열린 바르샤바 기후변화회의 첫째 날, 필리핀 정부 대표단의 단장 예브 사노Yeb Saño는 눈물을 삼키며 태풍으로 발생한 대대적인 피해를 언급했다. 사노는 부모를 잃은 아이들, 사망자들, 그리고 식사도 거른 채 직접 시신을 수습하고 있는 자신의 남동생과 연대하는 마음으로 단식을 선언했다. "기후변화라는 현실을 계속해서 부정하는 사람들에게 감히 촉구합니다. 지금 당장 상아탑과 안락한 의자를 벗어나 필리핀을 방문해주십시오."

기후변화는 왠지 피부로 느낄 수 없고 불확실하며 이해할 수 없는 일처럼 보이기 쉽다. 사노는 이를 현실적이고 직접적이며 대단히 가슴 뭉클하게 전달했다. 이런 개인적인 사연과 강력한 이미지들은 뉴스 매체를 통해 계속 반복 노출되는 과정에서 그래프나 과학 보고서 같은 추상적인 데이터보다 훨씬 더 강렬하게 우리의 공감을 일깨우고 위협을 직감하도록 한다.

이것이 바로 기후변화를 알리는 활동가들이 컬럼비아 대학교 환경 위험 전문가 엘케 웨버Elke Weber 교수의 말을 빌려 기상이변을 '정말로 유능한 교사이자 동기 유발자'로 확신하는 이유이다. 예일 기후변화 의사소통 프로젝트Yale Project on Climate Change Communication의 책임자 토니 레이세로위즈Tony Leiserowitz 는 이를 가리켜 '가르침의 적기teachable moment'라고 한다. 시에라클럽Sierra Club(미국의 환경 운동 단체—옮긴이) 사무국장 마이클 브룬Michael Brune은 기상이변이 직접적인 효과를 발휘할 수 있다고 말하며 이렇게 강조했다. "분명히 조직적이거나 교묘한 방식은 아니죠. 기상이변은 비극적인 사태이지만, 동시에 그만큼 의식과 정치 노선을 바꿀 힘을 지니고 있습니다."

기후변화를 정치 의제화 하는데 있어서 기상이변은 이미 중요한 역할을 하고 있다. 1988년 미국항공우주국NASA에 근무하던 제임스 핸슨James Hansen 박사는 미국 중서부 전역에서 발생한 극심한 가뭄과 폭염을 다루는 의회 청문회 자리에서 지구온난화가 이미 시작됐다는 것은 99퍼센트 확실하다고 선언했다. 1991년 봄 유럽에서는 극심한 폭풍이 발생했고 언론은 주저 없이 이것을 기후변화의 전조라고 해석했다. 그 덕분에 유럽 내에서 기후변화에 대한 의식이 높아졌으며, 결국 1992년 기후변화협약Framework Convention on Climate Change의 체결로 이어졌다.

기후변화 대처를 촉구하는 활동가들은 사람들의 뇌리에서 이 같은 연결고리가 사라지지 않도록 하기 위해 할 수 있는 모든 일을 한다. 굵은 고딕활자의 '바보야, 문제는 지구온난화야IT'S GLOBAL WARMING, STUPID'라는 문구와 함께 허리케인 샌디의 사진을 실은 2012년 11월 1일자《블룸버그 비즈니스위크Bloomberg Businessweek》표지에 대해 뉴욕시장 마이클 블룸버그Michael Bloomberg

는 개인적으로 찬성의 뜻을 표했다. 앨 고어는 허리케인 샌디를 언급하면서 "그건 마치 일상의 폭풍 뉴스 속에 숨겨진 신의 계시를 찾는 자연탐사 도보 여행과 같습니다. 이제 사람들은 그 계시의 퍼즐조각을 맞춰가는 중이죠." 라고 말했다.

인바이런먼트 아메리카Environment America(미국의 환경보호 단체 연합—옮긴이) 의 지구온난화 프로그램 책임자 네이선 윌콕스Nathan Willcox 역시 "기상이변을 직접 겪는 미국인이 늘어날수록 정치인에게 행동을 촉구하는 미국인 역시 증가할 것"이라고 확신했다. 그러나 윌콕스가 직접 실시한 조사에 따르면, 경험과 확신 사이에는 직접적인 상관관계가 존재하지 않았다. 2012년까지 칠 년 동안 그레이트플레인스Great Plains(북아메리카 로키 산맥 동쪽의 광대한 평야지—옮긴이) 지역은 지속적이고도 압도적으로 기후 관련 재해에 시달리던 최악의 지역이었다. 그럼에도 불구하고 2010년 상원의원 선거에서 그레이트플레인스 지역에 출마해 당선된 공화당 후보들은 하나같이 공공연하게 기후 과학에 반박하거나 온실가스 배출 억제 조치에 반대했다.

미국 전역에서 가장 지속적으로 기상이변 피해를 입는 지역은 오클라호마 주이다. 2008년 상원의원 선거 당시, 오클라호마 주에서는 온건하지만 균형 잡힌 시각으로 기후변화를 받아들이는 민주당 후보 앤드루 라이스Andrew Rice와 상원에서 가장 적극적이며 공격적인 기후변화 부정론자°인 현직 의원 제임스 인호프James Inhofe가 출마했다. 기후변화에 대한 국민의 관심

° 이 책에서 나는 이념적인 이유로 기후 과학을 적극적으로 부정하거나 깎아내리는 사람은 '부정론자deniers', 타당한 이유를 들어 과학적인 이의를 제기하는 사람은 '회의론자skeptics', 그리고 그냥 확신을 하지 못하는 제3의 집단에 속하는 사람은 '불확신자unconvinced'로 지칭한다. 이들은 서로 상이한 동기를 지닌 다른 종류의 사람들이므로 각각 다른 호칭으로 구별할 필요가 있다.

이 최고조에 이르던 해에도 인호프는 연방 정부가 발령하는 긴급 기상 경보를 매년 평균 한 차례 이상 경험하던 오클라호마 지역의 다섯 개 카운티에서 큰 득표차로 여유롭게 승리했다. 이 글을 쓰고 있는 현재 극 소용돌이polar vortex(극지방 성층권에 형성되는 차가운 기류로 혹한을 초래한다—옮긴이)가 중서부 지역을 휩쓸고 있으며, 오클라호마 주 노와타 지역의 기온은 오클라호마 주 역대 최저치보다 2℃ 낮은 영하 35℃까지 내려갔다. 오클라호마 주민들은 계속해서 기상이변에 시달리면서도 인호프에 투표하기를 멈추지 않는다.

인호프는 그 어떤 활동가만큼이나 열성적으로 기상이변을 '가르침의 적기'로 활용한다. 2010년 2월 워싱턴 D.C.에 극심한 눈보라가 불어 닥쳐 60센티미터가 넘는 적설량을 기록했을 때, 인호프는 손주들과 함께 내셔널 몰National Mall(워싱턴 D.C. 시내에 있는 국립공원—옮긴이)에 이글루를 만들면서 가족들과 단란한 시간을 보냈다. 그는 이글루 옆에 '앨 고어의 새 집!', '지구온난화가 마음에 들면 경적을 울리세요'라고 쓴 표지판을 세웠다.

이와 같은 시기에 북미 서부 해안 지역에서는 전례 없이 따뜻한 날씨가 이어지면서 밴쿠버 동계 올림픽 조직위원회는 트럭과 헬리콥터 부대를 동원하여 밤낮으로 자유형 스키와 스노보드 경기에 사용할 눈을 퍼 날라야 했다. 기후변화에 대한 갖가지 입장을 뒷받침할 증거가 북미 대륙 전체에 충분히 존재했다. 《뉴욕 타임스New York Times》의 칼럼니스트 토머스 프리드먼 Thomas Friedman은 이를 가리켜 '지구 이상화global weirding'라고 지칭하며 총체적 상황을 아주 잘 묘사했다.

문제는, 통상적으로 과학기술 전문가가 큰 영향을 미치는 분야임에도 사람들은 기상 현상을 비전문가의 개인적 지식수준으로도 충분히 논할 수 있는 대상처럼 생각한다는 사실이다. 우리는 대기 중 온실가스 농도나 해수면, 빙하의 범위를 판단할 수 있는 위치에 있지 않더라도 모두가 날씨에 대해서는 안 된다고 생각한다.

어떤 이유에서인지 알 수는 없지만, 단조롭고 축축한 날씨의 변화에 국민적 관심이 매우 높은 영국의 경우 특히 그렇다. 런던 시장 보리스 존슨Boris Johnson은 보수 성향의 전국지《데일리 텔레그래프Daily Telegraph》에 기고하는 주간 칼럼에서 자신의 기후 지식을 다음과 같이 거들먹거리며 말했다.

이틀 전에 나는 자전거를 타고 트라팔가 광장을 지나가다가 신호등에 달린 고드름을 봤다. 그저 내가 관찰력이 부족했을 따름이라고 말하는 독자들도 많겠지만, 내 기억으론 예전에는 그런 모습을 본 적이 없었다. 겨울 날씨에 뭔가 문제가 생긴 것 같다며 이를 '온난화'라고 부르는 것은 분명 언어도단이다.

존슨 시장은 자전거를 타고 런던 시내를 둘러보기를 즐긴다. 기후변화 다큐멘터리 〈어리석은 자들의 세기The Age of Stupid〉의 감독 프래니 암스트롱Franny Armstrong은 언젠가 노상강도들을 만났을 때, 헝클어진 머리의 런던 시장이 "꺼져, 이 머저리들아!"라고 소리치며 자전거를 타고 지나가버리는 것을 보고 경악을 금치 못했다. 다들 알다시피 공적인 자리에서 존슨 시장은 상식에 따라 결정을 내리고 예의 바르며 유머 감각이 뛰어난 모습을 보여준다.

존슨은 《데일리 텔레그래프》의 중년 보수 독자층을 대변하는 목소리로 칼럼을 이렇게 끝맺었다. "단지 나는 비전문가로서, 아무리 가능성이 낮더라도 회의론자가 맞을 가능성을 정부가 진지하게 고려할 때가 되지 않았느냐는 주장을 하는 것입니다."

기상 현상을 온전히 기후변화의 탓이라고 확신할 수는 없으므로 우리는 대개 선입관과 편견에 비춰 기상 현상을 해석하곤 한다. 기후변화를 근거 없는 믿음으로 치부하는 경우, 날씨는 원래 변덕스럽고 지독할 수 있다는 주장을 뒷받침하는 근거로 기상이변을 바라본다. 기후변화가 실재하며 그 위협이 점증하고 있다고 생각하는 경우에는, 불안정성이 증가하는 증거로 기상이변을 바라보게 된다.

이처럼 기존에 형성된 가정과 직관이 판단에 영향을 미치는 선택 과정을 가리켜 인지심리학에서는 '편향bias'이라고 부른다. '확증 편향confirmation bias'이란 기존의 지식, 태도, 신념을 뒷받침할 수 있는 증거만 적극적으로 '선별'하는 경향이다. 이것은 심리학에서 '스키마schema'라고 부르는 심적 지도를 형성하며, 새로운 정보를 접했을 때 인간은 기존의 스키마에 맞춰 끼워 넣기 위해 정보를 수정한다. 이 과정을 심리학 용어로 '편향 동화biased assimilation'라고 한다. 우리는 자신이 음식점을 잘 선택했고 배우자가 매력 있으며 자녀가 똑똑하다고 생각하기 위해, 혹은 자기 자신이 '내내 옳았다'거나 일부 개인적인 실수가 '그렇게 나쁘지 만은 않았다'고 스스로에게 입증하기 위해 이런 식으로 선택하고 수정하는 편향을 강박적으로 활용한다. 학계에서는 확증 편향과 편향 동화를 다소 다른 의미로 사용하지만, 나는 독자들의 편의를 위해 양쪽의 경우에 모두 '확증 편향'이라는 용어만 사용하도록 하겠다.

연구에 따르면, 이러한 인지 편향이 우리가 기상이변과 기후 과학 전반을 해석하는데 영향을 미친다고 한다. 살고 있는 지역의 최근 날씨에 대해 물었을 때, 이미 기후변화를 믿는 사람들은 이전보다 더 따뜻해졌다고 대답하는 경향을 보인다. 기후변화를 확신하지 못하는 사람들은 더 추워졌다고 답할 것이다. 일리노이 주 농부들을 초대해 최근 그들이 경험한 날씨에 대해 말해달라고 했을 때, 기후변화 인정 여부에 따라 기상이변을 강조하거나 경시하는 경향을 보였다.

연구자들은 영국에서도 비슷한 경향을 발견했다. 영국에서 홍수 피해를 입은 사람들과 나눈 인터뷰에 따르면, 피해자가 사태를 해석하는 방식은 기후변화를 바라보는 관점에 크게 좌우됐다. 그리고 좀 더 광범위한 여론 조사에 따르면, 노동당 지지자의 경우 보수당 지지자에 비해 기상이변이 기후변화 때문이라고 생각할 가능성이 두 배로 높다는 결과가 나왔다. 직접적으로 홍수 피해를 입은 사람들은 홍수로부터 멀리 떨어져 있는 사람들에 비해 홍수가 기후변화때문이라고 보는 경향이 전반적으로 유의미하게 낮았으며, 이는 내가 텍사스와 뉴저지에서 관찰한 바와 일치했다.

기후변화를 바라보는 태도는 정치 성향에 따라 양극단으로 나뉘기 때문에 지지 정당이 없는 이들은 직접 경험한 날씨에 근거하여 견해를 형성할 가능성이 매우 높다. 뉴햄프셔 대학교 사회학자들의 연구에 따르면, 인간이 기후변화를 초래하고 있다고 믿는지 물었을 때 날씨가 이례적으로 따뜻한 날에는 지지 정당이 없는 사람들의 70퍼센트가 그렇다고 답한 반면, 같은 질문을 이례적으로 추운 날에 하면 그 비율은 40퍼센트로 떨어졌다고 한다.

이렇듯 맥락에 따라 판단하는 모습은 사람들이 가장 손쉽게 사용할 수 있는 증거에 기초해서 결정을 하게 되는 또 다른 형태의 편향인 '가용성 편향 availability bias'을 보여준다. 가용성 편향은 최근 사건의 위험을 지나치게 과대평가하도록 만드는 반면 경험하지 않은 동떨어진 사건에 놓인 위협은 무시하게 함으로써 어떤 다른 형태의 확증 편향만큼이나 사람들을 오도할 수 있다.

이런 편향에도 불구하고 예일 대학교 교수 토니 레이세로위즈는 기상이변이라는 '가르침의 적기'가 장기적으로 태도의 변화를 이끌어낸다고 확신한다. 그가 직접 실시한 조사에 따르면, 미국인의 약 3분의 2가 지구온난화 때문에 기상이변이 갈수록 심각해지고 있다고 생각한다는 결과가 나왔다. 2011년의 폭염과 2010~2011년 겨울의 이상고온 현상이 지구온난화와 관련이 있다고 답한 사람의 수가 가장 높았다는 사실도 놀랄 일은 아니다.

이러한 여론 조사 결과는 기상이변이 전례 없이 많은 사람에게 영향을 미치고 있으며 기후변화에 대해 생각해보도록 이끈다는 사실을 보여준다. 그러나 더 큰 문제는, 앞으로 더 많은 사람이 기상이변을 경험하면서, 함께 행동을 촉구하는 방향으로 힘을 모으게 될 것인지, 아니면 확증 편향 때문에 서로 대립각만 더 세우게 될 것인지의 여부이다. 또한 기상이변이 갈수록 심각해지는 경우 사람들이 손실과 불안을 경험하면서 차라리 기후변화에 대해 생각하지 않는 쪽을 선택하지는 않을는지 염려된다.

기후변화의 속도가 빨라지면서, 우리가 동조하거나 부정할 새로운 기회가 생겨나고 있다. 오늘날 그야말로 전례 없이 광범위하고 오랜 기간 지속되는 기상이변이 자주 발생하고 있다. 기후학자들이 단일 기상이변을 기후변화의 탓으로 돌리기는 주저할지 모르지만, 전례 없이 극심한 기상이변이 광범위하게 발생하는 양상에 기후변화가 영향을 미치고 있다는 주장에는 훨씬 적극적인 동의를 표명한다.

내가 이 책을 쓰고 있는 지금, 카이로에는 우박이, 이스라엘과 시리아, 요르단에는 눈이 내리고 있다. 미국은 역사상 가장 혹독한 추위를 경험하고 있고 스칸디나비아 지역은 기록적인 이상고온을 기록하고 있다. 오스트레일리아는 기온이 너무 높게 상승하여 기상 캐스터가 일기도에 사용할 새로운 색깔 척도를 만들어야 할 지경에 이르렀으며, 그 이후로 2년 째 전례 없는 가뭄이 이어지고 있다. 영국은 100여 차례가 넘는 홍수 경보를 발령했고 내 고향 옥스퍼드는 1760년 강수량을 측정하기 시작한 이래 가장 비가 많은 1월을 보냈다. 내가 인근 해변 마을을 방문한 바로 다음 날, 해안 지구 전체가 9미터가 넘는 파도에 휩쓸려 산산이 부서졌다. 현지인들은 그런 일을 난생 처음 본다고 말했다.

그럼에도 그들은 여전히 기후변화를 이야기하지 않는다. 대체 어떻게 된 일일까?

04

결코 전모가 드러나진 않을 겁니다

티파티는 어떻게 그들의 가치관을
가장 위협하는 문제를
간과하고 있는가

나는 직업 경력의 대부분을 기후변화를 이해하고 받아들이는 사람들과 함께 했기 때문에, 이번에는 우리의 생각이 완전히 틀렸다고 확신하는 사람들과 시간을 보내 보기로 마음먹었다. 이렇게 해서 나는 태어나서 본 자동차 중에서 가장 큰 7톤짜리 포드 익스커전 SUV를 타고 배스트롭에서 남쪽으로 약 48킬로미터 떨어진 텍사스 주 71번 도로를 따라 천천히 나아갔다. 포드 익스커전은 정말이지 너무나 거대해서 차에 올라타려면 먼저 발판을 내려야 했다.

이때 만난 사람들은 나 같은 환경 운동가를 못마땅하게 여겼다. 그들은 우리 인간이 이 아름다운 땅을 바꾸어서 세계의 날씨 체계에 영향을 미칠 수 있다고 생각한다니 그야말로 거만하기 짝이 없다고 밀했다. 우리가 저마다 각자의 확증 편향에 따라 보고 싶은 것만 볼 때 우리 사이에는 차이가 생겨난다. 마치 속도를 내어 달리고 있는 SUV의 좌측 사이드 미러에 보이는 경관과 우측 사이드 미러에 보이는 경관이 다르듯이 말이다. 우측 사이드 미러에는 넓게 탁 트인 들판과 삼림지대가 보였다. 반면에 좌측 사이드 미러에는 도로를 따라 나란히 뻗은 철도와 와이오밍 주에서 먼 길을 달려와 이제 종착지에 이른 석탄 화물 열차가 보였다. 그 기차는 너무 길어서 맨 앞과 끝조차 보이지 않았지만, 과테말라 국가 전체의 배출량에 맞먹는 이산화탄소를 공기 중으로 내뿜고 있는 열차의 종착지 파이에트 발전소의 굴뚝은 석양을 배경으로 그 윤곽을 볼 수 있었다.

나는 거침이 없고 말이 빠르고 타협을 모르며 2010년 텍사스 주지사 선거에 특별 추천 후보로 출마해 전체 투표수 중 5분의 1을 획득했던 네 아이의 어머니 데브라 메디나의 농장 집으로 향하는 중이었다. 매달 첫 번째 금요일이면 티파티 활동가 마흔 명이 메디나의 집에 모여 손수 만든 음식을 나누고 그들의 비전과 좌절을 공유하며 즐거운 시간을 보냈다. 기후변화에 대해 함께 이야기를 나누자는 메디나의 초대를 받아들이면서 나는 꽤 두려움을 느꼈다. 나는 도발적인 청중을 좋아하지만, 이 정도로 독선적인 청중을 상대하기란 쉽지 않은 일이다. 게다가 무장을 했을지도 모를 일이었다. 주지사 선거 운동 당시 메디나는 언제나 탄알을 장전해 쏠 준비를 마친 반자동식 권총을 흔들면서 온갖 텍사스 TV 채널에 등장했다. 메디나는 평범한 사람들이 잔돈을 넣어두곤 하는 운전석과 조수석 사이 보관함의 덮개를 들어 올리며 카메라를 향해서 이렇게 말했다. "나는 자동차 좌석 옆 바로 여기에 총을 보관합니다. 언제나 바로 손에 잡을 수 있도록 말이죠."

내가 이곳을 방문하기 약 2주일 전에 텍사스 주의 공화당 의원들은 고의로 석유 및 가스 산업을 방해하는 '극단적인 환경 운동가들'로부터 지역을 보호하고, 학교에서 기후변화를 '수정이나 비판의 여지가 많은 과학 이론'으로 가르칠 것을 요구하는 정강 정책을 발표했다. 그러니 기후변화 교육을 위한 자선단체를 설립하고 그린피스에서 활동한 적이 있는 나로서는 분명 낯선 지역이 될 것이었다.

그래서 나는 대립하는 진영 간의 평화를 청하는 표시로 메디나에게 에드워드 7세 홍차 용기를 선물하고는 2세기 동안 납부하지 않은 세금을 내놓으라고 말했다. 다행히 그들은 웃었다. 그런 다음 나는 기후변화에 대해서 어떤 생각을 하고 있는지 얘기해 달라고 했다.

그들은 기후변화와 관련한 모든 것을 싫어했다. 그들은 기후 과학, 기후 과학자, 앨 고어(특히 앨 고어와 '그의 쓰레기'), 유엔, 정부, 태양열 발전, 위선적인 환경 운동가들을 미워했다.

기후변화, 좀 더 정확히 말하면 기후변화를 둘러싼 이야기가 그들이 예전부터 권력 분배에 대해 갖고 있던 이념적 불만과 완벽하게 들어맞는다는 사실을 금방 알 수 있었다. 그들은 '통제'라는 단어를 계속해서 언급했다. 제임스는 "탄소는 정부가 통제하고 싶어 하는 보편적 원소입니다."라고 말했고, 데니스는 기후변화를 언급하며 "편리하게 써 먹을 수 있는 위기죠. 정부는 그걸 통제 수단으로 이용하고 있어요."라고 덧붙였다. 데이비드는 그 모든 것이 '세계 정부를 세우기 위한 종합 세금'을 만들어내려고 꾸며낸 이야기라고 말했다. 이는 분명히 많이 들어본 이야기였고, 여러 사람이 동시에 이 화제에 끼어들어 말했다.

화제는 금방 '의제 21Agenda 21'로 이어졌다. 1992년 유엔 환경개발회의에서 도출된 지속가능한 개발을 위한 구체적 목표를 담은 의제 21은 길고 따분하며 이제는 기억에서 거의 사라져버린 결의안이다. 티파티 활동가들에게 의제 21은 '그자들'이 자신들을 통제하고 지방자치의 자유를 억압할 목적으로 기후변화라는 쟁점을 만들어내어 활용할 구체적인 계획을 담은 세계 정부의 헌법이었다. 세계를 지배하려면 어떤 형태이든 반드시 세계 정부의 헌법이 있어야 할 테니까. 그래서인지 그들은 미국의 헌법을 마치 성스러운 문서인 듯 받들며 외우고 인용했다. 만남이 끝날 무렵, 데이비드는 자신이 가지고 있던 미국 헌법 책자에 서명을 해서 내게 선물했다. 이는 영국 여권과 색깔과 모양이 똑같아서 이후 내가 여행할 때 당연하게도 혼란을 초래했다.

하지만 성문 헌법을 지니고 있어도 진실은 여전히 복잡하고 알기 어려운데, 그 이유는 "결코 그 전모가 드러나지 않으니, 한 번에 조금씩 조각을 맞춰가는 수밖에 없기 때문"이라고 티파티 활동가들은 내게 말했다. 그들은 끊임없이 경계하고 질문해야 한다고 주장했다. "우리는 지식인에 반감을 품은 사람들이 아닙니다. 진실을 알고 싶은 거예요. 그래서 새로운 관점에서 생각하며 스스로 답을 찾고 있죠."

확실히 그들은 질문을 많이 했다. 이는 그들이 나누는 대화 양식의 특징이었다. 그들의 발언은 질문 행렬로 이어지곤 했다. 바람이 어느 방향으로 불고 있습니까? 그 돈의 출처는 어디입니까? 그 과학자들은 어떻게 된 겁니까? 그들은 어떻게 그런 견해를 갖게 됐습니까? 그들 역시 오해할 수 있지 않나요? 혹은 그들도 실수할 수 있지 않나요? 기준이 무엇입니까? 무엇이 정상이죠? 언제 정상이었죠? 정상이었던 적이 있기는 한가요?

존경스러우리만치 도전 의식을 불태우면서 티파티 활동가들은 자신들이 다른 사람들에 비해 어느 정도 우월하다고 느낀다. 그들은 사람들이 지구온난화를 믿는 이유는 논리적으로 생각할 줄 모르고 "더 이상 학교에서 제대로 된 교육을 받지 않기 때문"이라고 말한다.

기후 과학자나 환경 운동가들처럼 티파티 활동가들도 정보가 매우 중요하다는 사실을 강조한다. 문제는 올바른 정보를 얻기가 너무 어렵다는 점이며, 이는 그들과 가치관을 공유하는 사람들에게서 정보를 얻어야 함을 의미한다. "제가 제일 좋아하는 라디오 진행자 데이브 챔피언Dave Champion은 항상

'정부는 거짓말을 합니다. 정부는 언제나 거짓말을 하고 심지어 진실이 더 공익에 도움이 될 때조차 거짓말을 하죠.'라고 말합니다." 그들은 전통적인 정보 제공자들은 하나같이 부패했고 수상쩍으며, 과학자들은 "사람들에게 잔뜩 겁을 주면 기꺼이 연구 자금을 내놓을 것이라는 사실"을 너무나 잘 알고 있다고 말한다.

티파티 활동가들은 열정이라는 단어를 자주 사용한다. "손으로 귀를 막고 사실을 외면한다면 그건 열정이 없는 겁니다. 열정이 있으면 통제를 거부하게 되죠." 그들은 특히 그들의 독립에 열정적이었다. 한 사람이 이렇게 말했다. "나는 환경 운동가를 지지하지 않습니다. 그렇다고 정유 회사 편도 아니죠. 누구 편도 들지 않습니다. 내가 주도권을 쥐는 거죠!" 모두가 이 말에 흡족해했고, 방 전체가 웃음을 터트리고 박수를 치며 환호했다.

차이점은 쉽게 눈에 띄기 마련이고, 확실히 텍사스 시골의 티파티 활동가들은 도시의 진보적 환경 운동가들과 상당히 다르다. 그러나 내가 정말 놀란 점은 그들과 함께 한 시간이 아주 익숙하게 느껴졌다는 사실이었다. 나와 함께 숲을 보호하고 노천탄광 채굴을 막고 대형 슈퍼마켓의 입점을 저지하며 기후변화에 대한 대처 방안을 촉구하는 운동을 전개해 온 풀뿌리 환경 운동가들과 똑같이, 티파티 활동가들 역시 활기 넘치고 고집 세며 스스로 학습하는 동지애가 넘치는 사람들이었다.

또한 티파티 활동가들은 정치적 본성에 있어서도 환경 운동가들과 많은 공통점이 있다. 그들은 자신들의 가치관에 따라 움직이는 비주류이며, 자신들의 권리를 옹호하고, 정부와 기업을 몹시 불신한다. 엑슨모빌ExxonMobil(미국 석유화학회사—옮긴이)과 몬산토Monsanto(미국의 다국적 농업 생물공학 기업—옮긴이) 모두 우리의 대화에서 공격해야 할 대상으로 언급됐다. 실제로 키스톤 XL 송유관 사업을 저지하는 운동을 둘러싸고 탄소 배출량 증가를 이유로 반대하는 환경 운동가들과 부지 확보를 위한 토지 수용권 행사에 반대하는 텍사스 티파티 활동가들 사이에 기묘한 동맹이 이미 형성됐다.

티파티 활동가들이 많은 질문을 하는 동안, 나는 오직 한 가지 질문만을 남겨두었다. 어째서 티파티 활동가들은 그들이 그 무엇보다 중요하게 여기는 가족, 재산, 자유, 사랑하는 조국, 그리고 하나님의 창조물을 위협하는 바로 그 문제를 부정하게 되었을까? 더욱이 그 문제가 지금의 위기 상황에 이르게 된 것은 그들이 가장 증오하는 정부와 기업의 사리사욕 때문인데 말이다.

기후변화가 너무 요원하게 느껴지기 때문일까? 그럴 수도 있겠지만, 티파티 활동가들은 그들의 눈길을 끄는 다른 복잡한 대외 문제에 관해서는 기꺼이 활발하게 논의할 태세를 갖추고 있었다. 기후변화에 대처하기에는 무력하다고 느끼기 때문일까? 무기력을 느낄만한 상황에서도 조직이 번창하는 걸 보면 아마도 그런 이유는 아닌 듯하다. 기후변화가 암울하고 두렵기 때문일까? 그럴 리는 없다. 티파티 운동 자체가 재앙에 대한 공포와 경고의 기반 위에서 자라고 있으니까.

기후변화가 과학 및 전문 지식을 요구하기 때문일까? 아니다. 이들은 기꺼이 정보를 찾아내는 사람들이다. 기후변화가 이론의 여지가 있고 불확실하기 때문일까? 결코 그렇지 않다. 솔직히 말해 티파티 활동가들은 매우 제한된 증거만 가지고도 수많은 불확실한 것들을 완전히 믿어버릴 수 있는 사람들인 듯 보인다.

그 답은 분명 다른 곳, 즉 기후변화라는 문제 자체가 아니라 이를 논하는 방식에 있는 것이 틀림없다. 기후변화에 대한 논의를 구성하고 전달하는 방식, 이를 말하는 사람, 그리고 그것이 티파티 활동가들의 가치관과 연결되는 방식에 중대한 문제가 있는 게 분명하다.

05

메시지 오염시키기

과학은
어떻게 사회적 의미로
오염되었는가

예일 대학교 문화 인지 프로젝트Yale Cultural Cognition Project를 주도하는 댄 카한Dan Kahan 교수는 문화적 가치의 충돌이 의사결정에 어떤 영향을 미치는지를 연구하는 권위자이다. 예일 대학교 법학대학원의 근엄한 연구실 선반 가장 눈에 잘 띄는 자리에 1980년대에 전성기를 누린 록 밴드 키스Kiss의 멤버 진 시몬스Gene Simmons를 본뜬 플라스틱 인형이 놓여 있는 것을 보고, 나는 혹시 이것이 뭔가 빈정대는 학문적인 농담인지 물었다. 무대 위에서는 권위에 저항하는 모습을 보인 반면 현실에서는 조지 부시George Bush를 지지했던 시몬스의 자가당착을 빗댄 것일까? 카한이 대답했다. "아뇨, 그냥 좋아해요. 끝내주잖아요!"

카한의 말투는 이렇다. 인지 전문 용어와 유행하는 은어를 지극히 지적으로 섞어 아주 빠르게 말한다. 확실히 그는 인습에 도전하거나 문화의 경계를 넘나들기를 두려워하는 사람이 아니다.

카한은 전반적으로 기후변화에 대한 관심이 부족하지 않으며, 많은 사람이 기후변화를 우려하고 있다고 말한다. 또한 언론 보도의 정치화가 태도에 주요한 영향을 미친다고 주장하는 많은 활동가들의 의견에도 동의하지 않는다. 카한은 이렇게 말하다. "솔직히 말해서, MSNBC이나 폭스 뉴스에서 기후변화가 언급된다 하더라도, 그 시간에 대부분의 사람들은 웃기는 동물이 나오는 프로그램을 보고 있을 걸요?"

카한은 문화에 관해 박학다식하고 웃기는 동물 영상을 즐긴다. 그는 "벌꿀 오소리는 진 시몬스보다도 더 난폭해요."라고 말하며, 유튜브에서 '난폭한 미치광이 벌꿀 오소리The Crazy Nastyass Honey Badger' 영상을 보라고 권했다. 그 벌꿀 오소리 영상을 본 사람은 6,500만 명을 넘어섰다. 반면에 기후 과학자가 '정부 간 기후변화협의체(IPCC)Intergovernmental Panel on Climate Change' 채널에 올린 정색하고 점잔을 뺀 영상은 조회수가 네 자리를 넘기는 것조차 어렵다.

카한은 사람들이 기후변화를 받아들이지 않는 이유가 정보와 무관하며 문제는 기후변화가 담고 있는 문화적 정서라고 말했다. 그의 주장에 따르면, 사람들은 자기가 신뢰하는 사람을 통해서, 혹은 자신의 세계관 및 가치관에 부합하는 이야기를 하는 매체로부터 정보를 획득한다고 한다. 대부분의 경우 이것은 대단히 효율적인 지름길이며 양호하게 작동한다. 다만, 카한의 표현에 따르면, 그 정보가 부가적인 사회적 의미에 '오염'되어 집단의 정체성을 반영한 메시지가 되어 버리지 않았을 경우에 한해서 그렇다.

카한은 이에 정확히 부합하는 사례로 총기 규제를 든다. 웨스트버지니아주에서 실시한 여론 조사에 따르면 조사 대상의 65퍼센트가 총기 규제의 확대를 원하지만, 카한은 이 주에서 선거에 출마하는 사람이 총기 규제를 공약으로 내세운다면 그것은 어리석은 짓이라고 말한다. "당신이 알지 못하고 있고 그 어떤 여론 조사에서도 드러나지 않은 사실을 하나 말해줄까요?

웨스트버지니아 주민의 85퍼센트는 어떤 정치인이 총기 규제를 원한다고 말하면 그를 신뢰할만한 정치인이 아니라고 생각한다는 사실입니다."

카한은 총기 규제가 누가 우리 편이고 신뢰할만한 사람인지 판단하는 단서가 되었듯이 기후변화에 대한 태도 역시 그와 같은 사회적 단서가 되어버렸다고 주장한다. 여론 조사에서 높은 관심도를 나타낸 문제라고 해서 그것을 부각시키는 사람에 대한 지지도 역시 그만큼 높다고 장담할 수는 없다.

카한은 예방 접종을 거부하는 사람들을 이해하고자 광범위한 연구를 실시했으며, 그 결과는 사람들이 기후변화에 관한 의견을 형성하는 방식에도 직접 대입해볼 수 있다. 과학이 그토록 빠르게 오염되었던 사례는 찾아보기 어렵다. 1998년 영국에서 홍역·볼거리·풍진MMR 혼합 예방 접종이 소아 자폐증을 유발할 수 있다고 주장하는 단 한 편의 연구 논문이 발표되자, 국민의 4분의 1이 이를 증거로 받아들이면서 예방 접종률이 급락했다. 예방 접종 주사를 맞은 직후 자녀의 상태가 달라졌다고 확신하며 감정에 호소하는 부모들과 냉정하고 기계론적인 접근 방식을 취하는 과학자들이 대비되는 거친 논쟁이 이어지는 가운데, 과학적 데이터는 도외시되었다. 국민의 절반은 언론이 유발한 그 논쟁을 과학을 믿을 수 없다는 증거로 받아들였다.

미국에서는 버지니아 주가 자궁경부암을 유발하는 흔한 성병인 인유두종 바이러스 예방 접종을 중학교 입학에 필요한 일괄 예방 접종에 포함시켜야 한다고 결정했을 때 이와 비슷한 사태가 발생했다.

카한은 이를 가리켜 공무원이 보수적인 기독교 공동체의 가정을 방문해서 "열두 살 된 따님이 있죠? 따님이 내년이면 성관계를 하고 성병에 걸리게 될 테니 예방 접종을 실시하려고 합니다. 예방 섭종을 하지 않으면 학교에 다닐 수 없습니다."라고 말한다는 뜻이라고 했다. 이는 정부의 간섭과 도덕적 도전, 무례함이 뒤섞인 치명적인 조합이었다.

기후변화와 관련해서 새겨야 할 교훈은 분명하다. 첫째, 인간의 핵심 가치에 호소하는 강렬한 감정적 이야기가 이성적인 과학 데이터를 이길 수 있다. 나중에 논의하겠지만, 이런 문화적 의미의 뿌리는 매우 깊어서 더 많은 과학적 논쟁을 한다고 해서 제거할 수 없다.

둘째, 어떤 관점을 형성할 때, 가족이나 친구, 또는 자신과 비슷하다고 여기는 사람들(또래 집단)과의 의사소통은 전문가들의 경고보다 훨씬 더 큰 영향을 미칠 수 있다.

셋째, 기후변화에 대한 태도는 가치관과 정치학, 생활양식의 기반이 되는 더 큰 모체를 따라 형성된다. 따라서 카한과 레이세로위즈를 비롯한 예일 대학교 여러 학자들이 주장하듯이, 동일시할 수 있는 '해석 공동체interpretive communities'가 존재한다. 세상에는 기후변화를 믿는 사람들과 믿지 않는 사람들이 존재하며 그들이 어떤 사람들인지, 어떻게 생활하는지, 누구를 신뢰하는지, 어디에서 정보를 얻는지를 어느 정도 정확하게 예측할 수 있다. 지난 십 년 동안 자세한 신상 명세가 드러나 왔다.

호모 크레덴스homo credens(확신하는 사람들)는 대학 교육을 받았고 진보적 성향을 띤 중년의 민주당 지지자일 가능성이 매우 높다. 여성들은 기후변화를 믿을 가능성이 더 높으며, 이는 여성들이 건강과 안전, 재정, 윤리에 대한 위험에 즉각적으로 반응하는 경향을 보인다는 연구관찰 결과와도 일치한다.

호모 네가토르homo negator(확신하지 못하는 사람들)는 거의 예외 없이 보수적 성향이 매우 강하며(그렇지 않은 이는 극소수이다) 비교적 부유하고 유력한 사회 집단 출신일 가능성이 높다. 호모 네가토르는 남성일 가능성이 매우 높으며 다른 영역에서도 위험을 인식하는 수준이 대체로 낮다. 이들은 위험 연구자에게 친숙한 집단이다. 이 집단에 속한 남성들은 사회 조사를 심각하게 왜곡할 위험이 있으며, 위험 연구자들은 그런 위험을 일컬어 '백인 남성

효과white man effect'라고 부른다.

이를 종합해 보면, 실제로 오토바이를 타는 중년 남성들 중 3분의 2가 기후변화를 받아들이지 않았다는 캐나다의 조사 결과를 읽지 않더라도, 이들이 기후변화를 믿지 않으려는 태도를 보이리라는 것쯤은 예상할 수 있을 것이다.

그 밖의 많은 연구에서 각자의 고유한 사회정치적 인구통계 및 뚜렷한 가치관을 기준으로 태도별 유형에 따른 한층 더 구체적인 하위 집단들이 확인되어왔다(일례로, 한 연구에서는 '신중한 유형', '의심하는 유형', '경계하는 유형', '무관심한 유형'으로 구분했다).

이처럼 구체적인 문화 특성에 따라 기후변화에 대한 태도를 예측할 수 있다는 사실은 과학이 사회적 의미로 오염되었다는 카한의 주장을 한층 더 강하게 뒷받침하는 증거가 된다. 따라서 기후변화에 대한 태도를 어떻게 습득하고 유지하며 어떻게 바뀔 수 있는지를 이해하려면, 인간의 사회적 정체성이 그들의 행동과 관점에 어떻게 그토록 엄청난 영향력을 미치게 됐는지를 먼저 이해해야 한다.

06

또래
집단이라는
배심원

우리는
어떻게 주변 사람들을
따라 하는가

1964년 3월 13일 새벽 뉴욕 퀸스의 인구 밀집 거주 지역에서 키티 제노비스 Kitty Genovese라는 여성이 강도에게 습격을 받아 여러 차례 칼에 찔렸다. 서른여덟 명이 비명 소리를 들었지만 그녀를 돕기 위한 아무런 행동도 하지 않았다. 아이러니하게도 그 중에는 조지프 핑크 Joseph Fink(fink는 '첩자, 배신자, 밀고자'라는 뜻—옮긴이)라는 이름도 있었다. 한 명이 창문을 통해 어설프게 "그 여자를 내버려 둬"라고 외친 뒤 다시 잠자리에 들었을 뿐이었다. 의자에 올라가 창밖을 내다보면서 무슨 일이 일어나고 있는지 더 자세히 보려고 불을 끈 사람도 있었다. 사태가 돌이킬 수 없는 지경이 될 때까지 경찰에 전화를 걸 생각을 한 사람은 아무도 없었다.

이처럼 아무런 대응도 하지 않는 사람들의 모습은 당시의 신문들이 말했던 것처럼 해체된 사회의 슬픈 단면을 드러낸 것이라기보다는 사실 사회적 동조social conformity의 힘을 보여준 사건이었다. 사람들은 사회적 단서를 읽는다. 사건의 목격자들은 도우러 나가는 사람이 아무도 없는 것을 보고, 위험할 수도 있는 상황에 엮이지 않는 게 가장 유리하다고 판단했다. 다른 사람들도 비명 소리를 들었다는 것을 알기 때문에, 목격자들은 다른 누군가가 경찰에 신고했으리라 생각하며 책임을 미뤘지만 알고 보니 신고한 사람은 아무도 없었다.°

비극적인 제노비스 사건을 계기로 사람들이 어떤 사안에 대해 반응할 것인지 아니면 무시할 것인지를 결정하는데 있어서 사회적 단서의 중요성에 대한 수많은 연구가 시작되었고 여전히 진행 중이다. 후에 '방관자 효과bystander effect'라는 이름을 얻은 이 현상의 흥미로운 특징은 더 많은 사람이 그 문제에 대해 알고 있다고 생각할수록 자신의 판단을 무시하고 다른 사람들의 행동을 관찰하며 적절한 반응을 결정할 가능성이 높다는 점이다.

일련의 실험에서 방관자 효과의 힘이 입증되었다. 특히 재미있었던 한 실험에서는 배우가 실험실에서 구내방송을 하던 중 발작을 일으키는 연기를 했다. 그는 "저는 정말로, 어, 도움이 필요합니다. 그러니 도, 도움을 주실, 어, 분은 아아아… 죽을 것 같아요."라고 마지막 말을 내뱉은 다음 질식하는 듯한 소리를 내고 침묵했다. 실험 참가자 열다섯 명 중 여섯 명은 끝내 자리에서 일어나 밖으로 나와 보지 않았고, 다섯 명은 '발작을 일으킨 환자'가

° 이 사건은 50년 넘게 수많은 심리·사회학자들이 연구해 온 '방관자 효과'의 모티브가 되었으나, 이것을 최초로 보도한 《뉴욕 타임스》가 사건을 왜곡 보도했다는 사실이 2016년 6월 제임스 솔로몬 감독의 다큐멘터리 영화 〈목격자〉를 통해 폭로되었다. 영화에 따르면, 당시 목격자는 수십 명이 아닌 대여섯 명에 불과했고, 최소 2명의 이웃이 경찰에 신고 전화를 했으며, 한 여성은 키티를 도우러 뛰어내려와 키티가 숨질 때까지 안고 있었다고 한다. 저자가 이 책을 쓰던 시점은 이러한 진실이 밝혀지기 전이었다. – 편집자주

질식한 후에야 겨우 밖으로 나왔다.

물론 이런 실험은 피험자들이 실험 설계를 눈치 채기 시작하기 전까지 몇 년 동안만 실시할 수 있으며, 특히 피험자들이 심리학과 학생들인 경우엔 더더욱 그렇다. 몇 년 뒤 심리학 실험에 참가한 한 피험자가 진짜로 간질 발작을 일으켰지만, 실험을 위해 발작 연기를 하는 거라고 생각한 다른 참가 자들은 자리에서 일어나지 않았다.

기후변화는 집단적인 대응을 필요로 하는 포괄적인 문제이며 따라서 이런 방관자 효과에 특히 영향을 받기 쉽다. 기후변화라는 문제를 인식하게 되면, 우리는 우리의 판단을 도와 줄 사회적 단서를 얻기 위해 주변 사람들을 둘러본다. 그들이 무엇을 하고 무슨 말을 하는지, 반대로 무엇은 하지 않고 어떤 말은 하지 않는지 살피며 증거를 구한다. 그리고 그런 단서들은 당연하거나 부적절한 행동을 규정하는 규칙, 즉 사회 규범으로 체계화될 수도 있다. 다른 사람들이 경계하거나 행동을 취하는 모습을 보면, 우리도 그들을 따라할 것이다. 다른 사람들이 무관심하거나 소극적으로 행동하면, 그 단서 역시 따라할 것이다.

이런 사회적 동조는 선호나 선택이 아니다. 이는 인간 심리의 기저에 뿌리 내린 강력한 행동 본능이며, 대개 우리는 그런 본능이 작동한다는 사실조차 인식하지 못한다. 이는 우리의 생존이 전적으로 우리가 속한 사회 집단의 보호와 안위에 달려있던 시절에 진화하는 과정에서 방어 기제로 생겨 났다. 그런 상황에서 주변 사람들과 협조 관계를 이루지 못하면 집단에서 배척당하거나 버림받아 잠재적으로 생명이 위협받는 위험에 처했다.

따라서 자기가 속한 사회 집단과 어긋나는 견해를 품는 경우 실질적이고 심각한 위험이 발생하며, 그러한 위험을 다른 위험들보다, 심지어 직접적으로 우리를 위협하는 다른 위험들보다 더 중요시하도록 뇌의 구조가 형성되었다. 사회적 동조에 관한 실험에서 사람들은 문 밑으로 연기가 들어오는 실질적이고 임박한 외부 위협이 존재하는 상황에서조차 사회 규범을 고수하는 쪽을 선택했다.

그래서 기후변화를 보는 자신의 관점이 주변 사람들과 다른 경우, 사람들은 한편으로는 기후변화라는 불확실하고 분산된 위험, 그리고 다른 한편으로는 규범에 반함으로써 생기는 분명하고 지극히 사적인 사회적 위험이라는 두 가지 위험 사이에서 균형을 유지하려 애를 쓴다. 나중에 이야기하겠지만, 사람들은 종종 친한 친구들과도 기후변화에 관한 이야기는 아예 안 하는 게 낫겠다는 결론을 내리기도 한다.

순조롭게 기능하는 사회를 위해서는 동조가 중요하지만, 새로운 위협을 찾아내려면 일부 소수의 반대자들 역시 필요하다. 유명한 안데르센의 동화 〈벌거벗은 임금님〉에서는 임금님이 벌거벗었다고 소리칠 사회적 자유를 한 어린 소년에게 부여한다. 스페인의 민간 설화를 보면 한 무어인(아프리카의 이슬람교도)이 외부인이라는 지위 덕분에 사회 규범에 저항할 수 있었다는 이야기가 나오는데, 안데르센은 그 이야기를 토대로 동화를 썼다. 우리가 살고 있는 현대에도 환경 및 인권 단체와 같은 비영리 단체는 주변부에 머물러 있는 한 어느 정도 자유롭게 이의를 제기할 수 있으며, 심지어 억압적인 사회에서도 그럴 수 있다.

안데르센은 원작 스페인 설화에 예리한 변형을 가했다. 소년이 임금님이 벌거벗었다고 외친 후 이런 내용이 이어진다. "임금님은 백성들이 옳다는 것을 알았기에 난처했다. 그러나 어쨌든 행진은 계속해야 한다고 생각했다! 그리고 시종들은 실제로는 잡을 옷자락이 없는데도, 옷자락을 붙들고 있는 듯이 보이려고 그 어느 때보다 심혈을 기울였다."

이로써 〈벌거벗은 임금님〉은 사회적 규범을 바꾸기가 대단히 어렵다는 마지막 교훈을 우리에게 보여준다. 사회적 규범에 도전하는 것이 타당해 보이는 상황에서조차, 실수를 인정하는 데 들어가는 사회적 비용과 행동 변화에 필요한 노력이 너무나 크기 때문에 대개 거짓임을 알면서도 이를 계속하게 된다.

그러한 도전에 대비하는 한 가지 확실한 방법은 자기 자신과 같은 의견을 지닌 사람들 주변에만 머무는 것이다. 미디어가 주도하는 오늘날의 분산된 사회에서는 자신의 관점을 사회적 규범에 완전히 일치하도록 스스로 사회적 네트워크를 구축하고 거기에 몰두할 수 있다. 사람들은 정보를 얻는 원천을 자신의 관점을 강화하기 위해 신중하게 선별한 언론 매체, 웹사이트, 블로그, 출판물 등 소위 '반향실echo chamber'로 국한한다. 티파티 활동가와 환경 운동가들 모두 주류 언론 매체를 불신하며, 자신들의 관심사와 가치에 특히 부합하는 정보의 원천에 의존한다.

오스트레일리아의 연구자들이 밝혀낸 바에 따르면, 이처럼 스스로 구축한 네트워크들이 기후변화를 둘러싸고 이른바 '허위 합의false consensus' 효과를 일으켰으며, 그로 인해 양측 모두 자신들의 의견이 실제보다 더 일반적이라고 믿었다고 한다. 그런데 강경한 기후변화 부정론자들의 목소리가 주류 언론 매체에서도 들리다보니, 양측 모두 그들의 수를 과대평가하면서 인구의 4분의 1 정도는 될 거라고 추측하는 경향을 보였다. 실제로 그 수는 7퍼센트 미만이었다.

이런 식으로 사회적 규범을 잘못 해석할 때, 사람들은 자신의 견해를 억누르게 되고, 차이는 더욱 벌어지며, 허위 합의는 한층 더 강화된다. 이런 경향이 극단에 이르면, 대부분의 사람들은 자신들이 소수에 속한다는 사실이 두려워 침묵을 지키는 사회가 된다. '다원적 무지pluralistic ignorance'라고 알려진 이 과정은 낙태, 총기 규제에서 기후변화에 이르기까지 정치적 성향을 드러내는 주요 쟁점들을 둘러싼 극심한 대립을 설명하는데 도움이 된다.

　환경 운동가들은 사회 규범과 동조의 힘을 활용하여 탄소를 대량으로 발생시키는 소비행태를 바꿔보려고 오랫동안 노력해왔다. 그들은 그런 방식이 기후변화와 같은 집단적 쟁점에 특히 적합하다고 주장한다. 집단적 쟁점에 있어서 사람들은 어떤 행동을 취하기 전에 다른 사람들도 그렇게 하고 있다는 증거를 찾으려하며, 이러한 태도를 학계에서는 '조건부 협력conditional cooperation'이라고 부른다. 애리조나 주립대학교 행동심리학 교수 로버트 치알디니Robert Cialdini는 학계의 주목을 받은 한 실험에서, 모텔 투숙객들에게 수건을 재사용하도록 요청하는 여러 종류의 문구를 만들어 수건 선반에 걸어놓았다. 그 중에서 단연 가장 성공적이었던 문구는 투숙객의 75퍼센트가 수건을 재사용함으로써 '환경보호를 돕고 있다'라는 메시지를 담은 사회적 규범에 호소하는 문구였다. 하지만 그 경우에도 수건을 재사용한 투숙객은 절반 미만이었으며, 이로써 사람들은 문구 하나가 제공할 수 있는 규범 그 이상의 증거를 요구한다는 것을 추정할 수 있다.

　2010년 자문회사 오파워Opower는 치알디니 실험에 근거하여 에너지 절약을 장려하기 위해 사회 규범을 활용했다. 오파워는 미네소타 주에 소재한 코넥서스 에너지Connexus Energy를 설득하여 고객용 전기요금 청구서에 해당 고객의 전력소비량과 인근 이웃 100명의 전력소비량을 비교한 수치를 포함하도록 했다. 전력소비량이 평균보다 낮은 고객의 경우 퇴보를 막기 위해 청구서에 미소 기호와 함께 '참 잘했어요'라는 장려 문구를 넣었다. 웃는 얼굴에 실망을 안기고 싶어 하는 사람은 없지 않겠느냐고 오파워 측이 생각했기 때문이었다.

　그러나 이런 식으로 규범을 조작하는 데에는 대가도 따른다. 그 전략(고작해야 에너지를 2퍼센트 절약하는 데 그쳤다)에는 공유 가치를 강화하기 위한 노력이 전무했다. 일부 보수성향의 사람들이 환경보호 문구와 미소 기호에 대한 저항의 표시로 에너지 소비를 늘렸다는 사실은 놀라운 일이 아니다.

사회적 규범은 강력할 수 있지만, 동시에 사람들은 그들이 따르는 문화적 관례에도 극도로 민감하다는 사실을 기억해야 한다. 이러한 이유로, 원하지 않는 규범에 사람들의 주의를 지나치게 끌면 심각한 역효과를 낳을 수 있다. 애리조나 주 석화림 국립공원의 관리인들이 "여러분들에게는 그저 한번 가져가는 작은 조각일 수 있지만, 그런 절도 행위로 인해 매년 14톤의 석화림이 손실되면서 우리의 자연 유산이 훼손되고 있습니다."라고 쓴 표지판을 세우자, 절도율은 오히려 크게 증가했다. 절도가 바람직하지 않은 행위임을 알리고자 표지판을 세웠지만, 결과적으로 그 문구는 석화림을 조금 훔치는 것쯤이야 이미 많은 이들이 하고 있는 지극히 정상적인 행위임을 알려주는 강력한 메시지가 되어버리고 말았다.

환경 단체는 이런 사례에서 아무런 교훈도 얻지 못한 듯하다. 앨 고어가 설립한 기후보호동맹Alliance for Climate Protection이 2007년에 내보낸 광고를 보면, 고급스런 저녁 식사 파티에 참석한 젊은 부모들이 기후변화는 허구에 불과하다고 떠들면서 먹고 남은 음식을 뒤로 던지는데, 그 음식찌꺼기들이 그들 뒤에 앉아 있는 자녀들 머리 위로 떨어지는 장면이 나온다. 그러면서 '우리의 자녀들에게 어떤 쓰레기를 남겨주고 있습니까?'라는 물음으로 끝을 맺는다. 그 광고는 반어법을 의도했겠지만, 실제로는 젊고 매력 넘치는 상류층 전문직 종사자들을 기후변화 부정론자들로 묘사하는 왜곡된 주장을 30초짜리 홍보 영상으로 내보낸 굉장한 실수를 저지른 셈이 되어버렸다.

이것을 염두에 두었는지 기후보호동맹이 그 다음 사회적 규범 캠페인을 할 때에는 공동의 가치에 근거한 국민적 화합에 호소했다. 3년에 걸쳐 3억 달러라는 엄청난 예산을 들인 그 광고 캠페인은 기후변화 관련법의 입법을 위해 지지자 1,000만 명을 모집하는 것을 목표로 했으며, '우리는 해결할 수 있어We Can Solve It'라는 슬로건을 내세웠다.

그 슬로건은 버락 오바마Barack Obama 대통령 선거 운동의 슬로건 '그래, 우리는 할 수 있어Yes we can'와 이두박근을 드러낸 '리벳공 로지Rosie the Riveter'의 상징적 포스터에 담긴 제2차 세계대전의 슬로건 '우리는 할 수 있어!We can do it!'를 결합한 것이었다. 그 광고 캠페인에서는 노르망디 상륙 작전, 공민권 운동 시위, 아폴로 달 착륙처럼 집단적 목표를 향해 나아갔던 역사적으로 친숙한 이미지들을 내세우는 동시에, 낸시 펠로시Nancy Pelosi와 뉴트 깅리치Newt Gingrich, 알 샤프턴Al Sharpton과 팻 로버트슨Pat Robertson처럼 서로 경쟁관계에 있는 정치인들이 함께 의자에 앉아 미소를 지으며 협력을 약속하는 장면도 보여주었다.

당시는 정파적 싸움이 잠시 중단되었던 시기였으며, 기후변화에 관한 정파적 분열이 심화되어 보수진영의 깅리치와 로버트슨이 반론을 제기하기 시작한 것은 그 후의 일이었다. 그러나 적어도 그것은 기후변화가 미국의 혁신과 '할 수 있다'는 정신으로 극복할 수 있는 역사적 도전 과제라는 사회적 규범을 만들어내려는 과감한 시도였다.

그러나 '우리'라는 대명사를 반복해서 사용하는 것은 좀 문제가 있다. 나는 이를 가리켜 '애매한 우리'라고 부른다. 문자로 읽을 때는 포괄적이고 확신에 찬 듯 들리지만 실제로는 애매모호하고 무의미한 경우가 많기 때문이다. 이 책 전반에서 사용하는 의미처럼 공동의 행위나 태도를 묘사하는 '일반적인 우리'와 달리 '애매한 우리'는 경영 지침서들이 소위 '변혁적 리더십'을 설명할 때 규범 같은 느낌을 만들어내려고 사용하는 수사적인 책략이다.

수사적 책략이 절박하게 요구될수록 '우리'의 정치적 사용은 증가해왔다. 대통령 취임식 연설에서 조지 워싱턴George Washington은 '우리'를 단 한 번만 언급한 반면, 제퍼슨Jefferson과 링컨Lincoln은 약 열 번, 존 F. 케네디John F. Kennedy는 스물아홉 번, 버락 오바마는 쉰일곱 번 언급했다.

2013년 6월 조지타운 대학교에서 기후변화 정책에 관한 기조연설을 할 때 오바마 대통령은 유례없이 '우리'를 남발하여 무려 아흔여섯 번이나 언급했고, "우리는 이것을 이해할 수 있습니다. 우리는 우리 아이들을 돌보아야 합니다. 우리는 우리의 미래를 살펴야 합니다. 그리고 우리는 경제를 성장시키고 일자리를 창출해야 합니다. 우리가 미래를 두려워하기보다 주도한다면 우리는 그 모든 일을 해낼 수 있습니다."와 같이 일인칭 대명사들이 연쇄 충돌을 일으키기도 했다.

그러나 오바마 대통령이 말하는 '우리'란 누구일까? 그것은 그와 그의 행정부를 의미할까? 아니면 그의 지지자들, 미국 국민, 혹은 인류 전체를 아우르는 말일까? 그게 명확하지 않으면, 이는 창밖을 내다보며 "우리는 정말로 이 문제에 대해 뭔가 해야 해요."라고 말하는 방관자의 언어에 불과하다.

자신이 이 애매한 '우리'에 포함되지 않는다고 생각하는 사람들은 엄청난 소외감을 느낄 수 있다. 오스트레일리아 원주민과 북미 원주민 사회와 같이 진정으로 협력하는 문화권에서 사용하는 언어와 달리 영어에는 포괄적인 '우리'(나와 너, 네 집단을 모두 포함)와 배타적인 '우리'(나와 내 집단은 포함하나 너는 배제)를 구별하는 수단이 없다.

오바마 대통령에 반대하는 사람이라면, 공동의 목적을 공언하는 그의 연설을 들으면서 심한 소외감을 느끼고 오바마 대통령이 "나와 지구온난화를 주장하는 나의 열성분자 친구들은 당신이 이 일에 동참하도록 만들겠다."라는 뜻으로 받아들일 것이다. 오바마 대통령의 지지자라면, 당연히 흡족한 일체감을 느낄 것이다. 만약 당신이 오바마 대통령의 지지자라면, 마찬가지로 감동적인 다음의 문장이 어떻게 느껴지는지 생각해 보라. "우리는 함께 일할 수 있을 뿐 아니라 함께 일해야 마땅하며 더 나은 미래로 나아갈 길을 다시 설정해야 합니다. 우리 스스로를 다시 믿기 시작할 때 비로소 우리는 다시 번영의 길로 나가가게 될 것입니다." 이것은 2013년 티파티 창립자이자 기후변화 부정론자인 랜드 폴Rand Paul이 한 연설의 일부이다. 이 사실을 알고 난 후에 당신은 그가 말하는 '우리'에 소속감을 느끼는가 아니면 거부감을 느끼는가?

정치인들이 애매한 '우리'를 사용하여 가짜 사회적 규범을 만드는 이유가 행동하도록 만들기 위한 것이라면, 많은 사람이 그렇게 하는 이유는 행동하지 않기 위해서이다. 예를 들어 스위스 포커스 그룹focus group(각 계층을 대표하는 소수 인원을 대상으로 의견을 조사하는 기법—옮긴이)의 한 여성은 기후변화에 대한 행동이 무의미한 이유를 이런 말로 설명했다. "우리는 그저 소비하죠. 우리가 어떻게 해볼 수 없는 일이에요. 어떤 결과를 초래할지 정확히 모르기 때문에 어차피 우리는 신경 쓰지 않아요. 우리가 모든 문제를 다 그렇게 심각하게 받아들이면, 우리는 영원히 우울하게 되겠죠." 자신의 개인적 견해를 이른바 '우리'에 투사하고 자신이 날조한 규범에 도전할 수 없는 스스로의 무능함에 굴복하면서, 그녀는 다분히 의도적으로 사회적 규범의 힘을 활용하고 있다.

포커스 그룹에서 보면, 더듬거리며 자신의 무능함을 설명하던 사람들이 다른 사람들이 행동하지 못하는 이유를 설명할 때면 통속적인 심리학 용어를 동원하고 불안과 부정을 언급하면서 갑자기 술술 말을 늘어놓는다. 2012년 실시된 연구에서 고학력의 중산층으로 보이는 한 여성은 이렇게 말했다. "음, 그러니까 그건 지금 당장 우리에게 영향을 미치는 일이 아니기 때문에 사람들이 이를 심각하게 받아들이지 않는다고 생각해요. 사람들은 대개 요원하게 보이는 일에는 대응이 느리거나 서툴게 반응하거든요."

여기에는 두 단계에 걸친 거리두기가 존재한다. 먼저 기후변화라는 주제 자체가 위험하게 느껴지지 않는다는 합리적인 관찰이 존재한다. 이 문제는 이 책의 다음 부분에서 다루기로 하겠다. 다른 한편으로 그녀는 스스로를 타인들과 분리시킴으로써 관찰자의 입장에서 다른 사람들이 반응하지 않는 이유를 설명하고 있다. 사회적 규범을 이런 식으로 해석하는 것은 행동하지 않는 이유를 스스로 정당화하는 편리한 방편이 된다.

그러니 몇 마디 경고의 말을 하겠다. 기후변화에 관한 견해를 형성할 때 우리는 본능적으로 사회적 단서를 찾게 되지만, 여기에는 심각한 왜곡이 있을 수 있다. 또래 집단이라는 배심원은 공정한 경우가 드물고, 우리는 확증 편향을 통해 우리가 이미 취하기로 결정한 입장에 가장 잘 부합하는 쪽으로 사회적 규범을 해석하는데 매우 능하니 말이다.

07

군중의 힘

**집단 괴롭힘은
어떻게
군중 속에 숨는가**

사람들은 자신이 속한 사회 집단에 스스로를 강하게 동일시할 뿐만 아니라 그 집단이 다른 집단보다 우월한 특유의 정체성을 지닌다고 믿는다. '자기범주화 이론self-categorization theory'에 따르면, 이 때 두 가지 과정이 일어난다. 먼저 우리는 동질감과 연대감을 느끼는 사람들, 즉 내집단in-group과 친해지고 닮아가려 한다. 그런 다음 우리와 비슷하지 않은 사람들, 즉 외집단out-group과의 차이를 확고히 하려 한다. 우리의 태도와 행동은 우리가 닮기 원하는 내집단 사람들에 의해서뿐만 아니라, 닮지 않기를 원하는 외집단 사람들에 의해서도 형성된다.

영국에서 실시된 한 기발한 실험은 자기범주화가 환경과 관련한 태도에 어떤 영향을 미치는지를 보여주었다. 일반적으로 환경 의식이 높다고 여겨지는 스웨덴 사람들과 자신을 비교한 실험 참가자들은 에너지 절약에 관심을 덜 보였다. 반면에 에너지를 낭비한다고 인식되는 미국 사람들(이런 표현에 대해서는 미안하다. 여기서는 단지 문화적 고정관념을 말하는 것이다)과 자신을 비교한 실험 참가자들은 갑자기 온갖 환경보호 문제에 열의를 드러냈다. 다시 말하면, 내집단에 속한 사람은 외집단과 반대 방향으로 움직이고자 했다. 실험 참가자들은 같은 영국 사람들의 태도를 따라 하려는 동시에, 환경의식이 높은 스웨덴 사람들이나 에너지를 낭비하는 미국 사람들과는 거리를 두려고 했다.

이런 내집단 및 외집단 행동은 기후변화 문제를 대하는 태도 전반에 명확하게 나타난다. 이러한 자기범주화는 내집단이나 외집단 모두 그 안에 존재하는 다양한 관점들을 과소평가하도록 만들어버림으로써 진보적인 환경 운동가나 보수적인 부정론자들 주위에 그릇된 고정관념을 형성한다. 그리고 양측이 자신들의 가치는 과장하고 상대방은 폄하하도록 유도한다.

인터넷은 사회적 규범과 내집단·외집단의 역동을 형성, 표현, 강화하는 완전히 새로운 영역을 창조했다. 사람들은 페이스북을 통해서 일반적인 사회적 상호작용에 비해 훨씬 더 폭넓고 대담하게 자신의 견해를 알릴 수 있게 되었다.

기후변화를 다룬 모든 기사에 달리는 댓글 무더기에서는 사회적 규범의 경쟁이 치열하게 벌어진다. 여러 실험에 따르면, 논쟁적인 문제를 설명하는 도중에 공격적인 발언을 하는 것은 사람들의 관점을 바꾸기는커녕 그들의 기존 관점에 대한 내집단 동일시를 크게 증가시킬 뿐이었다.

과학자들이 기후변화 부정론자들에 관한 연구 논문을 인터넷에 올리면, 성난 반응이 일면서 기후변화 부정론자들에 대한 훨씬 더 많은 데이터가 쏟아진다. 마치 핵분열 연쇄반응으로 에너지를 발생시키는 고속 증식로처럼 말이다. 심리학자 스테판 르완도우스키Stephan Lewandowsky는 다른 연구의 선행

연구로 기후변화 부정 음모론에 관한 첫 번째 연구 논문을 발표하고 나서 엄청난 공격을 받았다. 그 논문은 〈음모론자 관념화 연구에 대응하는 블로그계의 음모론자 관념화Conspiracist Ideation in the Blogosphere in Response to Research on Conspiracist Ideation〉라는 매혹적인 제목을 달고 있었다.

무기력을 공유할 때 방관자 효과를 낳고 힘을 공유할 때 다양한 학대와 폭력을 낳는 반면, 새로운 인터넷 규범의 특징인 익명성은 노골적인 괴롭힘을 낳는다. 세간의 이목을 끄는 과학자들과 활동가들은 '나치 기후 살인자들'이라는 비난과 '가서 면도날이나 삼켜라'라는 말이 담긴 모욕적이고 폭력적인 이메일을 받는다.

미국에서 가장 주목받았던 기후 과학자들 중 한 명이었던 고故 스티븐 슈나이더Stephen Schneider는 어떤 신新나치주의 웹사이트의 '처형 목록'에 자신의 이름이 다른 유태인 기후 과학자들과 함께 올라있다는 사실을 발견했다. 슈나이더는 전화번호부에서 자신의 주소를 삭제하고 집에 방범 시설을 추가로 설치했다. "더 이상 무엇을 할 수 있겠어요? 방탄조끼를 입을까요? 총 쏘는 법을 배울까요?" 그는 말했다.

2009년 말 기후 과학자들이 데이터를 왜곡해왔다는 근거 없는 주장을 둘러싸고 사태는 정점에 이르렀다. 글렌 벡Glenn Beck은 폭스 TV에 나와서 과학자들에게 자살하라고 촉구했다. 우익 선동가 고故 앤드루 브레이트바트Andrew Breitbart는 트위터에 '제임스 핸슨 박사를 사형에 처하라'는 말을 남겼다. 블로거 마크 모라노Marc Morano는 기후 과학자들을 공개 태형에 처해야 한다고 말했다.

미국에서 가장 저명한 기후변화 활동가이자 350.org(이산화탄소 배출량 감소를 주요 목표로 하는 국제 환경 단체—옮긴이)의 설립자인 빌 맥키번Bill McKibben은 특유의 침착함을 발휘했다. "누군가가 정말로 당신에게 총을 쏠 생각이라면 아마도 사전에 이메일을 보내지는 않겠죠. 저의 기본적인 논리는 그렇습니다." 그 생각에서 얼마나 위안을 얻을 수 있을지는 잘 모르겠다.

여기에는 서로 다른 집단들 사이에서 흔히 볼 수 있는 적대감보다 훨씬 더 강력하고 더 치명적인 기류가 흐르고 있다. 과학자들은 대립에 익숙하지 않으며 정치 분열에 휘말리지 않기 위해 각별한 주의를 기울인다. 각종 여론 조사에 따르면, 과학자들은 모든 직업군 가운데 단연코 가장 존경과 신뢰를 받는 집단이다. 그런데 기후 과학자들을 대하는 방식은 근래 과학의 역사에서 볼 수 없었을 만큼 매우 예외적이다. 루이스 파스퇴르Louis Pasteur 는 단 한 번도 총기 사용법을 배울 생각을 하지 않았다. 조너스 소크Jonas Salk 는 자택의 보안을 강화할 필요가 없었다. 과학자는 적이 아니며 적이 되려고 한 적도 없었다. 기후변화를 경고하는 사람들을 악마로 묘사하지 않고서는 반박도 할 수 없는 이 기후 드라마에서 과학자들에게 주어진 배역은 적의 역할이었다.

08

품위 있는 게임

**기후변화 부정론자들이
약자가 되는
그들만의 이상한 세계**

자유주의 싱크탱크인 경쟁기업연구소(CEI)^The Competitive Enterprise Institute 의 지구온난화 담당 임원인 마이런 에벨^Myron Ebell 은 기후변화라는 주제를 선과 악의 싸움으로 기술하는데 있어서 가장 큰 영향을 미친 인물이라고 할 수 있다. 에벨은 이 싸움에 적극적으로 나서고 있으며, CEI 웹사이트에 게재된 에벨의 약력에는 그를 비판하는 측의 혹평이 보란 듯이 실려 있다. 그린피스는 그를 가리켜 '기후 범죄자'라고 불렀고, 《롤링 스톤^Rolling Stone》은 그를 '현혹의 선도자'라고 했으며, 《비즈니스 인사이더^Business Insider》는 그를 '기후변화 공동체 최대의 적'으로 지명했다.

그를 만나면서 나는 기후변화 부정론자들이 기후변화 옹호론자들과 크게 다를 바 없다는 사실에 다시 한 번 놀랐다. 텍사스 티파티 활동가들을 보면서 여타 풀뿌리 시민운동가들을 떠올렸듯이, 나는 에벨을 보면서 그가 경멸해 마지않는 환경 단체들의 똑똑한 정책 보좌관들을 떠올렸다. 그들 모두가 보고서와 보도 자료, 전략적 소송, 회의, 구호, 동영상으로 무장하고 같은 전쟁터에서 말싸움을 벌이고 있었다.

에벨을 만나기 위해 기다리는 동안 나는 그의 사무실 안을 슬쩍 들여다보았다. 그가 내게 나가라고 했기 때문에 정말 짧은 순간이었다. 아마도 내가 이제까지 본 중에 가장 엉망진창인 사무실이었을 것이다. 마치 허리케인(단언컨대 기후변화로 인해 발생하지 않은)이 층 전체를 휩쓴 다음 그 방에 모든 걸 떨어뜨려놓은 듯한 모습이었다. 에벨은 말쑥한 정장을 세심하게 차려입은 모습이었지만 사무실은 그야말로 활동가의 사무실이었다.

에벨은 자신의 원칙이 순수하며 기득권으로 타락하지 않았다고 열심히 강조했다. 그는 엑슨모빌로부터 기후변화 연구를 위한 자금을 받은 적이 있다고 거리낌 없이 인정하면서도, 자금을 받기 전에도 같은 연구를 하고 있었고 자금 제공이 중단된 이후에도 같은 연구를 하고 있다고 했다. 반면, 그에게 환경 운동가들은 정유 및 가스 회사로부터 돈을 받으면서도 화석연료를 공격하는 위선자들이었다.

에벨은 침례교도들과 주류 밀매업자들이 상호 이익을 위해 서로 짜고 금주법을 요구했다는 일화를 언급했다. 그 이야기는 규제를 요구하는 자들은 죄다 도덕적으로 부패했다는 것을 암시하기 때문에 자유주의 단체에서 자주 활용하는 근거 없는 이야기이다(자유시장 경제학자 브루스 앤들Bruce Yandle이 고의로 날조했다).

에벨은 기후변화를 정치적 이념의 싸움으로 만드는 데 주로 관심이 있었다. 에벨은 내게 이렇게 말했다. "환경 운동은 정말로 지구 보호에 관심이 있어서 하는 객관적인 선의의 운동이 아닙니다." 환경 운동은 신좌파로부터 나왔고, 무슨 문제이든 늘 똑같은 해결책, 즉 정부 통제의 강화, 기술관료

권력의 강화, 물질에 얽매인 삶의 탈피 등을 제안한다. 에벨은 자신과 동료들이 거대 정부와 부패한 환경보호주의를 상대로 '다윗과 골리앗의 싸움'을 하고 있다고 말했다.

다윗과 골리앗이라고? 에벨이 진보적 시민단체들이나 즐겨 쓸 법한 성경의 비유를 말하는 것을 듣고 나도 모르게 놀라는 표정을 지었던 모양이다. 그래서인지 에벨은 반복해서 이렇게 말했다. "그래요, 다윗과 골리앗이요."

게다가 지금 승승장구하고 있는 에벨은 자기편이 '품위 있는 게임'을 하고 있다고 말했다. 보아하니 기후 과학자들의 진정성에 계속해서 인신공격을 가하는 행태도 품위 있는 게임에 속하는 모양이었다. 에벨과 함께 CEI에서 일하는 동료 크리스토퍼 호너Christopher Horner가 가장 최근에 시도한 전략은 저명한 기후 과학자들을 상대로 그들의 개인 이메일을 공개하도록 요구하는 공격적인 소송을 퍼붓는 것이었다.

에벨은 본인이 선하다고 확신했다. 그는 자기편은 그저 비판적일 뿐 환경 운동가들과는 달리 결코 개인을 비방할 정도로 그렇게 비열하지는 않다고 주장했다. 그렇게 말하면서 그는 내가 그와 그의 동료들에 대해 다소 무례하게 쓴 블로그를 인쇄하여 과장된 몸짓으로 내게 들이밀었다. 그런 다음 그것을 내게 한 줄씩 읽어주면서 즐거워했다. 그제야 나는 에벨이 인터뷰에 응한 이유를 알았다.

기후변화 운동가가 하는 모든 비판을 이자까지 붙여 똑같이 되돌려 줄 것이라는 조롱으로 우리의 토론은 얼룩졌다. 환경 운동가들은 부패했다. 환경 운동가들은 정치적 과격주의자들이었다. 환경 운동가들은 자기들 입맛대로 과학을 왜곡했다. 회의론자들(분명히 에벨은 자신을 부정론자라고 여기지 않을 것이다)은 부패한 세상에서 대의명분을 위해 싸우는 약자들이었다.

이런 이야기에서는 '적'이 가장 두드러진 특징이 된다. 선과 악의 거대한 투쟁이기 때문이다. 투쟁을 거치면서 그 사안은 생기를 얻게 되고, 인물과 정보는 이미 존재하는 줄거리에 간편한 배경으로 덧붙여진다.

보수주의자들에게 기후변화는 아주 오랫동안 지지자 결집에 이용해온 공산주의라는 괴물을 대체해야 할 시기에 때마침 나타난 쟁점이었다. 소비에트 연방이 해체된 지 일 년이 다 되갈 무렵인 1992년에 열린 지구 정상회담 Earth Summit은 새로운 위협으로 등장했다. 이념적 위협이라는 장기 상연 오페라의 출연진에 변화가 생겼다. 러시 림보Rush Limbaugh가 말했듯이 기후 과학은 "추방된 사회주의자와 공산주의자들을 위한 보금자리"가 되었다.

극우주의자들은 정치적 반대진영을 악마로 만드는데 특히 집착한다. 2011년에 '라이트 윙 뉴스Right Wing News'라는 웹사이트는 유명한 보수 블로거 마흔세 명을 대상으로 '미국 역사상 최악의 인물'을 뽑는 설문조사를 했다. 지미 카터Jimmy Carter, 버락 오바마, 프랭클린 D. 루스벨트Franklin D. Roosevelt가 베네딕트 아놀드Benedict Arnold(미국 독립전쟁 당시 장군 신분으로 영국군에 자진 투항해 미국사에서 '배신자'나 '매국노'의 대명사가 된 인물—옮긴이), 티모시 맥베이Timothy McVeigh(95년 168명의 목숨을 앗아간 오클라호마 연방건물 폭파의 주범—옮긴이), 존 윌크스 부스John Wilkes Booth(링컨 대통령 암살 사건의 범인으로 알려진 인물—옮긴이)를 큰 표 차이로 제치고 선두권을 차지했다.

하트랜드 연구소Heartland Institute가 살인자 테드 카진스키Ted Kaczynski(버클리대 교수를 지낸 문명혐오주의자로 주로 대학과 항공사를 대상으로 우편물 폭탄테러를 벌인 탓에 유나바머Unabomber라고 불렸다—옮긴이)의 사진과 함께 "나는 아직 지구온난화를 믿어. 당신은 어때?"라는 문구를 넣어 시카고에 세운 악명 높은 광고게시판은 사이코패스 살인자와 이념적 반대진영을 구별하지 못하는 무능력을 여실히 보여준다. 이 터무니없는 광고에서 영감을 얻어 인터넷에서는 아돌프 히틀러Adolf Hitler의 사진과 함께 "나는 여전히 새끼 고양이가 귀

엽다고 생각해. 당신은 어때?"라는 문구를 담은 이미지를 비롯해 수많은 패러디가 나돌았다. 품위 있는 게임에 대해서는 이쯤 해 두자.

인터뷰를 마칠 무렵 에벨은 작고 둥근 초콜릿 네 개가 든 그릇을 건넸다. 초콜릿을 감싼 포일에 세계 지도가 인쇄되어 있어서 그것들은 마치 작은 지구처럼 보였다. 거기 앉아서 그 초콜릿들을 보자, 세상 모든 사람들이 매년 우리 미국인들처럼 자원을 소비하면 지구가 네 개는 필요하다고 주장하는 환경보호 홍보물의 인포그래픽이 떠올랐다. 에벨이 나를 보며 미소를 지었다. '날 놀리려는 건가?' 나는 궁금했다. 그러다가 초콜릿은 초콜릿일 뿐이라고 생각하며 전부 먹어치웠다. 어차피 인간이 감당할 수 있는 비유에는 한계가 있으니까.

09

코끼리
안에서

우리는
왜 계속해서
적을 찾는가

기후변화, 그러니까 과학적 사실에 근거한 진짜 기후변화는 그것을 일으키는 외부의 적이나 원인을 특정하기가 쉽지 않고 책임 소재가 불분명하며 그 영향도 산발적이다. 이런 종류의 문제를 해결하기 위해 사람들을 동기부여하고 움직이기란 쉽지 않은 일이다. 예를 들어 요리용 스토브에서 발생하는 연기는 전 세계 최대 사망 원인 중 하나이며, 그에 따른 사망자가 매년 160만 명에 이른다. 그러나 여기에는 뚜렷한 적이 없고 비난할 대상도 없으며, 아무도 책임을 지는 이가 없고 예방을 위한 조치도 거의 이루어지지 않는다.

기후변화를 보도하려는 뉴스 매체에게 명확한 적이 없다는 것은 골칫거리이다. BBC의 전 수석 특파원 마크 브레인^{Mark Brayne}은 저널리즘에는 사건과 명백한 원인, 그리고 '선과 악이 대립하는 담론'이 필요하다고 설명한다. 그러나 기후변화 문제에는 이 중 어떤 것도 없다. "기후변화는 느리게 움직이고 복잡하며 더군다나 우리 자신이 악입니다. 청취자나 시청자가 듣고 싶어 하는 이야기가 아니죠." 브레인은 말한다.

두 진영이 대립하는 싸움에서 각 진영은 계속해서 자신을 적과 비교·평가하면서 서로에게서 배우고 결국 동일한 논리를 취하게 된다. 도치주의 inversionism라고 부르기도 하는 이러한 대칭 양식은 담배나 총기 규제, 낙태처럼 주장이 첨예하게 대립하는 문제들에서 흔히 볼 수 있다. 내 인터뷰를 비롯해서 다른 이들이 한 수많은 인터뷰 내용을 살펴보면, 각 진영이 상대 진영과 다를 바 없는 다음과 같은 논리의 틀을 사용하는 것을 볼 수 있다.

냉전 종식 이후 그들(상대 진영)은 새로운 적이 필요했고, 정치적 영향력을 행사하기 위한 정치적 명분이 필요했다. 따라서 그들은 우리를 적으로 내세워 사람들의 두려움과 약점을 자극하는 정치적 세계관을 꾸미고 그것을 중심으로 이야기를 만들어 냈다. 그들은 도덕적 우위를 내세우지만 진짜 동기는 돈과 정치적 영향력이다. 그들은 자신들이 약자라고 주장하지만, 사실 그들은 우리보다 훨씬 더 힘이 강하다. 정치적 이해관계에 밝은 후원자들이 그들에게 막대한 자금을 지원하고, 나태하고 편파적인 언론은 그들을 홍보해주고 있기 때문이다. 우리는 비방을 받고 때로는 항의 편지와 살해 위협도 받지만, 가난한 자들의 편에 서서 그들의 거짓말을 폭로하고 유례없는 최악의 위협으로부터 문명을 구하는 사명을 띠고 있다.

그리고 모두가 과학을, 더 정확히 말하면 자기 나름대로의 과학을 내세운다. 엑슨모빌의 CEO 렉스 틸러슨Rex Tillerson이 사용하는 용어는 기후 과학자나 환경 운동가들도 얼마든지 똑같이 쓸 수 있는 용어들이다. 틸러슨은 국민들이 과학과 수학, 공학 분야에 무지하다고 불평한다. 그는 이익집단들이 '자기 할 일을 제대로 하지 않는 게으르고 쓸모없는 언론'의 지원을 받아 '공포를 날조'하는 일에 이러한 대중의 무지를 이용하고 있다고 말한다.

과학자와 주류 환경 운동가들은 순수하고 정확한 정보가 국민의 인식 및 정부 정책의 원천이라는 신념을 공유한다. 그들은 정보를 오염시키거나 그 흐름을 가로막는 세력을 적으로 간주한다. 당시 미국항공우주국에 근무하던 기후 과학자 제임스 핸슨에게 사람들이 아직 기후변화를 수용하지 못하는 이유가 무엇인지 물었을 때 그는 이렇게 대답했다. "대답은 아주 간단합니다. 바로 돈이죠. 화석연료 산업은 정부와 언론을 비롯한 모든 정보원을 통제할 수 있을 만큼 막대한 돈을 벌어들이고 있으니까요."

펜실베이니아 주립대학교의 지구계통과학센터Earth System Science Center 소장 마이클 만Michael Mann만큼 공개적으로 욕을 먹은 과학자도 드물 것이다. 심지어 핸슨도 그 정도는 아니었다. 마이클은 과거 1,000년에 걸친 기온 변화를 표시한 '하키 스틱 그래프hockey stick chart'로 유명하다. 그는 폭스 뉴스와 상원의 강력한 비판을 받았고, 유튜브 동영상에서 춤추는 꼭두각시로 묘사됐으며, 그의 주장에 따르면 자살하라거나 '가족과 함께 총에 맞아 사지가 찢긴 다음에 돼지 먹이나 돼라'는 메일을 비롯하여 수천 통에 이르는 협박 메일을 받았다. 내가 그런 악전고투에 걸맞은 비유를 찾아보라고 했을 때 그는 망설임 없이 〈반지의 제왕〉을 꼽았다. "〈반지의 제왕〉은 선과 악의 대립을 그린 전형적인 이야기이지만, 세상의 운명이 걸린 문제였죠. 대중을 혼란에 빠뜨릴 허위정보 제공 캠페인에 자금을 대는 화석연료 기업들의 CEO들은 모르도르의 세력입니다. 과학자들은 간달프죠." 염소수염을 기르고 눈을 반짝이는 마이클 역시 그 전투에서 맡을 역할이 있을 듯하다. 기후학의 파우누스(상반신은 인간, 하반신은 염소인 목축의 신—옮긴이) 정도랄까.

흔히 '부정 기구denial machine'로 불리는 이런 허위정보 제공 캠페인에는 경쟁기업연구소와 같은 싱크탱크들, 언론 매체들, 정치인들로 구성된 광범위한 네트워크가 관여한다. 그러나 최근 들어 그런 캠페인을 벌이는 사람들은 가장 유력하고 사악한 자금 제공자에게 시선을 고정해왔다. 바로 미국에서 두 번째로 큰 민간 기업을 상속 받은 두 형제 데이비드 코크David Koch와 찰스 코크Charles Koch이다.

코크 형제는 800억 달러에 이르는 재산 중 일부를 티파티 운동, 정치 활동을 벌이는 위원회의 홍보, 기후변화 조치에 반대하는 자유주의 싱크탱크들 등 그들이 선호하는 정치적 명분에 기꺼이 쓰고 있으며 1997년 이래 그렇게 쏟아 부은 돈이 총 6,700만여 달러에 이른다. 당연하게도 코크 형제는 진보적 좌파와 환경 운동가들 모두가 가장 싫어하는 인물이며, 환경 운동 관련 인쇄물에는 활짝 웃는 코크 형제의 모습이 '코크토퍼스Kochtopus'라는 표현과 함께 가스, 석유, 화학 기업들에 촉수를 뻗고 있는 머리 두 개 달린 문어로 그려지곤 한다. 이는 철도 독점에서 얼음 독점, 태머니 홀Tammany Hall(18세기 말부터 20세기 중반까지 존재하면서 뉴욕의 정치를 지배했던 부정한 정치 조직—옮긴이) 일당, 스탠더드 오일Standard Oil(석유왕 록펠러가 이끌었으며 19세기 후반부터 20세기 초반까지 미국 석유 산업을 독점한 기업—옮긴이), 소름끼치는 국제 유태인 '음모론'에 이르기까지 무분별한 문어발식 확장을 꾀한 조직들을 그려온 오랜 만평 역사의 가장 최신판이라 할 수 있다.

물론 나는 《의혹을 팝니다》, 《진실의 외면Heads in the Sand》, 《기후 은폐Climate Cover-Up》 등 최근 출간된 책들에 훌륭하게 기록된 바와 같이, 코크 형제가 주요한 정치적 수완가들이 아니라거나 그들이 자금을 대는 '부정 기구'가 여론 형성에 중대한 역할을 한 적이 없었다고 주장하려는 것은 아니다. 정유 회사는 분명히 환경 운동을 방해하고 있으며, 풍부한 자금을 바탕으로 과학을 왜곡하고 모독하는 정략적인 캠페인은 분명히 존재한다.

그러나 내가 주장하려는 것은, 지난 이십 년 동안 공격적인 부정론자들을 끊임없이 몰아붙인 끝에 정략적 캠페인을 벌이는 사람들이나 그 반대편의 과학자들 모두 이 싸움 하나에 지나친 감정 에너지를 쏟게 되었고, 그러면서 아직 못다 한 수많은 다른 이야기가 있다는 것과 그들이 주먹다짐을 하는 동안 다수의 일반인들은 완전히 무시되었다는 것을 우리가 잊어버리게 되었다는 사실이다.

상대 진영을 적으로 간주하는 이 모든 논리는 그런 담론을 견지하는 사람들에게 지극히 자연스럽다. 이전에 경험했던 투쟁의 기억과 그들만의 역사 해석을 기반으로 그 논리는 그들이 원래 지니고 있던 가치관과 신념 체계에 매끄럽게 통합된다. 나 역시 그런 가치관과 역사 인식의 상당부분을 공유하는 사람이다. 나는 사회생활을 시작한 이래 정부와 기업, 국제 금융기관을 상대로 한 싸움을 이끌며 상당 기간을 환경 운동에 헌신했다. 많은 사회적 문제가 결국에는 분명하고 특정할 수 있는 기득권에 대한 투쟁으로 귀착된다.

그러나 기후변화는 다르다. 상대 진영을 적으로 간주하는 논리 속에서 진실은 의도적으로 무시되고 사라진다. 과다한 탄소 배출이 문제가 되는 사회에서는 누구에게나 그 책임이 있지만, 동시에 모두가 그 문제를 무시하고 나름대로의 변명을 대려는 강력한 동기를 지닌다는 진실 말이다. 범죄 드라마 〈드라그넷Dragnet〉의 도입부에서 등장인물 조 프라이데이Joe Friday는 다음과 같이 말하곤 했다.

범죄가 발생할 때마다 300만 명의 용의자가 존재한다. 범죄를 목격하기는 했지만, 저지르지는 않았다고 하는 사람들. 기억하지 못한다고 하지만, 사실은 애써 잊으려 하는 사람들. 진실을 말한다고 하지만, 거짓말을 하는 사람들.

이것이 바로 내가 대중의 행동을 촉구하는 진짜 투쟁은 상대 진영을 적으로 간주하는 담론을 통해서는 이길 수 없으며, 협력과 상호 이익, 공통된 인류애에 기초한 담론을 찾아야 한다고 확신하게 된 이유이다.

물론 이것은 정치적 운동을 방해하거나 고의로 과학을 왜곡하는 이들을 가볍게 봐주거나 문제 삼지 말아야 한다는 뜻은 절대 아니다. 정유 회사들은 그들이 뭐라고 말하든 간에 결코 수동적인 에너지 공급자들이 아니다. 그들은 자신들의 이익을 보호하기 위해 정치적 절차에 적극적으로 개입한다. 그러나 우리 역시 아무런 잘못 없이 떳떳하지만은 않다. 우리는 기꺼이 그들의 제품을 사용하고 그들이 가능하게 해준 멋진 생활양식을 누린다.

이런 상황은 정치적 변화를 일으키기 위한 시험대가 된다. 변화는 사회운동을 요구하며, 사회운동에는 불매운동을 벌이거나 차단하거나 점거할 물리적인 대상 혹은 제품이 필요하다. 또한 대항 담론에는 상대가 필요하다. 빌 맥키번이 주장하듯이 "사회운동에는 적이 필요"하며, 그의 관점에 따르면 적은 바로 그가 "지구 문명의 생존을 위협하는 공공의 적 제1호"라고 표현하는 화석연료 산업이다.

랍비 아서 와스코우Arthur Waskow는 동일한 갈등을 성경적 맥락으로 전환한다. 와스코우는 성경에서 이집트인들에게 닥친 재앙을 인용하면서, "오늘날의 파라오는 석탄, 정유, 천연가스 산업을 영위하는 거대 기업체들이다."라고 말한다. 그리고는 이렇게 덧붙인다. "현대판 파라오를 상대할 유일한 방법은 사람들을 조직화하는 것이다."

그러나 목표로 삼는 그런 기업들은 적이 아니며, 그들과의 투쟁이 기후변화를 결정짓는 것도 아니다. 그들은 장애물이며, 거기에는 큰 차이가 있다. 차이를 인식하려면 정교한 균형을 유지해야 하며, 맥키번처럼 성숙한 운동가들은 그 차이를 충분히 인식하고 있다.

그리고 살펴보아야 할 또 다른 측면도 있다. 의사소통 자문회사 링기스틱 랜드스케이프스Linguistic Landscapes의 설립자 길 에로트Gill Ereaut는 어떤 담론에 반드시 적이 있을 필요는 없다고 말한다. 실제로 많은 고대 신화의 이야기 구성은 모험과 도전, 더 정확히 말하면 주장이나 생각, 약점, 사고방식의 극복을 중심으로 한다.

칼 융Carl Jung의 정신분석 이론에 근거하여 에로트는 만약에 적이 존재한다면 그것은 바로 우리의 '그림자shadow', 즉 우리가 인정하거나 인식하고 싶지 않은 탐욕스러운 내면의 어린아이이며, 그 내면의 아이는 우리가 받아들일 수 없는 자아의 속성을 타인에게 투사하도록 강요한다고 설명한다. 나중에도 논의하겠지만, 기후변화가 미적지근한 죄책감의 담론을 만들어내는 동안, 우리의 개인적 책임을 받아들이라고 진정으로 촉구하는 담론은 하나도 없었다.

TV에서 기후변화를 다루기 위해 누구보다도 애써온 ABC 방송국의 기자 빌 블레이크모어Bill Blakemore 역시 진짜 이야기는 우리의 심리적 결함에서 찾아야한다고 확신한다. 블레이크모어는 내게 "이 거대하고 변화무쌍한 담론을 어떻게 풀어나갈지에 대해서 전문적인 상상력을 발휘하는데 완전히 실패"했으며 그 담론을 "환경의 영역에 끼워 맞추려 하지 말았어야 했다"고 말했다.

블레이크모어는 기자 생활의 대부분을 종군 기자로 활약했기 때문에, 혹자는 그가 기후변화를 경쟁 구도 혹은 국익의 측면에서 보리라고 생각할지도 모르겠다. 그러나 블레이크모어는 "끊임없이 소용돌이치는 공기나 대양에는 국경이 없다"고 지적하면서, 엄습하는 공포와 부정하려는 마음, 그리고 쉽게 책임을 인정하지 않는 모습 등이 바로 우리가 진짜로 해야 할 이야기라고 주장했다. 그는 이렇게 말했다. "기후변화는 방 안에 있는 코끼리

(영어표현 'room in the elephant'는 '심각하지만 모두가 외면하는 문제'를 의미한다—옮긴이)가 아니에요. 사실은 우리 모두가 그 코끼리 안에 있는 거예요."

모든 캠페인은 우리의 미래의 생각을 결정할 언어와 전선을 규정한다. 만약 적을 내세운 담론에 기대어 우리의 캠페인을 전개한다면, 기후변화의 긴장이 고조되어감에 따라 종교나 세대, 정치, 계층, 민족 간 분열에 기댄 훨씬 더 사악하고 새로운 적을 내세운 담론이 등장하여 기존의 담론을 대체할 가능성은 언제든 존재한다. 특히 물 부족이 종교적 갈등을 심화시킬 수 있는 중동 지역에서는 더더욱 그렇다. 적을 상정한 담론이 결국 폭력이나 책임 전가, 집단 학살로 이어지고 그런 끔찍한 일들에 대한 우리의 감각을 무뎌지게 만들었던 사례를 우리는 역사에서 너무나 많이 보아왔다.

이쯤에서 잠시 숨을 돌려 지금까지의 내용을 요약해 보도록 하자.

나는 인간이 최근의 경험과 태도에 비추어 세계를 해석한다는 사실을 말했다. 게다가 인간은 확증 편향에 따라 그런 기존의 관점을 확증해주는 정보를 한층 더 많이 찾고 그에 반하는 정보는 부정하게 된다. 자신들의 자립 정신에 자부심을 갖는 티파티 활동가의 경우 외부 견해를 매우 불신하게 되면서 그들의 기존 입장을 강화해주는 출처에서만 정보를 얻기에 이르렀다.

사회 집단에 소속되고자 하는 욕구 때문에 우리는 주변 사람들에게서 어떤 생각과 행동을 해야 할지에 대한 실마리를 얻어야 할 것처럼 느낀다. 기상 관련 재해 복구 현장에서 나는 지역 사회 주민들이 서로 나누는 이야기 속에 담긴 실마리를 통해 기상이변을 이해한다는 사실을 발견했다. 피해 지역 주민들이 기후변화의 영향을 완전히 무시할 수 있었던 이유는 그들이 하고자 하는 이야기에 들어맞지 않기 때문이었다.

또한 우리의 동조 욕구는 우리와 다른 사회 집단에 속한 사람들 사이에 존재하는 차이를 과장한다. 만약 기후변화에 대한 어떤 입장이 우리가 적극적으로 불신하는 집단과 크게 연관된다면, 과학은 이런 갈등에 의해 '오염'될 수 있다. 앞에서 기후변화에 대처하는 행동을 촉구하는 이들과 이에 반대하는 이들 양측 모두가 똑같이 이런 기제에 매여 있으며, 심지어 상대측을 언급할 때 똑같은 언어와 비유를 사용한다는 사실도 설명했다.

우리가 기후변화와 관계하는 방식을 원인과 결과의 단순한 공식으로 쉽게 요약할 수 없다는 점은 이미 확실하다. 우리가 지닌 관점은 본인의 정체성과 내집단 충성도, 그리고 더 넓은 사회와 우리가 맺고 있는 관계 사이에서 벌어지는 협상을 통해 끊임없이 형성되고 있다. 우리는 모든 단계에서 주변 사람들에게 영향을 받는 만큼 그들에게 영향을 주는 능동적인 참가자들이다.

이에 대해 내가 생각하는 가장 적절한 비유는 기후 과학자가 지구 에너지와 탄소 시스템 내의 흐름을 도표화하는 방식에 있다. 그들의 모델에서 흐름의 각 부분은 다른 부분들과 서로 연결되어 있으며, 한 부분에서 발생한 변화는 퍼져나가 그 영향은 과학자들이 양성 피드백이라고 부르는 것을 통해 확장된다. 기후변화를 대하는 태도 속에는 방관자 효과나 허위 합의 효과 등과 같은 사회적 피드백이 수없이 작용하므로 작은 차이는 과장되고 사람들 간의 분열은 확대된다.

그러나 이는 행동하기가 왜 그렇게 어려운가라는 질문에 대한 불완전한 대답일 뿐이다. 기후변화를 열렬히 인정하거나 열렬히 부정하는 사람들에게는 한 가지 중요한 공통점이 있다. 양측 모두 기후변화를 중대한 위협으로 간주하고 이를 중심으로 사람들을 결집해야 한다고 생각한다. 그러나 대립하는 두 집단 사이에 존재하는 대다수는 기후변화가 중요하다는 사실조차 받아들이지 않는다. 여론 조사원이 질문을 하면 기꺼이 기후변화를 염려하고 있다고 대답하겠지만, 내가 앞으로 보여주려는 것처럼 그들은 기후변화를 거의 고려하지 않으며 관련된 이야기도 거의 혹은 전혀 하지 않는다.

결국 우리는 처음 질문으로 다시 돌아간다. 사람들이 기후변화를 이런 식으로 무시하는 본질적인 이유가 있을까? 그렇지 않다면 어떻게 기후변화가 위협이라는 사실을 알면서도 이를 위협으로 느끼지 않을 수 있을까?

10

두 개의 뇌

우리는 왜 기후변화에
대처하도록 진화하지
못했을까

인간이 기후변화에 대처하기 어렵도록 만든 원인을 진화심리학에서 찾아볼 수 있다는 생각이 널리 퍼져 있다. 고인류학자 이언 태터설Ian Tattersall은 저서 《지구의 주인The Masters of the Planet : The Search for Our Human Origins》의 결말에서 이렇게 말한다. "우리는 위험을 평가하는 일에 몹시 서툴다. 이 부분에 있어서 우리의 뇌는 물고기, 파충류, 뾰족뒤쥐와 다를 바 없다." 그는 우리가 기후변화를 무시하고 기후변화에 따른 재앙에 직면하지 않으리라 생각하는 것은 바로 이런 이유 때문이라고 말한다. 스탠포드 대학교의 인구생물학 교수 폴 에얼릭Paul Ehrlich은 "앞일을 내다 볼 수 있는 뇌를 만들도록 유전적·문화적 선택이 진행되지 않았기" 때문에 우리는 기후변화에 대처할 수 없다고 거침없이 주장한다.

진화심리학은 정치적·이념적 이유로 자주 논쟁과 논란, 싸움의 대상이 된다. 기후변화 부정론자들은 진화심리학이 진화의 속도를 과소평가하고 있으며, 환경과 기후의 변화는 진화의 역사 내내 계속되어왔기 때문에 사실 우리는 현대 세계의 변화에도 매우 잘 적응하고 대비하게 되었다고 주장한다.

하버드 대학교의 심리학 교수 대니얼 길버트Daniel Gilbert는 의견을 달리한다. 길버트는 내게 기후변화가 "진화된 인간의 뇌가 유일하게 그 어떤 대처도 할 수 없는 위협"이라고 말한다. 길버트는 이 문제를 상당히 심사숙고했다. 왜냐하면 그는 전문가이자 행복 심리학 분야의 베스트셀러 작가이며 온갖 문제에 흥미를 느끼는 대단히 활발한 자유로운 영혼이기도 하기 때문이다.

길버트는 오랜 시간 인간의 심리가 진화하는 동안 우리는 주요한 네 가지 자극에 강하게 반응하게 되었다고 주장하면서, 이 네 가지 자극을 PAIN이라는 두문자로 깔끔하게 요약했다.

개인적 자극 Personal: 우리 뇌는 친구, 적, 배신자, 인간 행위를 식별하는 데 가장 최적화되어 있다.

갑작스런 자극 Abrupt: 우리는 갑작스럽게 발생하는 변화에 가장 예민하고, 더디게 움직이는 위협은 무시하는 경향을 보인다.

비도덕적 자극 Immoral: 우리는 음란하거나 불경하거나 혐오스럽거나 역겹다고 생각하는 대상에 반응한다.

현재 자극 Now: 미래를 내다보는 능력은 우리의 가장 놀라운 능력 중 하나이지만, 길버트는 이 능력이 '여전히 연구 개발 초기 단계'에 있다고 말한다.

길버트가 판단한 대로 기후변화 문제는 이 중 그 어떤 자극도 유발하지 않는다. 길버트는 이 네 가지 중에서 갑작스런 자극과 현재 자극이 부족함을 강조하며, 이는 "토끼조차도 파악하는 자극"이라고 말했다. 하지만 그는 비도덕적 자극의 중요성도 과소평가하지 않았다. 우리는 기후변화가 나쁘기는 하지만 그것이 우리를 불건전하거나 불명예스럽게 느껴지도록 만들지는 않는다고 생각한다. 길버트는 이렇게 덧붙였다. "개고기를 먹기 때문에 지구온난화가 발생했다면, 미국인 수백만 명이 길거리에 모일 겁니다."

내 생각에 그것은 미국인들이 지금처럼 개고기를 즐기지 않을 때나 통하는 말이다. 금기는 사회적으로 형성되며 그 누구도 쉽사리 다른 문화가 있었음을 상상하긴 힘들겠지만, 굶주린 미국 초기 정착민의 선례에 따르면 추수감사절 식탁에 올랐던 건 다름 아닌 구운 개고기였다.

길버트는 그 점을 인정하면서도 차이는 없다고 말했다. "내가 보기에 사회 속에서 형성되었다는 말과 진화되었다는 말은 똑같은 의미를 다르게 표현한 것에 불과합니다. 진화적 관점에서 볼 때 종으로서 인류의 가장 흥미로운 특징은 마주보는 엄지손가락(나머지 네 손가락과 마주보는 엄지손가락은 도구를 사용할 수 있는 인간의 진화적 특징을 나타낸다—옮긴이)이나 언어 능력이 아니라 사회생활입니다." 앞에서 이미 살펴보았듯이 바로 이 사회생활이 기후변화에 대한 반응 형성에 대단히 중요한 역할을 하는 사회적 단서, 규범, 적, 그리고 내집단·외집단 역동을 결정한다.

길버트는 직접 수행한 연구를 비롯하여 진화심리학의 여러 가지 연구 결과를 인용했다. 현대 진화심리학을 정립한 레다 코스미디스Leda Cosmides와 존 투비John Tooby는 "현대인의 두개골은 석기시대 정신을 품고 있다"는 말을 즐겨 썼다. 이는 그들이 소위 '진화적으로 적응해야 할 환경'에 존재하는 구체적인 위협을 지칭하기 위해 만들어낸 표현이다.

원시시대의 환경에서 피할 수 있는 주요 위험은 아주 가까운 주변에 존재했기 때문에 우리는 위험을 판단할 때 근접성과 확실성에 높은 우선순위를 두게 되었다. 따라서 자연스럽게 우리는 현재의 상황(인지심리학에서는 이를 '현상status quo'이라고 부른다.)을 보수적이고 방어적으로 판단하게 되었다. 어쨌든 새로운 대상을 수상쩍게 여기지 않는 동물일수록 생존 가능성은 낮다.

코스미디스와 투비는 인간의 뇌가 다양한 과업에 유용한 특수 도구들을 갖춘 '스위스 아미 나이프Swiss Army Knife'와 같다고 설명한다. 따라서 인간은 기후변화처럼 거시적 문제에 대처하는 능력은 다소 부족하며, 문제를 도구 중심의 개별적인 과업으로 나눠야만 대처할 수 있다고 주장한다.

스위스 아미 나이프와 마찬가지로, 뇌에도 한 번도 사용하지 않거나 용도조차 알 수 없는 도구가 있다. 진화심리학에서는 이를 가리켜 '선택적 진화 (또는 굴절 적응)exaptation'라고 한다. 선택적 진화란 과거에 완전히 다른 이유로 선택되었지만 환경이 변함에 따라 지금의 역할을 하도록 진화되어버린 행동을 말한다.

선택적 진화를 둘러싸고 격렬한 논쟁까지 벌일 필요는 없으며, 그것이 매우 유의미한 핵심 개념을 담고 있다는 사실만 알면 된다. 즉 우리는 이전의 문제들에 대처하기 위해 진화해온 심리적 도구들을 기후변화에 적용하고 있지만, 그 도구들은 기후변화라는 새로운 위협을 다루기에는 적합하지 않을 수 있다. 보편적인 공동의 위협에 대처해야 하는 경우에는 소규모 수렵채집 집단을 부양하기 위해 진화해온 내집단 충성과 방어 심리가 장애물이 될 수 있다. 나중에 다시 논의하겠지만, 죽음의 공포에 대처하기 위해 진화한 훨씬 더 심오한 기제가 오히려 기후변화 문제를 외면하도록 몰아갈 수 있다.

그러나 기후변화를 둘러싼 의사결정과 가장 관련이 깊은 발견은 오랜 진화 과정을 통해 우리가 두 가지 구별되는 정보 처리 시스템을 발달시켜왔다는 사실이다. 그 중 한 시스템은 분석적이고 논리적이며 현실을 추상적인 상징, 언어, 숫자로 부호화한다. 또 다른 시스템은 감정(특히 공포와 불안), 이미지, 직관, 경험에 따라 움직인다. 두 시스템 모두 언어를 사용하나, 분석 시스템에서는 설명하고 규정하기 위해 사용하고 감정 시스템에서는 주로 이야기 형태로 의미를 전달하기 위해 사용한다.

이들 시스템이 뇌의 물리적 구조 내에 구축돼 있다는 사실은 뇌 스캐닝으로도 밝혀졌다. 분석 시스템은 대뇌 피질과 후두정엽피질에서 작용하며, 감정 시스템은 뇌의 기저에 있는 편도체에서 작용한다. 신경과학자 조지프 르두Joseph LeDoux가 그의 저서 《느끼는 뇌》에서 주장한 바에 따르면, 편도체는 위협을 재빨리 평가하는 능력 때문에 정보 처리 시스템의 의사결정 과정에서 우위를 차지하게 되었다고 한다. 따라서 분석 시스템은 느리고 신중하며 증거와 확률을 이성적으로 가늠하는 반면, 감정 시스템은 자동적이고 충동적이며 신속하게 결론에 도달할 수 있도록 정신적 지름길을 택하는데 능하다.

최근 들어 이런 연구 결과들에 일반 대중의 관심이 대단히 높아졌으며, 여러 학자가 그 시스템에 다양한 이름을 붙였다. 그것을 병렬 시스템으로 처음 규정한 시모어 엡스타인Seymour Epstein은 그 둘을 분석 처리analytic processing와 경험 처리experiential processing라고 불렀다. 그밖에 계몽 이성enlightenment reason과 현실 이성real reason, 숙고 시스템reflective system과 자동 시스템automatic system, 시스템 1과 시스템 2라고 부르기도 한다. 나는 이성적 뇌rational brain와 감정적 뇌emotional brain라고 부른다. 이상적인 명칭은 아니지만 이해하기 쉽다.

이 정보 처리 시스템을 명명하려는 다양한 시도가 있었던 이유 중 하나는 이 둘이 별개의 단절된 시스템이라기보다는 서로 끊임없이 소통하는 시스템이기 때문이다. 뉴욕 대학교의 심리학 교수 조너선 하이트Jonathan Haidt는 그 관계를 설명하는 과정에서 코끼리와 코끼리에 올라탄 사람의 비유를 생각해냈다. 코끼리에 올라탄 이성적인 사람은 감정적인 코끼리를 조종하고자 최선을 다한다. 얼핏 보기에는 사람이 통제권을 쥔 듯 보이지만 실제로는 무게 6톤의 코끼리가 칼자루를 쥐고 있다.

이는 훌륭한 비유이고 이 책에서도 이 코끼리 비유와 유사한 비유를 많이 사용한다. 그러나 두 시스템 사이의 소통이라는 측면을 소홀히 했기 때문에 이 역시도 완전히 만족스럽지는 않다. 연구에 따르면, 코끼리에 올라탄 이성적인 사람은 코끼리의 관심을 끌만한 이야기와 이미지로 신중하게 코끼리를 설득시키려 할 것이다. 하지만 코끼리 역시 멍청이는 아니다. 코끼리는 자기가 이미 가기로 결정한 경로로 계속해서 가는 것을 사람이 방해하지 않도록 대단히 능숙하고 정교하게 지능적인 합리화를 한다. 이렇게 말하면 사람이 코끼리 등의 작은 텐트 안에 앉아 고삐를 당기고 있는 모습이 떠오르지만, 현실은 타잔이 안장도 없이 코끼리 등에 타서 말을 거는 모습에 가깝다.

감정적 뇌가 위험의 인식을 지배한다. 감정적 뇌는 가깝게 느낄 수 있는 것에 관심이 많고, 개인적 경험에 의지하며, 기존의 가치에 대한 이미지와 이야기를 다룬다. 나중에 이야기하겠지만, 강렬한 이미지를 상기시키거나 개인적 사연에 등장하는 위협은 의사결정을 왜곡한다.

그러나 감정적 뇌는 기후변화와 관련한 위협처럼 장기간에 걸친 불분명한 위협에 대처하기에는 부적합하기 때문에, 때때로 이성적 뇌가 미래를 대비하는 사고와 계획이라는 추상적인 도구를 이용하여 적극적으로 개입한다. 실제로 실험에 따르면, 인간은 이성적 시각에서 보기 위해 문제를 좀 더 거리를 두고 살핀 다음 감정적으로 가깝게 느낄 수 있도록 단기적인 목표를 설정함으로써 의도적으로 그러한 과정을 가능하게 한다. 이는 마치 멀리 떨어져 상대방을 감탄하며 바라보다 키스할 수 있을 만큼 가까이 다가서는 춤과 같다.

그리고 이것이 바로 우리가 개인적으로나 문화적으로 기후변화를 대하는 태도다. 이론, 그래프, 프로젝트, 데이터는 거의 전적으로 이성적 뇌에 호소한다. 우리는 그것을 통해 증거를 평가하고 대개 중대한 문제가 있다는 사실을 인식한다. 그러나 이는 우리가 행동하도록 박차를 가하지 않는다. 이성적 뇌와 감정적 뇌의 분할은 과학과 예술, 종교 사이의 역사적 경계에 내재되어 있으며, 기후변화가 과학에서 비롯되었듯이 한 가지 문화 영역에서 비롯된 구체적 위험은 인간의 인지를 완전히 사로잡기 힘들다. 내가 만나본 전문가들은 하나같이 기후변화에 감정적 뇌를 끌어들일 효과적인 방법을 아직 찾지 못했다고 말했다. 코끼리에 올라탄 사람이 《사이언티픽 아메리칸Scientific American》지의 기사에 심취해 있을 때에도 코끼리는 여전히 바나나를 찾아 헤매고 있다.

따라서 기후변화에 대한 행동을 촉구하려면 최선을 다해 양쪽 뇌 모두에 호소해야 한다. 먼저, 믿을 만한 출처에서 나온 정보임을 이성적 뇌가 납득할 수 있도록 충분한 데이터와 증거를 확보해야 한다. 동시에 긴급성, 근접성, 사회적 의미, 이야기, 경험에서 나온 비유 등의 도구를 활용하여 감정적 뇌를 끌어들이고 자극하는 형태로 그 데이터를 변환해야 한다. 미국 국립과학원에서부터 발전소 앞에서의 직접 행동 시위에 이르기까지 기후변화에 관한 모든 의사소통은 근거 데이터를 감정의 황금으로 바꾸는 연금술 실험이다.

기후변화 행동에 반대하는 측은 똑같은 게임을 하되 반대로 움직인다. 그들은 가치, 우려, 듣는 이의 감정을 촉발하는 자극을 중심으로 감정적 뇌에 호소하는 주장으로 시작한다. 그 다음 그런 주장을 뒷받침해줄 수 있는 데이터와 증거를 찾는다. 기후변화에 대한 행동을 촉구하는 사람들과 마찬가지로 이들 역시 설득하고자 하는 사람들의 감정적 뇌와 이성적 뇌 양쪽을 모두 납득시켜야 하기 때문이다. 물론 그들은 그렇게 생각하지 않는다. 그들은 데이터를 이성적으로 평가한 것을 바탕으로 감정적인 주장을 했다고 확신한다. 그리고 그들의 눈에는 그렇게 보이는 듯하다.

중도적 입장의 사람들 역시 이 과정에서 가만히 있지만은 않는다. 만약 감정적 뇌가 지나치게 개입하면 불안에 떨거나 걱정하게 될 가능성이 높다는 사실을 잘 아는 그들은 이런 논쟁을 어떻게 해석해야 할지 신중하게 계산한다. 나중에 살펴보겠지만, 이들은 일단 두고 보는 태도를 취하곤 한다. 그들의 이성적 뇌는 문제가 있다는 사실을 충분히 인지하고 있다. 그들의 감정적 뇌는 어떻게 대응해야 할지에 대한 사회적 단서를 찾느라 무척 바쁘다. 그리고 그들의 양쪽 뇌는 대단히 무관심하기 때문에 적극적으로 문제에 대처하라는 압박을 받지 않는 한 그렇게 할 필요를 느끼지 못한다.

11

익숙하지만 상상할 수 없는

**기후변화는
왜 위험하게 느껴지지
않을까**

5년 전 내가 영국 옥스퍼드에 살고 있을 때 한 이동전화 회사가 동네 술집 옆에 이동전화 기지국 설치를 위해 건축 허가를 신청했다. 그 지역은 대학가 주변이다 보니 진보적인 전문직 종사자들이 많이 모여 살았다. 누군가가 기후변화 이야기를 꺼내면, 그들은 그것이 언젠가 누군가는 정말로 뭔가 조치를 취해야 하는 심각한 문제라는데 만장일치로 동의할 것이다. 그렇지 않으면 그들은 딱히 기후변화에 관해 생각하지 않았다.

그런 그들이 이동전화 기지국이라는 위협에는 다들 즉각적인 행동에 나섰다. 허가를 신청한지 일주일 만에 200여 명이 기지국에 반대한다는 의사를 표현하기 위해 지역 학교의 강당에 모였다. 그들은 기지국 때문에 학교 운동장 전체가 전자파의 영향을 받을 것이라고 말했다. 필요하다면 설비 차량 앞에 드러눕겠다는 결의를 나타낸 사람도 있었다.

기후변화와 이동전화 기지국이라는 문제에는 흥미로운 유사점이 존재한다. 둘 다 향후 오랜 기간에 걸쳐 불확실한 영향이 나타날 우려가 있는 문제들이다. 또한 우리가 비난하는 두 문제 모두 우리가 선택한 소비에서 비롯된 문제들이다. 그날 밤 강당에 모인 내 이웃들은 모두 휴대전화를 갖고 있었다. 지금 와서 생각해 보면 모임이 열리는 동안 그들에게 전화를 걸어 어떤 일이 일어나는지 지켜볼 걸 그랬다.

그러나 한 가지 중요한 차이점이 있다. 기후변화는 전대미문의 막대한 위협을 가하는 문제인 반면, 이동전화 기지국은 사실상 무해하다. 가장 신중한 추정치를 적용하더라도 이동전화 기지국이 건강 문제를 일으킬 만큼 전자파를 방출하려면 7,000년 이상 걸린다. 이 사건을 겪으면서 나는 고등 교육을 받은 사람들이 이동전화 기지국의 전자파와 같이 눈에 보이지 않으면서 입증되지 않은 위험에는 그토록 불안해하면서도, 똑같이 눈에 보이지는 않지만 훨씬 더 입증이 된 기후변화라는 위험에는 신경을 쓰지 않는 이유가 무엇인지 궁금했다.

오리건 대학교의 심리학 교수 폴 슬로빅Paul Slovic은 이 질문에 대답하기에 적절한 인물이다. 슬로빅은 위험의 사회적 확산 분야에서 세계적으로 손꼽히는 전문가이다. 또한 이런 찬사를 부끄러워할 것 같은 겸손하고 상냥한 사람이다. 하지만 이 주제를 다룬 연구 논문치고 슬로빅의 연구를 참조하지 않은 문헌은 단 하나도 찾아볼 수 없다.

슬로빅은 위험에 대한 우리의 지각이 사회적으로 형성된다는 사실을 과학자들에게 납득시키는 동시에 사회과학은 가볍고 감상적이라는 편견도 극복해야 하는 힘든 싸움에 직면했다. 1970년대에 슬로빅이 연구를 시작한 대상은 방사선 문제였으며, 그는 특히 사람들이 의료용 엑스레이의 위험성보다 원자력에 대해 훨씬 더 우려하는 이유가 궁금했다.

슬로빅은 위험 지각과 관련한 두 가지 주요 동인을 발견했다. 첫째는 비자발적이고 파국을 초래하는 충격에 직면했을 때 느끼는 무기력감으로, 슬로빅은 이를 '두려운 위험dread risk'이라고 불렀다. 둘째는 새롭고 예측 불가능한 위험의 불확실성에서 초래되는 불안으로, 그는 이를 '모르는 위험unknown risk'이라고 불렀다. 세대 간에 걸쳐 비가역적으로 발생하는 사건은 두려운 위험을 강화한다. 눈에 보이지 않고 전례 없는 사건은 모르는 위험을 두드러지게 한다. 방사선은 두 가지 위험을 모두 포함하고 있어 두려움의 대상이 된다.

슬로빅은 사회적 검사를 통해 두려운 위험과 모르는 위험의 정도에 따라 다양한 위협들을 도표화했다. 화학 물질, 식품 첨가제, 전자레인지는 모르는 위험에서 높은 점수를 기록했다. 핵무기와 신경가스 사고는 두려운 위험에서 높은 점수를 기록했다. 자전거 사고, 실내 공기오염, 알코올, 집 수영장과 같은 좀 더 일상적인 위험은 모두 사망의 주요 원인을 형성함에도 불구하고 두 가지 위험에서 모두 낮은 점수를 기록했다.

슬로빅의 연구는 내 친구들과 이웃들이 이동전화 기지국에 그토록 동요했던 이유를 매우 잘 설명해준다. 이동전화 기지국은 위협의 거의 완벽한 혼합체였다. 신기술인데다가 전자파라는 두려운 위험 요소가 존재하며, 천진난만하게 학교 운동장에서 뛰어노는 자녀들을 위협한다. 또한 이례적일 정도로 가까운 거리에 존재하는 위험이었다. 기지국을 눈으로 볼 수 있는데다, 사는 지역의 바로 눈앞에 있으며, 운영 시점도 명확하게 정해져 있었다. 마지막으로 결정적인 요소는 외부에 적이 있다는 점이었다. 얼굴을 드러내지 않은 통신회사 티모바일T-Mobile은 전자파를 방출하는 이 위험한 기지국을 사악하게도 깃대로 가장했다.

나는 슬로빅의 기준으로 측정한다면 기후변화는 어느 위치에 올지, 그리고 기후변화가 이동전화 기지국과 같은 수준의 관심을 끌지 못하는 이유는 무엇인지 그에게 물었다. 어쨌든 기후변화 역시 파국을 초래하고 비가역적이며 새롭고 기술과 관련이 있는데다가 어린이에게 위협이 되고 무기력감을 느끼게 한다. 내가 보기에 기후변화는 분명히 최고 수준의 두려운 위험과 모르는 위험을 갖췄다.

슬로빅은 수긍하지 않았다. 그는 기후변화가 심각한 문제라는 사실은 전적으로 인정했다. 사실 자기도 기후변화를 연구하고 싶은 마음은 있지만 지금은 대량 학살 연구에 집중하고 있으며 "그런 최악의 문제들은 한 번에 하나밖에 연구할 수 없다"고 말했다.

그러나 슬로빅은 기후변화가 위협적으로 '느껴지지' 않으며 그것이 중대한 차이점이라고 말했다. 원자력 발전이나 유독성 화학 물질, 예방 접종 등에 대한 사람들의 저항은 대개 뭔가 변화가 일어나는 시점, 예를 들어 자녀에게 예방 접종을 맞추거나 집 주변에 원자력 발전소(혹은 이동전화 기지국)가 들어설 때 나타나는 경향이 있다.

하지만 일단 어떤 것이 현상으로 받아들여져 일상생활의 일부로 당연시되고 나면, 그것을 제거하는 일은 훨씬 더 높은 수준의 위협을 필요로 한다. 어떤 새로운 에너지 기술이 기후변화를 유발한다면 사람들은 그에 맞서기 위해 쉽게 집결하겠지만, 이미 일상생활 속 깊숙이 들어와 있는 자동차, 비행기, 발전소에 반대하려고 모이지는 않는다.

슬로빅은 허리케인 카트리나와 샌디같이 아주 현저한 기상이변 현상조차도 우리가 이에 저항하기보다는 받아들이게 된다는 측면에서 이 역시 일반적으로 인정되는 생활 방식, 즉 현상의 일부라고 주장했다. 그에 따르면, 사람들에게 기상이변 현상은 익숙한 듯 보이며 적어도 선진국에서는 대개 기상이변을 감당할 수 있는 대상으로 간주한다고 한다. 슬로빅은 이렇게 말했다. "폭풍이 불어 닥친다 해도 결국에는 지나가죠. 그러고 나면 창밖을 내다보며 '이봐, 날씨가 정말 화창한데'라고 말할 겁니다." 배스트롭과 뉴저지에서 봤듯이 사람들은 처음에는 충격에 빠져 있다가도 훌훌 털고 일어나 재건에 집중하고 전진한다.

언어 이론에서 '가짜 동족어false friends'라는 용어는 외관과 발음이 동일하나 서로 완전히 다른 뜻을 지니는 단어를 의미한다. 유럽에서 옷을 사러 가서 바지나 속바지, 조끼, 점퍼를 보여 달라고 하면 무슨 말인지 알 것이다. 기후변화와 관련해서도 수많은 언어학상의 가짜 동족어가 존재하며, 앞으로 소개하겠지만 과학 용어를 좀 더 넓은 맥락에서 사용할 때 엄청난 오해가 발생할 소지가 있다. 날씨 역시 일종의 가짜 동족어이다. 우리는 날씨를 친숙하게 보고 느끼며 오해를 초래할 만한 다양한 경험도 한다.

폴 슬로빅은 세 번째로 중요한 문제는 기후변화가 선뜻 상상할 수 있는 대상이 아니라는 점에 있다고 말한다. "9/11 공격 이후 테러리즘처럼 생생하게 상상할 수 있는 위협에 대해서 우리는 완전히 균형 감각을 잃고 조그만 가능성에도 높은 경계심을 나타내는 반응을 보입니다. 최근의 경험에 의존하는 가용성 편향 때문에 위협을 계속해서 인식하게 되고, 언제 다음 공격이 발생할지 모른다는 불확실성으로 인해 공포는 줄어들지 않고 오히려 증폭됩니다."

그러나 기후변화는 이와 같은 상처를 남기지 않는데다 기상이변은 어느 정도 친숙하기 때문에, 기후변화가 어떤 결과를 초래할지 모른다는 불확실성이 공포를 주입하기보다는 '믿고 싶은 대로 믿을 재량을 부여'한다고 슬로빅은 말한다.

믿고 싶은 대로 믿는다고? 이는 대단히 강력한 말이다. 슬로빅은 기후변화가 두려운 위험과 모르는 위험의 특징을 매우 골고루 갖추고 있음에도 불구하고 적극적으로 나서서 그런 방식으로 보겠다는 선택을 하지 않는 한 무섭게 느껴지지 않는다고 말한다. 본인이 지닌 가치나 정치적 성향, 혹은 속한 사회 집단으로 인해 기후변화를 위험하다고 인식할 의향이 이미 있다면, 기후변화는 정말 위험하게 보인다. 만약 그런 식으로 볼 의향이 없다면, 기후변화의 위험은 과장된 듯 보인다. 여기에서도 기후변화에 대한 인식은 이를 바라보는 사회적 렌즈를 통해 결정되고 있으며 사람들을 갈라놓는 강력한 피드백이 존재한다.

12

불확실한
장기 비용

**인간의 인지 편향은
왜 기후변화를 부정하는
방향으로 형성되는가**

"아마도 듣고 싶은 이야기가 아닐 겁니다. 정말 미안하지만 나는 대단히 비관적이에요. 기후변화에 관한 한 성공의 여지가 보이지 않습니다." 대니얼 카너먼Daniel Kahneman 교수가 말했다.

나는 그와 만나 그의 이야기를 꼭 듣고 싶다고 말했다. 카너먼 교수는 의사결정 심리학 분야에서의 선구적인 연구 성과로 노벨상을 받았으며, 나 역시도 그가 쓴 베스트셀러《생각에 관한 생각》을 읽고 상당한 영향을 받았다.

우리는 뉴욕 시내의 한 복잡한 카페에 자리를 잡았다. 주변은 지독하게 시끄러웠고, 카너먼은 거의 바닥을 드러낸 듯한 토마토 수프를 먹느라 간간히 침묵하기를 반복하며 그의 생각을 전했다. 그는 기후변화가 가망 없는 문제라고 생각하는 이유와 사람들이 기후변화에 위협을 느끼지 않는 이유를 하나하나 짚어나갔다.

카너먼이 우려하는 문제점은 세 가지였다. 첫째, 기후변화는 현저성slience 이 부족하다. 이는 기후변화에 두드러지거나 관심을 요하는 특징이 부족하다는 뜻이다. 대니얼 길버트와 마찬가지로 카너먼도 예를 들어 자신을 향해 달려오고 있는 통제 불능의 자동차처럼 구체적이고 즉각적이며 논란의 여지가 없는 위협이 가장 현저한데 반해 기후변화는 추상적이고 요원하며 눈에 보이지 않고 논란의 여지가 다분하다고 말했다.

둘째, 카너먼은 기후변화에 대처하려면 사람들이 먼 미래에 발생할 크지만 불확실한 손실을 경감하기 위해 어느 정도의 단기 비용과 생활수준 감소를 감수해야 한다는 점을 문제로 지적했다. 그는 유감스럽게도 이는 인간이 특히 감수하기 어려운 조합이라고 말했다.

셋째, 기후변화에 관한 정보는 불확실하고 이론의 여지가 있는 듯 보인다는 점이다. 카너먼은 이런 상태가 지속되는 한 "사람들은 설사 국립과학원과 괴짜가 맞서 싸운다 하더라도 서로 비겼다고 여길 것"이라고 말했다.

카너먼은 이렇게 말했다. "요컨대 나는 우리가 기후변화에 대처할 수 있을지 지극히 회의적입니다. 사람들을 결집하려면 정서적 쟁점이 되어야 합니다. 긴박하고 현저한 문제여야 하죠. 요원하고 추상적이며 논란의 여지가 있는 위협은 진지하게 여론을 움직이기 위해 필요한 특성을 갖추고 있지 않습니다."

평생에 걸쳐 카너먼은 불확실한 조건 하에서의 단기 및 장기 의사결정 조합을 연구했다. 심리학자 아모스 트버스키Amos Tversky와 함께 20년 동안 공동 연구를 실시한 카너먼은 미래의 효용을 합리적으로 평가하여 선택한다는 주류 경제학의 효용 이론에 이의를 제기했다.

카너먼과 트버스키는 오히려 타고난 직관적인 심리적 지름길이 인간의 의사결정을 좌우한다고 주장했으며, 이를 인지 편향이라고 불렀다. 인지 편향으로 인해 우리는 새로운 정보에 이전 경험을 적용하여 주의를 기울일 대상과 무시할 대상을 결정한다. 인지 편향은 단순히 그날그날의 결정을 내릴 때에는 대단히 유용한 도구이지만 복잡한 의사결정에 적용하는 경우 중대한 계통 오차를 일으킬 수 있다. 카너먼과 트버스키는 사람들이 일관되게 이익이 없을 가능성보다 손실이 발생할 가능성을 훨씬 더 싫어하고 장기 비용보다 단기 비용에 훨씬 민감하며 불확실성보다 확실성을 선호한다는 사실을 발견했다.

카너먼은 기후변화가 인지 편향을 보여주는 거의 모든 요소를 갖추고 있다고 보았다. 이익은 없고 손실만 걱정해야 하는 문제는 사람들이 좋아하지 않으니 관심을 끌기 어렵다. 단기 손실이 아니라 장기 손실이면 더욱 관심을 끌기 어렵다. 상당한 불확실성이 존재하는 경우에도 관심을 끌기 어렵다. 기후변화는 이 세 가지 요소를 완벽하게 갖춘 조합처럼 보인다. 다음 장부터 각 요소를 차례차례 검토할 것이다.

나는 카너먼에게 사람들이 이러한 인지 장벽을 좀 더 잘 이해한다면 그것을 극복할 수 있을지 물었다. 결국 그것이 내가 이 책을 통해 이루고자 하는 바람 중 하나이니까. 카너먼 교수는 거의 남아있지도 않은 토마토 수프를 다시 한 숟가락 뜨며 머뭇거렸다. 마침내 그는 이렇게 말했다. "사실 나는 그 점에 대해서도 그리 낙관적이지 않습니다. 아무리 심리적 각성이 높아진다고 하더라도 생활수준의 하락을 꺼리는 마음을 극복하지는 못할 겁니다. 한 마디로 말해 그리 희망이 없다고 생각합니다. 나는 철저하게 비관적이에요. 미안합니다."

13

그들, 그곳, 그리고 그때

**우리는
어떻게 기후변화를
멀리 밀쳐내는가**

정치인들은 기후변화를 장기적 문제이자 미래 세대에 대한 위협이라고 끊임없이 말한다. 2013년 6월 오바마 대통령은 기후 정책에 대한 기조연설에서 우리는 미래를 보호하고 미래를 위해 일어서야 하며 미래를 돌보아야 한다고 말했다. 또한 미래를 두려워 말고 지속가능한 에너지 미래를 만들어가야 한다고 말했다. 국제통화기금의 총재 크리스틴 라가르드^{Christine Lagarde}는 좀 더 직설적이다. 요리의 나라 프랑스 출신인 그녀는 "미래 세대가 볶이고 구워지고 튀겨지고 지져질 것"이라고 우려했다.

일반 대중 역시 기후변화를 당연히 같은 견지에서 본다. 설문 조사를 해보면, 기후변화의 영향을 받을 대상이 현 세대인지 미래 세대인지 묻는 질문에서 가장 흥미로운 결과가 나온다. 미국과 영국의 조사에서 공히 같은 결과가 나왔다. 대다수(대개 약 3분의 2)는 기후변화가 자기 자신에게는 영향을 미치지 않을 것이라고 답했다. 또한 대다수(대개 앞 질문과 동일한 비율)는 기후변화가 미래 세대에 영향을 미칠 것이라고 답했다.

시간은 문제를 바라보는 하나의 두드러진 관점이다. 시간적으로 얼마나 가까운지에 따라 대상을 규정하고 나누는 것은 우리의 타고난 심리적 특징이다. '지금 여기에서' 우리에게 영향을 미치는 대상을 우선적으로 처리하고, '나중에 거기에서' 타자에게 영향을 미치는 대상은 무시한다. 실험에 따르면, 사람들은 어떤 한 측면에서 동떨어져 있으면 다른 측면에서도 동떨어진 것으로 간주하는 의도적 선택을 함으로써 이런 편향을 확대하는 경향을 보인다.

기후변화에 따른 위험을 인식하는 정도는 그 피해자의 범위가 커질수록 서서히 증가한다. 피해자의 범위가 커질 때마다 점점 더 위험해진다. 가장 가깝게는 가족, 그 다음은 자신이 속한 집단 공동체, 그 다음은 우리나라 국민, 그 다음은 다른 선진국 국민, 이 다음은 가난한 나라의 국민, 그 다음은 인간 이외의 동식물, 마지막으로 가장 멀게는 미래 세대까지 확대된다.

잠재적 충격의 범위를 따지는 이런 경향은 대니얼 카너먼과 아모스 트버스키가 발견한 또 다른 편향, 즉 본인은 다른 사람들보다 위험에 직면할 확률이 낮다고 가정하는 경향과 밀접한 관련이 있다. 카너먼과 트버스키가 '낙관주의 편향optimism bias'이라고 칭한 그 경향은 여러 다양한 상황에서 찾아볼 수 있다. 자기 자신보다는 다른 흡연자들이 심장 마비에 걸릴 위험이 더 높고, 다른 사람의 집에서 범죄가 발생할 확률이 높으며, 다른 운전자가 사고를 당할 가능성이 높다고 생각한다. 또한 앞에서 이미 언급했듯이 다음번에 불어올 대형 허리케인은 다른 지역을 강타할 것이라고 믿는다.

이런 편향은 환경에도 적용된다. 자기가 사는 지역의 환경이 비교적 더 낫다는 믿음은 거의 보편적으로 나타난다. 실제 한 연구에 따르면, 조사 대상 18개국 중 16개국의 국민들이 자신들이 최상의 환경 조건에서 살고 있다고 확신했다.

또한 기후변화에는 시간의 문제도 있다. 대니얼 카너먼에 따르면, 경기 순환처럼 충격이 간격을 두고 나타나는 경우, 가용성 편향으로 인해 사람들은 가장 최근의 사건에 집중하는 반면 장기적 추세는 놓치게 된다고 한다. 슬로빅과 마찬가지로 카너먼도 이런 경향 때문에 극심한 기상이변이 발행할 때마다 그것을 일반적 현상으로 받아들이게 되고 결국 가장 최근의 기상이변이 그 다음의 변화를 판단하는 새로운 기준이 되어버린다고 우려한다. 가장 최근에 발생한 폭염이나 홍수를 기준으로 폭염이나 홍수를 판단하게 되면 장기간에 걸쳐 발생하는 전반적인 변화 추세를 놓치기 쉽다.

이례적이지만 단순하고 예측 가능한 충격을 가하는 사소한 문제가 훨씬 더 큰 주의를 끄는 이유가 바로 이 때문이다. 가령 전례 없는 기술상의 문제(폴 슬로빅 용어로 표현하자면 '모르는 위험')가 구체적이고 대단히 상징적인 시간과 결합된 위협의 경우가 그렇다. 1999년의 마지막 날, 사람들은 이제 새해가 되면 전 세계의 컴퓨터 시스템이 붕괴될 것이라고 예측했다.

나는 'Y2K 컴퓨터 시한폭탄'으로 사회가 붕괴될 것이라고 경고하는 기회주의 서적들이 우리 동네 서점 진열대에 가득 쌓여 있던 모습을 생생하게 기억한다. Y2K 대란이 일어나면 법질서가 무너지고 굶주린 폭도들이 거리를 배회할 것이라고 예언했고, 반핵 운동가 헬렌 칼데콧Helen Caldicott은 돌발적인 미사일 발사로 '지구 종말'이 발생할 수 있다고 경고했다.

소프트웨어 분석가와 컴퓨터 프로그래머의 주머니에 어림잡아 1,340억 달러를 쏟아 부은 미국에서도, 사실상 아무런 대처도 하지 않은 한국이나 이탈리아, 우크라이나 같은 나라에서도, 당연히 아무 일도 일어나지 않았다. 1월 1일에 일부 슬롯머신과 금전 등록기가 일시적으로 혼란을 일으켰을 뿐이다.

기후변화가 다급하게 주의를 끄는 문제로 여겨지지 않는 탓에 환경 운동
가들은 늘 고전해 왔고, Y2K 문제처럼 강렬한 긴박감과 상징적 의미를 주
는 방법을 찾고자 노력해 왔다. 1947년 핵과학자회보Bulletin of Atomic Scientists는
핵무기의 위험을 극적으로 표현하기 위해 언제나 자정 직전의 상태를 유지
하고 있는 '종말 시계Doomsday Clock'라는 새로운 이미지를 생각해 냈다. 2012년
에는 다가오는 기후변화의 재앙을 일깨우기 위해 자정 5분 전을 가리키도
록 시계바늘을 조정했으며, 이듬해에 정부 간 기후변화협의체 의장인 라젠
드라 파차우리Rajendra Pachauri는 "자정까지 5분 남았습니다"라는 말과 함께 협
의체의 최신 보고서를 발표했다.

기후변화와 관련한 환경 운동 역시 최종 시한을 만들어 긴박감을 자아낸
다. 내가 잡지사 《에콜로지스트Ecologist》의 담배 연기 자욱한 사무실에서 인
턴으로 일하던 1990년 당시 편집부 직원들은 환경 파괴에 대한 경고의 메
시지를 담은 《지구를 구하기 위한 5,000일5000 Days to Save the Planet》이라는 책을
펴냈다. 같은 해 영국의 싱크탱크 공공정책연구소Institute for Public Policy Research는
최종 시한을 이보다 더 짧게 잡아 〈지구를 구하기 위한 10년Ten Years to Save the
Planet〉이라는 보고서를 발표했다.

이런 운동은 계속해서 이어졌다. 2007년 '지구를 식히자Global Cool'라는 기
치 아래 세계 각국의 유명인이 모여 만든 한 단체는 '지구를 구하기 위한' 시
한으로 10년을 내세웠다. 같은 해 세계자연기금World Wildlife Fund은 앞으로 5년
이 "우리가 변화의 씨앗을 심을 수 있는 얼마 남지 않은 기회의 시간"이라고
경고했다. 기후회의가 열릴 때마다 최종 시한이 언급되었고, 2015년 파리
기후회의를 앞둔 지금도 지구를 구할 수 있는 시간이 얼마 남았다는 경고의
메시지를 계속해서 받고 있다.

2008년 런던을 중심으로 활동하는 신경제재단New Economics Foundation이 '세계를 살리기 위한 100개월'이라는 캠페인을 시작했다. 얼마 후 이 캠페인에 강력한 지지를 선언한 찰스 왕세자는 세인트 제임스 궁전의 소박한 거처에서 한 연설을 통해 '영혼 없는 소비지상주의'를 뒤집을 시간이 96개월밖에 남지 않았으며 '안락의 시대'는 끝났다고 선언했다.

그러나 실제로는 전혀 끝나지 않았다. 찰스 왕세자가 자신이 타는 자동차 전부를 와인에서 추출한 에탄올 연료를 사용하도록 개조했는지는 모르겠지만, 다른 모든 측면의 생활은 크게 바뀌지 않은 듯하다. 나는 '세계를 살리기 위한 100개월'라는 캠페인 구호를 만든 앤드루 심스Andrew Simms에게 2016년 어느 날 창문을 열었는데 슬로빅이 말한 것처럼 여전히 날씨가 화창하면 어떻게 되느냐고 물었다. 심스는 이렇게 대답했다. "물론 하늘이 불을 뿜고 숲이 전부 잿더미가 될 거라는 말은 결코 아닙니다. 그때가 되면 선을 넘어 더 이상 되돌리기 힘들게 될 가능성이 커진다는 뜻이죠."

바로 여기에 문제가 있다. 설명이 없으면, 그 시한은 자의적이고 강요된 듯 보일 수 있다. 하지만 설명을 덧붙이는 순간, 캠페인은 그것이 애초에 피하고자 했던 확률, 불확실성, 비용 편익 분석이 뒤얽힌 상태로 되돌아간다. '선을 넘어 상황을 되돌리기 힘들 가능성이 더 커지기 전 100개월'이라는 구호를 내세우며 시위를 하려는 사람은 없을 것이다. 우리가 이미 그 선을 넘었다고 여러 전문가들이 우려하고 있는 상황을 고려하면 더더욱 그렇다.

그러나 기후변화에 아무런 최종 시한이 없다고 해서, 그것이 곧 미래의 위협을 '예측'하는 일이 쓸데없는 짓이며, 먼 미래 따위는 무시해버리는 사람들의 성향을 바꿀 수 없다는 의미는 아니다.

지난 이십 년 동안 카네기멜론 대학교의 심리학 교수 조지 로웬스타인George Loewenstein은 미래의 손실을 대하는 우리의 태도에 '예측'이 어떤 효과를 미치는지 탐구해 왔다. 그에 따르면, 두려운 예측은 매우 큰 동기부여로 작용한다. 로웬스타인은 우리가 미래를 무시하는 경향이 있다는 데 동의하면서도, "그런 경향을 침소봉대하기 쉽다"고 말한다. 그의 연구에 따르면, 이러한 예측 효과는 사람들이 기후변화처럼 악화되는 상황, 즉 그가 '쇠퇴의 연속decline sequence'이라 부르는 상황을 예측하는 경우에 한층 더 강하게 나타날 가능성이 크다.

예를 들면, 미래에 미칠 영향이 매우 불확실한 또 다른 문제인 핵전쟁의 공포에 있어서 예측은 중요한 요인으로 작용했다. 위험 전문가들은 원전 사고 같은 개별 사건들이 미래의 재앙을 예고하며 보내는 신호에 대해 이야기한다. 마찬가지로 일련의 기상이변은 미래에 재앙이 일어나리라는 예측을 키우는 신호로 작용한다. 이미 기후변화의 위협을 받아들인 사람들이 기상이변을 겪으면서 경각심을 더 높이는 것은 바로 이러한 이유 때문이다.

그러나 로웬스타인은 사람들이 처음에는 하나같이 두려움을 누그러뜨리려는 반응을 나타내며, 그러다보니 심지어 문제 자체를 회피하려 할 수도 있다고 강조했다. 그는 문제가 발생하고 있다는 사실을 전혀 믿지 않는 것과 너무 두려워서 꼼짝도 하지 않는 것은 별반 다를 게 없다고 경고한다. 그러면서 그는 "심리학의 관점에서 볼 때, 문제의 핵심은 그러한 공포 반응을 조정할 수 있는 나름대로의 주장을 형성하는 능력"이라고 말한다. 이런 주장에는 슬로빅의 표현처럼 '믿고 싶은 대로 믿는' 능력도 포함된다.

그렇다면 이제 당연한 질문을 할 차례이다. 공포감을 줄일 수 있는 나름대로의 주장을 형성하는 우리의 능력을 감안할 때, 기후변화는 정말로 우리와는 거리가 먼 미래 세대의 문제일까, 아니면 단지 우리가 그런 대상으로 보기로 결정한 것일까?

확실히 기후 과학은 전혀 새로울 것이 없다. 온실효과에 대한 과학은 1824년

조제프 푸리에Joseph Fourier가 발표한 이론으로 거슬러 올라간다. 1896년에는 스웨덴의 화학자 스반테 아레니우스Svante Arrhenius가 처음으로 대기 중 이산화탄소 양이 두 배로 증가할 때 지구 온도에 미치는 영향을 계산했다. 아레니우스는 이산화탄소 양이 두 배로 증가하면 지구 온도가 섭씨 5도에서 6도 정도 상승할 것이라고 추정했다. 이는 현대의 기후 과학자들이 강력한 컴퓨터 모형으로 추정한 것과 크게 다르지 않다.

정치적 관심사로서의 기후변화 역시 전혀 새롭지 않다. 기후변화와 관련하여 정치권에서 최초로 경고가 등장한 시기는 1965년 린든 B. 존슨Lyndon B. Johnson 대통령 소속의 과학자문위원회가 대기 중 이산화탄소 농도가 지속적으로 증가하면 '대기의 열평형이 바뀔' 수 있다고 경고했을 때였다. 1992년에는 전 세계 모든 국가가 유엔기후변화협약에 가입했으며, 이후 한 세대가 그 영향을 받으며 성장했다.

기후변화가 미래에만 영향을 미친다고 말하기도 어렵다. 기온 관측 이래 내가 이 글을 쓰고 있는 지금까지 350개월 연속으로 매달 기온은 해당 월의 역사적 평균 기온보다 높아져왔다. 기온은 매년 다르지만, 추세는 매우 확실하다.

그런데도 과학자들은 기후체계의 자연적 변동의 중요성만 강조하고, 대부분의 사람들이 피부로 느낄 수 없는 먼 미래를 예측하는 모델을 만드는데 이제 겨우 자신감을 보이기 시작했을 뿐이다. 그 시기는 대개 2050년으로 너무나 먼 미래인 탓에 일반 대중이 느끼기에는 '거의 가상'에 가까운 시기이다.

정치인들 역시 골치 아픈 결정을 최대한 먼 미래로 미루기위해 그런 식으로 기후변화에 대해 이야기하길 좋아한다. 특히 서구 국가의 정부들은 앞날만 걱정할 뿐, 지난 200년 동안 산업 성장과 토지 개간으로 내뿜은 배기가스에 대한 역사적 책임에 대해선 생각조차 하지 않으려 한다.

기후변화는 미래의 문제이다. 하지만 과거의 문제이자 현재의 문제이기도 하다. 일부 심리학자들이 말하는 소위 '잠행성 문제', 즉 장기간에 걸쳐 서서히 악화가 진행되는 과정으로 보는 것이 더 적절하다. 명확한 시작이나 끝, 시한이 없으므로, 우리 스스로 시간표를 설정해야 한다. 하지만 우리는 강제적 행동이 필요 없을 만한 방향으로 시간표를 만들고 있으며, 이는 놀라운 일도 아니다. 우리는 지금까지 기후변화를 익숙하게 느끼도록 만드는 일에는 너그러웠지만, 과거에 우리가 내뿜은 배기가스에 대한 책임을 받아들이는 일에는 인색했다. 우리는 지금 기후변화에 대해 뭔가 해야 한다는 데에는 충분히 동의하면서도, 그것을 먼 미래의 일로 치부하여 즉각적인 행동에는 나서지 않으려 한다.

14

지구를
희생시키다

우리는
왜 전부 가지려 하면서도
생명은 내놓으려 하는가

기후변화를 둘러싼 논쟁은 언제나 단기 및 장기 비용을 중심으로 벌어져왔다. 행동을 촉구하는 측은 대개 무대책으로 일관했을 때 발생할 장기 비용을 강조한다. 그러면서 보건의료 활동가들의 책자를 인용하여 지속 가능한 경제로 나아갈 때 얻을 수 있는 직접적인 경제적 이익이 있다고 강조한다. 행동에 반대하는 측은 기후변화가 초래할 장기 비용을 과소평가하거나 문제의 존재 자체를 완전히 부정하는 동시에 단기 비용과 현재의 불편을 감수하는데 따른 고통을 강조함으로써 똑같이 경제적 이익을 이야기한다.

1990년대 초 기후변화가 처음 쟁점으로 등장했을 때, 정부의 행동을 촉구하는 주장은 비용 편익 분석의 측면에 기초했다. 돌이켜 생각해 보면, 이는 지나치게 이성적이며 거의 의도적으로 감정이나 윤리적인 요소를 배제한 분석이었다. 1993년에 발표된 어떤 영향력 있는 보고서는 "온실효과 예방에 드는 비용과 온난화 회피로 얻을 수 있는 편익을 비교하는 것이 경제적으로 합리적인 온실효과 대처의 근간"이라고 주장했다. 비슷한 시기에 영국 왕립학회가 발표한 보고서는 "온실가스 배출을 추가로 줄이는데 드는 추가 비용이 그에 따른 편익과 동일해지는 최적의 안전 수준"이 요구된다고 주장했다.

2006년 세계은행의 전 수석연구원이었던 니콜라스 스턴 경Sir Nicholas Stern이 작성한 〈기후변화 경제 보고서Review of the Economics of Climate Change〉는 엄청난 반향을 불러일으켰다. 그를 비판하는 사람들은 동의하지 못하겠지만, 그 보고서는 기후변화가 초래하는 단기 및 장기 비용에 관해 균형 잡힌 경제성 평가를 제공한다고 주장했다. 스턴은 700쪽에 걸친 밀도 있는 분석을 통해 중대한 사실을 발견했다. 즉 기후변화를 유발하는 온실가스를 감축하려면 이후 50년 동안 연소득의 약 1퍼센트가 소요될 것이라는 사실이다. 스턴은 만약 그렇게 하지 않으면 기상이변에 따른 연간 비용이 연소득의 5~20퍼센트 규모로 영구히 증가할 것이라고 경고했다.

이는 즉각적인 행동을 촉구하는 확실한 주장처럼 들린다. 만약 우리가 편익을 따지는 것과 똑같은 방법으로 비용을 평가한다면 실제로 그럴 것이다. 그러나 대니얼 카너먼의 연구에 따르면, 우리는 이익보다는 손실에 대한 위험을 훨씬 더 잘 감수하는 경향이 있다. 특히 그 손실이 미래에 발생하는 경우엔 더욱 그렇다.

카너먼이 했던 실험을 쉽게 이해하기 위해, 가령 당신에게 900달러의 이익이 생겼다고 상상해 보라. 그 900달러를 1,000달러로 불릴 확률은 90퍼센트이고 900달러를 잃을 확률은 10퍼센트라면, 당신은 그 위험을 감수하겠는가? 대다수의 사람들은 아니라고 대답한다. 반대로 당신에게 손실이 생겨 900달러를 지불해야 하는 상황을 상상해 보라. 이때 빚 전액을 감면 받을 확률은 10퍼센트이지만 빚이 1,000달러로 증가할 확률이 90퍼센트인 도박을 제안 받는다면 당신은 이를 받아들이겠는가? 금액과 확률은 똑같지만 이 경우가 좀 더 솔깃하게 느껴진다. 대다수가 이 도박을 받아들이려 할 것이다.

또한 연구에 따르면, 사람들은 장기에 비해 단기에 훨씬 더 큰 우선순위를 부여하며 미래는 폄하한다. 여기에서 '폄하한다'는 말은 시간에 따라 가치가 감소한다는 의미로 사용된다. 다양한 시간 척도에 따른 결과를 도표화해 보면 과장된 형태로 나타난다. 즉 상대적 상실감은 가까운 미래일수록 가장 예민하고 먼 미래일수록 둔해진다. 그래서 이 현상을 가리켜 '과도한 가치 폄하hyperbolic discounting'라고 한다.

종합해 보면 이 연구는 기후변화와 직접적인 연관이 있다. 왜냐하면 카너먼이 우려했듯이 사람들은 생활수준이 단기적으로 하락하는 것을 피하려하며 불확실하지만 장기적으로 훨씬 더 높은 비용을 초래할 수도 있는 상황은 운에 맡기려는 경향을 강하게 보이기 때문이다.

과도한 가치 폄하 현상에서 예측할 수 있듯이, 대부분의 정부가 단기적인 비용 발생은 극도로 꺼리는 반면 먼 미래의 훨씬 큰 비용은 기꺼이 감수하고자 한다는 것은 누구나 아는 사실이다. 유럽연합, 미국 캘리포니아 주, 캐나다 브리티시컬럼비아 주 정부 등은 모두 40년 내에 온실가스 배출을 80퍼센트 감축하겠다는 장기 목표를 공표한 바 있다. 지금까지 이 정부들은 가까스로 연간 0.5퍼센트 감소를 달성했을 뿐이다.

목표를 달성할 수 있게 해줄 대규모 정책은 '언젠가는 실시해야 하지만 아직은 때가 아니다'라는 말과 함께 항상 관심의 뒷전으로 밀려나고, 정책 실행에 얼마나 큰 비용이 들지 알 수 없다고 주장하는 회의론자들에 의해 포위당하기 일쑤다. 최근 기후변화 정책의 대부분은 제자리걸음을 하고 있으며, 미국 국립과학원의 학자들은 이를 '시간 끌기' 전략이라고 부른다.

확실히 이성적인 비용 편익 분석은 위협적이지 않으며 행동에 나서도록 정책 입안자들을 자극하지도 않는다. 오히려 운에 맡기라고 부추기는 듯하다. 니콜라스 스턴 경이 현재의 소득이 1퍼센트 감소하는 안과 미래의 소득이 5~20퍼센트 감소하는 안 사이에서 선택하라고 할 때, 그것은 마치 대니얼 카너먼의 가치 폄하 실험처럼 당황스럽게 느껴진다.

게다가 노련한 정치인과 기업 대표들은 그동안 운 좋게도 도박에서 계속 이겨온 상습적인 모험가들이며, 그 때문에 자신들이 남다른 재능을 가졌다고 생각하는 사람들이다. 이런 사람들에게 미래를 운에 맡기라고 하는 것은 알코올 중독자에게 술을 권하는 것과 다를 바 없다.

하지만 사람들이 기후변화를 그렇게도 받아들이려 하지 않는 까닭을 이해하기 위한 더 중요한 질문이 있다. 불확실하지만 장기적으로 큰 손실을 야기할 수 있고 그 손실을 피하려면 지속적으로 비용을 지출해야 하는 어떤 위협이 있을 때, 그런 위협을 무시하려는 인간의 태도는 과연 선천적으로 타고 난 속성인가라는 질문이다.

확실히 타고난 속성은 아닌 듯하다. 매년 사람들과 기업들은 미래에 발생할지 모를 위험에 대비하기 위한 보호책으로 4조 3,000억 달러가 넘는 보험료를 낸다. 허리케인 샌디가 발생했던 해에 기후 관련 피해에 지급된 보험 배당금은 440억 달러로 역대 최고를 기록했으며, 미국 국가홍수보험프로그램에서도 추가로 210억 달러가 지급되었다.

군사 안보에는 한층 더 큰 비용이 들어간다. 매년 세계 각국 정부들은 전적으로 불확실하고 불분명한 위협으로부터 국민을 보호한다는 명목으로 1조 7,000억 달러에 이르는 군비 지출을 정당화한다. 2001년 이후 미 의회가 추가 테러 공격으로부터 미국을 방어하기 위한 목적으로 승인해온 연방 정부

지출 규모가 3,000억 달러에 달한다. 지극히 불확실하고 계량화할 수 없는 위험에 대응해 집행하는 이런 방만한 지출은 대다수 미국인들의 지지를 얻었으며, 그 중에는 다른 목적의 정부 지출이라면 강력하게 반발했을 사람들도 다수 있을 것이다.

엄격하게 통제된 인공적인 조건 하의 심리학 실험에서 나타나는 인지 편향이 실생활에서는 인간이 처한 문화, 사회 규범, 내집단 정체성의 영향을 받게 된다는 사실을 상기할 필요가 있다.

인지심리학 실험에서 드러난 편향이 문화에 따라 결정될 수도 있다는 한층 더 설득력 있는 주장도 있다. 인지 편향 모델의 기초가 된 실험들에서 참가자들은 대부분 대학생들이었다. 상식적으로 생각할 때, 술과 담배를 즐기는 경향이 두드러진 자신만만한 젊은이들을 대상으로 장기 위험을 대하는 인간의 타고난 태도에 관한 결론을 이끌어 내기엔 무리가 있다.

브리티시컬럼비아 대학교의 인류학자들로 구성된 어떤 팀은 이런 실험 피험자들에게 'WEIRD'라는 명칭을 붙였다. 이는 교육 수준이 높고 선진화되었으며 부유하고 민주적인 서구 국가Western, Educated, Industrialized, Rich, and Democratic 출신을 의미하는 도발적인 두문자어이다. 인류학자 팀은 이들 피험자들이 지극히 비전형적이며 그 자체로 인류학 연구 대상으로 가치를 지닐 만큼 '색다른' 집단이라고 말했다. 그들의 주장을 증명하기 위해 인류학자 팀은 전형적인 심리학 실험이 문화에 따라 매우 다른 결과를 낼 수 있다는 사실을 보여주었고, "이렇게 인류의 일부를 관찰하여 인간 본성의 문제를 다루려할 때에는 주의를 기울여야 한다"고 경고했다.

그리고 WEIRD 국가 내에서도 시간에 따른 가치 폄하를 유발하는 인지 편향은 장기 계획을 대하는 문화적 성향에 따라 쉽게 뒤집힐 수 있다. 코펜하겐 비즈니스 스쿨의 한 연구 팀은 협동심이 뛰어난 덴마크인들 사이에서 가치 폄하가 발생한다는 증거, 혹은 연구팀이 보고서에 재치 있게 표현했듯이 '과도한' 행동을 한다는 징후 자체를 사실상 거의 찾지 못했다. 그래서 덴마크에서는 역사적으로 공동의 목표를 향해 잘 협력해 온 국민 문화가 단기 이익에 이끌리는 성향을 압도할 수 있었다.

문화적 맥락의 중요성은 다른 모든 형태의 비용 편익 분석에도 적용된다. 예를 들어 주류 경제학 이론의 가정에 따르면, 사람들은 자신이 행동에 나서면 타인에게 더 큰 장기 비용이 발생하는 것을 막을 수 있는 경우에도, 그로 인해 자신에게 단기 비용이 발생한다면 그런 행동을 하지 않으려 한다.

노벨 경제학상을 수상한 경제학자 토머스 셸링Thomas Schelling이 말했던 유명하고 자주 인용되는 일화가 있다. 케이프 코드에서 휴가를 보낸 후 돌아오는 길에 한 시간 동안 교통 체증에 시달렸던 행락객들의 이야기다. 운전자들은 마침내 정체의 원인(매트리스가 차선 하나를 막고 있었다)을 알게 되었을 때에도 아무도 먼저 나서서 가던 길을 멈추고 매트리스를 치우려고 하지 않았다. 셸링은 "내가 알기로는 그 다음 일요일까지도 매트리스는 그 자리에 그대로 있었다"고 썼다.

셸링은 아무도 매트리스를 치우지 않은 이유가 그런 행동을 했을 때 보상을 주는 시스템이 없었기 때문이라고 주장했다. 셸링은 우스개조로 다음과 같은 시장경제에 기초한 아이디어를 제안했다. "어떤 사람이 매트리스를 치우면 교통 헬리콥터가 그 뒤로 지나가는 100명의 운전자들한테 각자 오른쪽 창문을 열고 그 사람에게 10센트짜리 동전을 하나씩 던지라고 말하는 겁니다."

셸링은 에너지 절약도 마찬가지라고 말했다. 여름철이 되면 전력 수급의 위기를 막기 위해 지나친 냉방은 자제하라는 권고를 하지만, 우리는 나 혼자 전기 소비를 줄인다 해도 총 전기 수요에 미치는 영향이 미미하고 나 자신에게는 아무런 혜택도 돌아오지 않는다는 것을 알기 때문에 권고에 따르지 않는다. 셸링은 벌칙 혹은 보상 체계가 없는 경우 익명으로 이타주의를 실천하려는 동기는 존재하지 않는다고 주장했다.

하지만 2011년 후쿠시마 제1원자력 발전소 사고로 국가의 전력공급능력이 급격히 하락했을 때, 일본 국민들은 그렇게 행동하지 않았다. 전력 부족을 피하기 위해 개인의 희생이 필요하다는 요청이 있었을 때, 일본 국민들은 기꺼이 실내 온도를 27도 이상으로 설정하고 무더위에 시달렸다. 압력이나 보상이 없었지만 사람들은 그 누구도 알아주지 않을 때조차 기꺼이 가정에서 냉방을 자제했다. 결과적으로 그 해 여름 도쿄의 최대 전력 수요는 20퍼센트 감소했다.

이처럼 비용을 회피하고 이기적으로 행동하려는 인간 성향(흔히 이런 성향이 기후변화에 대한 행동을 막는 주요 장애물이라고 지적하곤 한다)은 집단 정체성과 명확한 사회 규범에 강하게 호소함으로써 극복할 수 있다. 일본은 벽보 및 각종 언론 매체는 물론, 심지어 교차로에 설치한 대규모 전광판까지 동원해 일일 전력 소비율과 정전 발생 가능성을 알림으로써 에너지 위기를 부각시켰다. 쓰나미로 1만 6,000명에 달하는 사망자가 발생한 이후 일어난 이런 이례적인 통합의 분위기는 9/11 테러 이후의 미국과 비슷했다. 공동의 적에 맞서 단결하는 전시처럼 사람들은 적극적으로 자기가 기여할 수 있는 방법을 찾았다.

그리고 이와 관련하여 또 다른 요인에 주목할 필요가 있다. 바로 정보에 근거한 선택이다. 일본에서 사회적으로 에너지 부족이 주목의 대상이 되면서 사람들은 원래 가치중립적이었던 에어컨 사용을 이기심과 공공이익 중에서 선택을 하는 도덕적 문제로 보게 되었다. 사람들이 일상의 위험에 대응하는 방식과 '정보에 근거한 선택'의 위험에 대응하는 방식 사이에는 대단히 큰 차이가 존재한다. 대니얼 카너먼과 자주 공동 연구를 했던 시카고 대학교의 경제학과 교수 리처드 세일러Richard Thaler의 실험에 이런 사실이 아주 잘 드러난다. 사망할 확률이 1000분의 1인 치명적인 질병에 노출돼 있다고 상상해 보라. 예방 접종에 얼마를 내겠는가? 실험 참가자들은 확률은 낮지만 치명적인 이 위험을 제거하는 예방 접종에 평균 200달러를 낼 용의가 있다고 답했다.

이제 같은 질병을 다루는 의학 연구에 자원자로 참석하게 됐다고 상상해 보라. 당신은 동일한 1000분의 1이라는 사망 확률을 감수하고 자발적으로 감염에 노출되어야 한다. 이 위험을 상쇄할 보상으로 얼마를 지급 받고자 하겠는가? 나라면 애초에 참가를 거부할 것이다. 보상 지급 조건을 받아들이겠다고 한 사람들이 원한 평균 금액은 1만 달러였다.

이 실험은 위험이 피할 수 없는 일상의 한 부분이 되면 사람들은 이를 좀 더 기꺼이 받아들인다는 증거로 자주 인용된다. 그러나 내가 생각하기에 이 실험은 정보에 근거한 선택의 역할과 과소평가된 예측의 중요성에 대해 훨씬 더 흥미로운 사실을 말해 준다. 자원자로 참석하는 상황을 상상할 때, 우리는 그것이 곧 빨리 죽을 수도 있는 길을 선택한 거나 마찬가지라는 사실을 깨달으며 두려움을 느끼게 된다.

이 실험은 기후변화에 대처할 방안을 강구하는 사람들에게 중요한 교훈을 준다. 만약 우리가 기후변화를 이미 노출된 질병처럼 피할 수 없는 것으로 간주한다면, 우리는 체념하게 될 것이고 기껏해야 집에 보험을 들듯이 미래에 발생할 충격의 영향을 줄이기 위한 얼마간의 돈을 내려할 것이다.

그러나 만약 우리가 기후변화를 능동적으로 정보에 근거한 선택으로 간주한다면, 의학 연구에 참여하는 자원자와 훨씬 더 비슷한 기분을 느낄 것이다. 예를 들어 만약에 당신이 완전히 복구 불가능한 상태의 붕괴된 기상 체계를 자녀 세대에 물려주기로 동의하는 대가로 지금 당장 생활수준을 높여주겠다는 제안을 받았다고 상상해 보라(만약 당신이 이 제안이 받아들일만 하다고 느낀다면, 이 책 끝에 나오는 섭씨 4도의 영향력을 살펴보라. 이 제안이 무엇을 의미하는지 알 수 있을 것이다). 그 대가로 얼마의 추가 소득을 요구하겠는가?

이런 식의 제안을 받는 순간 예측, 공포, 책임, 죄책감, 수치에 이르기까지 온갖 사항을 고려하게 된다. 다 알고서도 묵인한 범죄에서 무고한 방관자로 남을 수 있는 선택지는 존재하지 않는다.

기후변화는 결코 이런 식의 선택으로 받아들여지지 않는다. 에너지와 연료의 사용은 완전히 무의식적으로 우리 일상생활 속에 스며들어 있다. 가장 신중하게 결정을 내리는 정부 정책의 선택에서도 기후변화는 의도적으로 배제하거나 제쳐놓는다. 심지어 기후변화를 부정하는 사람들조차 장기적 기후재앙 대신 단기적 개인소비를 '선택'한 적은 없다. 그들은 문제가 없다고 믿기로 선택했을 뿐이다.

나는 미래 손실에 무관심한 인지적 멍청이 상태를 극복할 수 있도록 기후변화를 재인식시킬 충분한 기회가 있다고 믿는다. 기후변화를 피하는데 드는 비용 이야기는 줄이고, 지금의 생활수준을 조금 더 높이는 대가로 우리가 하려는 이 형편없는 거래에 대해 더 많은 이야기를 해야 한다. 지금 필요한 것은 사람들이 이 위험을 받아들이고자 하는지, 그리고 그와 함께 잘못된 선택에 대한 책임까지 감수하고자 하는지를 결정해야 하는 '정보에 근거한 선택'의 순간이다.

앞으로도 이 책에서 반복해서 논의하겠지만, 무엇보다도 사람들은 공통의 목적을 공유하고 더 큰 사회적 소속감을 느낀다면 불확실한 장기적 위협에 대비해 단기적 희생이 필요한 경우라 할지라도 기꺼이 짐을 지려할 것이다.

15

불확실성에 대한 확신

우리는 어떻게 불확실성을
무대책을 정당화하는 핑계로
이용하는가

상당한 확신을 갖고 말하건대, 불확실성은 사람들이 기후변화를 무시하는 주요한 이유일 것이다. 여러 실험에 따르면, 미래의 결과에 대한 불확실성은 사람들이 단기적 이기심을 채우게 만드는 주요 요인 중 하나이다.

모든 정책 입안자와 운동가는 불확실성의 중요성을 아주 잘 이해한다. 이는 유엔기후변화협약이 세 번째 원칙으로 "완전한 과학적 확실성이 부족하다고 해서" 그것을 기후변화의 원인을 최소화하기 위한 "조치를 미루는 핑계로 사용해서는 안 된다"고 명확하게 언명한 이유이다. 동시에 조지 W. 부시 대통령이 기후변화 문제에 대처하지 않는 핑계로 "아무도 위험한 온난화가 어떤 수준이며, 따라서 반드시 피해야 할 온난화가 어떤 수준인지 확신을 갖고 말할 수 없다"고 말한 이유이기도 하다.

그러나 대중이 불확실성을 느끼는 주요한 이유는 과학자들조차도 이 문제에 의견이 갈린다는 인식이 널러 퍼져있는 것과 관련이 있다. 미국 국민의 3분의 1 이상이 "과학자들 대부분이 지구온난화 발생 여부를 확신하지 못한다"고 생각한다.

이런 왜곡된 인식은 언론이 기후변화를 이론의 여지가 있는 쟁점으로 다루고, 직업적 부정론자들 중에서 무작위로 사람을 뽑아 기후 과학자들과 맞대결 토론을 벌이게 하는 방식을 고수하기 때문이기도 하다. 그러나 이런 불확실성은 기후 과학자들이 그들의 연구 결과를 제시할 때 직업상 기울이는 신중함에서도 비롯된다.

'불확실성'이라는 단어의 의미 자체를 둘러싼 불확실성은 한층 더 널리 퍼져있다. 엄밀한 과학 용어의 용례에서 불확실성은 이용 가능한 증거가 결론을 뒷받침하는 정도를 의미한다. 과학자들은 완전한 확실성이란 실현 불가능할 뿐 아니라 실제로 해로울 수 있으며, 끊임없이 의심하는 것이야말로 과학적 방법의 기반이라고 주장한다.

그러나 일반인들은 이 단어를 매우 달리 사용한다. 즉 전문가가 본인이 주장하는 의견에 확신하는 정도를 의미한다고 본다. 과학자가 '불확실'하다고 말하면 일반인은 '확신이 없다'는 의미로 듣고 그렇게 말하는 사람은 믿기 어렵다거나 신뢰할 수 없다고 생각한다. 그래서 우리는 어떤 일이 일어날 거라고 단정적으로 말하지 않는 사람보다는 어떤 일이 일어나지 않는다고 단정적으로 말하는 사람을 더 신뢰하는 경향을 보이기도 한다.

사회적 신뢰는 어느 정도의 자신감을 보이느냐에 따라 결정되고, 신체 언어, 시선 맞추기, 명확하고 단호한 전달 방법에 의해 전해진다. 과학자가 자신감을 있는 태도로 불확실성에 대해 이야기할 수 있다면, 그들의 연구에 신뢰를 불러일으킬 수 있다. 하지만 과학자들은 자신 없는 태도를 보이는 경우가 너무나 많고, 특히 방송 출연 경력이 많은 직업적 반대론자들과 맞대결 토론을 하는 경우엔 더욱 그렇다. 여기 TV 생방송 토론회에서 유명 기후변화 부정론자와 토론을 벌이면서 중압감을 느낀 한 유명 기후 과학자의 사례를 보자.

"참사가 일어날 것 같은 분위기였습니다. 우리는 불확실성에 관한 온갖 설명을 들었죠. 실제로 부정론자가 쓴 책에 '불확실성은 불확실성일 뿐'이라는 문구가 있더군요. 사실 불확실성은 어느 쪽으로도 해석될 수 있는데 말이죠."

이미 알려진 확실한 것에 대해 자신 있게 말하는 대신 그는 아직 알려지지 않은 불확실한 것에 대해 자신감 없게 말하고 있었다. 그는 불확실성 자체가 위험하다는 사실을 말하려는 중이지만, 듣는 사람에게는 그것이 마치 그가 "나는 몰라요"를 다섯 번 연달아 외친 듯이 느껴진다.

기후변화가 불확실하다는 말은 결코 아니다. 여느 복잡한 쟁점과 마찬가지로 기후변화는 확실성에 있어서 다양하게 읽힐 수 있다. 널리 알려져 있고 잘 알려져 있으며 거의 확실한 부분도 있다. 반면에 추측이 난무하고 잘 알려져 있지 않으며 대단히 불확실한 부분도 존재한다. 전 미국 국방부 장관 도널드 럼스펠드Donald Rumsfeld가 말했듯이 세상에는 안다는 것을 아는 사실known knowns, 모른다는 것을 아는 사실known unknowns, 모른다는 것도 모르는 사실unknown unknowns이 존재한다.

따라서 기후변화를 확실성 혹은 불확실성으로 규정하는 것은 선택의 문제다. 행동을 촉구하는 측은 '안다는 것을 아는 사실'에 초점을 맞추고 이를 둘러싼 합의의 정도를 강조한다. 회의적인 기후학자 주디스 커리Judith Curry처럼 행동에 반대하는 측은 "수량화 방법조차 알지 못하는 수많은 '모른다는 것도 모르는 사실'"을 강조한다.

이처럼 기후변화를 대단히 불확실한 것으로 해석하는 사람들은 기후변화가 먼 미래의 문제라거나 당장의 손해는 받아들일 수 없다고 주장하는 사람들만큼이나 확증 편향에 빠져 편한대로 생각하는 것이다. 회의론자들 중에서 가장 회의적인 사람조차도 열린 마음으로 이 문제를 조사하고 나면 그 핵심을 이루는 과학이 매우 견고하다는 결론을 내릴 수밖에 없을 것이다.

2008년 리처드 뮬러Richard Muller 교수가 그렇게 했으며, 기후 과학이 비판적인 외부인으로부터 좀 더 전투적이고 합리적인 도전을 받을 필요가 있다고 결론 내렸다.

뮬러는 '합리적'이라는 단어를 좋아했다. 캘리포니아 대학교 버클리 캠퍼스에서 이론 물리학을 가르치는 뮬러의 연구실 맞은편 북적거리는 길가 카페에 앉아 그는 교토의정서 승인을 거부한 상원의 판단은 무척 합리적이었다고 내게 말했다. 그는 회의적인 대중이 생각보다 합리적이라고 말했다. 본인의 주장에 무척이나 감정적인 애착을 느끼는 사람치고는, 뮬러는 합리성을 참 많이도 언급했다.

뮬러는 기후변화에 대한 기존의 그 어떤 의견도 받아들이기를 극히 꺼렸다. 그는 과학의 기준으로 볼 때 기후변화 때문에 발생했다고 말할 수 있는 기상현상은 단 하나도 존재하지 않는다고 주장했다. 거의 모든 해결책이 무의미하며, 유엔은 '부끄러운 줄 알아야' 한다고 말했다. 전기 자동차는 그저 만족감에 불과하며, "마치 운동을 한 다음 밀크셰이크를 마시는 사람과 같다"고 했다.

기후변화 합의와 관련한 모든 이야기를 혐오스러워했던 뮬러는 온실가스 수준과 온도 데이터 사이의 관계를 철저하고 합리적으로 검토하기 위해 소규모 연구 팀을 만들었다. 기후변화 반대론자들은 뮬러가 기후 과학의 근간 자체를 무너뜨릴 것으로 기대했다. 앞에서 내가 기후변화 활동가들의 가장 큰 적으로 소개했던 석유 재벌 코크 형제가 뮬러의 연구를 아낌없이 지원했다.

그러던 중 2012년 7월 뮬러 교수 팀은 "지구온난화는 현실이며 그 원인은 인간"이라는 결론을 발표했다.

여타 과학자들이 20년 이상 말해왔던 내용을 확인하는 이 결론은 전혀 새로운 소식이 아니었다. 중요한 것은 지극히 회의적인 입장에서 살펴보더라도 기후변화의 범위와 규모, 중대성은 대단히 강력한 증거에 의해 뒷받침되고 있다는 사실이었다. 의심의 여지가 없는 것은 아니며(뮬러는 그 무엇도 의심의 여지가 없다고 보지 않는다), 향후 영향이나 정책 해법을 둘러싼 논쟁의 여지는 많다. 그러나 불확실하다고 보기로 결심하면 그 문제는 그저 불확실해보일 뿐이다.

물론 부정론자들은 항상 그래왔다. 2002년 의사소통 전문가 프랭크 런츠 Frank Luntz는 공화당의 후보자들 앞에서 이렇게 말했다. "일반 국민들이 과학적으로 결론이 났다고 믿기 시작하면, 그에 따라 지구온난화를 바라보는 시각도 바뀔 겁니다. 따라서 그 문제에 있어서는 계속해서 과학적 확실성이 부족하다고 밀어붙여야 합니다."

기후변화가 불확실하다고 보는 일반인의 인식은 확신에 대한 과신 때문에 형성되며, 이는 우리가 다른 모든 보편적 위협에 대해 이야기하는 방식이기도 하다. 어느 누구도 통화 공급 확대에 따른 경기 침체 억제 효과의 확실성을 가늠하기 위해 경제학자를 대상으로 여론 조사를 실시하지 않으며, 어떠한 분석도 이란의 핵전쟁 위협 평가에 있어서 명확한 가능성의 정도를 제시하지는 못한다. 과학자들이 이례적으로 높은 의견의 일치를 보이더라도, 기후변화에 이처럼 확률적 언어를 적용하면 불확실성이라는 망령이 나타난다.

신기한 점은, 기후변화의 불확실성을 강조하던 바로 그 정치인들이 군비 확충의 명분으로는 불확실성을 수용한다는 사실이다. 기후변화를 공개적으로 부정한 최초의 대통령 후보였던 미트 롬니Mitt Romney는 "앞으로 세계가 우리에게 무슨 짓을 저지를지 모릅니다. 따라서 불확실성에 입각해서 결정을 내려야 합니다."라고 말하며 군비 확충을 옹호했다. 노골적으로 기후변화를 부정하는 또 다른 인물인 전 부통령 딕 체니Dick Cheney는 이렇게 말했다. "테러리스트가 대량 살상 무기를 입수할 가능성이 단 1퍼센트라도 존재한다면, 우리는 이를 확실하다고 보고 행동해야 합니다." 도널드 럼스펠드는 "무엇인가가 존재한다는 증거가 없다고 해서 그것이 존재하지 않는다는 증거가 되는 것은 아닙니다."라는 전형적인 우회 화법으로 이 주장을 뒷받침했다.

테러 공격 가능성이 1퍼센트일 때는 이를 확실하다고 보고 행동해야 하지만, 심각한 기후의 붕괴 가능성이 90퍼센트일 때는 행동하기에 너무 불확실하다는 말인가? 이 모든 논쟁에서 확실성이나 불확실성은 사실 거의 무의미하며, 정치 이념에 따라 이루어진 결정을 뒷받침하기 위해 동원됐을 뿐이다.

실제로 기후변화의 불확실성에 대한 가장 합리적이고 사려 깊은 반응은 군사 전략가들에게서 찾아볼 수 있다. 전 미 육군 참모총장 고든 설리번Gordon Sullivan 장군은 기후변화의 불확실성이 행동을 촉구하는 데 아무런 장해물이 되지 않는다고 본다. "세상에 100퍼센트 확실한 일은 없습니다. 불완전한 정보를 기반으로 행동해야 합니다. 때로는 직관에 의존해 행동해야 하죠."

미국의 국가 안보에 대한 잠재적 위협으로 기후변화를 포함시키는 것은 이제 관례가 되었다. 여러 육군과 해군의 장군을 비롯하여 국방부 차관이 위원으로 참여하는 단체 신新미국안보센터Center for a New American Security는 2013년에 기후변화가 심각한 국가 안보 사안임을 확인하는 보고서를 발표했다. 전미 유럽사령부의 부사령관 척 월드Chuck Wald 장군의 표현대로, "문제가 존재하며, 군은 그 문제 해결에 참여할 것이다." 당연한 일이지만, 이를 바라보는 어떤 사람들은 큰 불안을 느끼기도 한다. 진보적인 저널리스트이자 활동가인 나오미 클라인Naomi Klein은 권력을 중앙집권화하고 민주주의를 전복하는 수단으로써 위기가 부당하게 이용돼 왔다고 오랫동안 주장해 왔다. 클라인은 "기후변화는 대단히 큰 위기인데 그것을 우리 사회를 군대처럼 만들고 국토를 요새처럼 만드는 데 이용할까봐" 두렵다고 했다.

만약 그것이 사실이라면, 군사 전략가들은 불확실성이 내재된 언어를 사용하여 군사적 대응을 정당화하는 절차를 이미 시작했다. 시간적 근접성이나 비용과 마찬가지로, 불확실성은 다양한 이해 집단이 나름의 목표 달성을 위해 기후변화를 둘러싼 언어를 형성하는 영역이다.

사람들은 기후변화를 불확실하다고 여겨 의심한다. 그 결과, 기후변화에 대응하고자 하는 의지에도 영향을 미친다. 그러나 다른 사회적 문제들이 지닌 훨씬 더 큰 불확실성과 비교해보면 알 수 있듯이, 시간적 근접성이나 비용과 마찬가지로 불확실성을 둘러싼 언어는 행동에 반대하는 집단, 혹은 군대의 경우처럼 행동의 중심에 서고 싶어 안달이 난 집단의 이익을 뒷받침하는 방향으로 조작된다.

16

걱정의
웅덩이에서
물장구치다

우리는
어떻게 무시할 대상을
선택하는가

매년 12월이면 저작권 대리인 존 브록만John Brockman은 주소록을 펼쳐 저명 과
학자와 작가들에게 잡지《뉴요커New Yorker》의 독자들을 위해 어떤 한 가지 질문
을 곰곰이 생각해 볼 것을 요청한다. 2012년 브록만은 '우리는 무엇을 걱정해
야 하는가?'라고 물었다.

스탠포드 대학교의 심리학 교수 브라이언 넛슨Brian Knutson은 걱정에 대
해 가장 걱정한다고 답했다. 정확히 말해 넛슨은 "걱정에 대해 상위 걱정
metaworry"을 한다고 했다. 상위 걱정은 앞으로 이 책에서 마주치게 될 여러
'상위meta' 중 하나라는 점을 미리 말해 두겠다.

넛슨은 "너무 적게 걱정했던 개체는 죽었고(혹은 먹혔고) 너무 많이 걱정
했던 개체는 사는 데(혹은 번식에) 실패했기" 때문에 인간의 걱정 성향(그리
고 개인적 걱정 기질)은 최적 수준의 진화에 의해 결정되어왔다고 말한다. 넛

슨은 유감스럽게도 우리의 걱정 체계가 기후변화에 대처하기에 완전히 부적절하다고 주장한다. 그는 우리가 더 많이 걱정하길 원하지 않았다. 더 많은 걱정은 '과잉 걱정'을 유발할 것이고, 그렇게 되면 우리는 완전히 얼어붙어버릴 수 있기 때문이다. 그는 오히려 우리가 "오랜 걱정의 엔진을 새로운 방향으로 돌릴" 필요가 있다고 말한다.

나는 '걱정'에 관해 이야기하는 것이 '위험'에 관해 이야기하는 것보다 더 유용한 분석이 될 수 있음을 발견했다. 위험은 평가하고 측정할 수 있으며 이성적인 머리를 사용한다. 그러나 사람들에게 무엇을 걱정하는지 물었을 때 우리는 그들의 감정적 지각에 관한 훨씬 더 강한 징후를 포착할 수 있으며, 넛슨이 제안하듯이 그들이 무시하기로 결정한 위협도 알아낼 수 있다.

듀크 대학교의 퍼트리샤 린빌Patricia Linville과 그레고리 피셔Gregory Fischer는 문제를 걱정하는 인간의 능력은 제한되어 있다고 주장한다. 두 사람은 이를 가리켜 깔끔하게 '유한한 걱정의 웅덩이finite pool of worry'이라고 명명했다. 그들에 따르면, 이 웅덩이 속의 자리를 차지하기 위한 끊임없는 경쟁이 존재하며 현대의 미디어는 감정을 고조시키는 새로운 걱정거리를 만들어 언제나 우리의 주의를 끌려고 한다. 그 결과 당면한 개인적 관심사가 아니면 방어적 무관심을 보이는 감정의 마비가 일어날 수 있으며, 이는 웅덩이 속의 자리를 차지하는 걱정의 범주를 좁히거나 심지어 웅덩이의 전체 크기를 줄일 수 있다고 린빌과 피셔는 주장한다.

그렇다면 기후변화에 관한 걱정은 어떻게 되어왔을까? 기후변화는 중대한 위협이고, 지난 20년 동안 눈에 띄게 커져왔으며, 사람들의 이목을 끄는 기상이변 현상을 동반해왔다. 이런 과정을 통해 기후변화는 걱정의 웅덩이 한 구석에 자리를 잡았을까, 아니면 넛슨이 우려하듯이 인간의 진화하는 걱정 탐지기가 기후변화를 웅덩이에 들이지 않았을까?

지난 십 년 동안 예일 기후변화 의사소통 프로젝트 책임자 토니 레이세로위즈와 조지 메이슨 대학교 기후변화 의사소통 센터 책임자 에드워드 메이벡Edward Maibach은 기후변화에 관한 대중들의 관심이 오르락내리락하는 모습을 지켜봐왔다. 두 사람은 그 속에서 확실한 신호를 찾고자 노력했다. 왜냐하면 기온이나 빙하의 높이처럼 대중의 태도는 무작위로 변화하기 마련이고, 그것이 혼란을 주거나 장기 추세를 감출 수 있기 때문이다.

확실히 단기 추세는 부정할 수 없다. 서구 세계를 통틀어 여론 조사를 살펴보면, 기후변화에 대한 대중의 관심은 2000년대 초반 꾸준하게 상승하여 2007년 무렵에 정점을 찍고 그 이후 하락 추세에 들어섰으며, 보수적인 정치 성향을 지닌 사람들 사이에서는 특히 그랬다.

예일 대학교의 산림환경학과 건물 고층에 위치한 오크 목재로 꾸민 레이세로위즈 교수의 연구실에 앉아 나는 그에게 앞으로 어떻게 될 거라고 생각하는지 물었다. 레이세로위즈는 2007년경에 두 가지 요인이 함께 발생했다고 말했다. 첫 번째 요인은 1930년대 이래 가장 심각한 경기 침체였다. 2007년은 주택 거품이 붕괴된 해였고 미국의 실업률은 10퍼센트를 넘어섰다. 사람들에게 기후변화는 실직의 위협이나 길거리 여기저기의 압류 표지판만큼 중요하게 느껴지지 않았다.

두 번째 요인은 사실상 언론 보도의 전멸이었다. 2009년 코펜하겐의 세계기후회의 이후 2년 동안 전체 언론 보도는 3분의 2가 줄었고, 저녁 뉴스 보도는 90퍼센트가 줄었다. 이런 현상은 주류 언론의 규모가 축소되면서 악화되었고, 환경 보도의 질과 양의 하락으로 이어졌다.

이런 요인들의 영향이 있었겠지만, 사실 기후변화에 대한 관심이 특별히 높았던 적은 한 번도 없었다. 지난 25년 동안 여론 조사 기관 갤럽은 사람들에게 다양한 환경문제에 대해 얼마나 '개인적으로 걱정'하는지 물어왔다.

사람들이 기후변화에 큰 관심을 보였던 적은 한 번도 없었다. 걱정의 수준은 언제나 하천 및 대기오염 아래에서 '아주 조금'과 '다소' 사이를 오갔다.

그것도 여론 조사에서 직설적으로 기후변화에 대해 물었을 때 그렇다. 미국인의 절반가량은 여론 조사에서 "지구온난화를 얼마나 걱정합니까?"라는 질문을 받으면 다소 걱정한다고 대답한다. 하지만 딱히 기후변화에 대해 대답해야 하는 상황이 아니면, 지구온난화를 언급하는 경우는 거의 없다. 퓨리서치센터Pew Research Center는 2001년 이래 매년 미국 대통령이 최우선적으로 다뤄야하는 정책적 사안을 선택하는 설문 조사를 실시해왔다. '지구온난화 문제'는 최하위에서 벗어난 적이 없었으며, 그나마 포함된 이유도 아마 선택지에 들어가 있었기 때문일 것이다.

당연한 일이지만 레이세로위즈가 예측한 대로 경제나 일자리, 의료 서비스와 같은 두드러진 문제들이 대통령이 다뤄야 할 사안 목록에서 언제나 맨 위를 차지한다. 그러나 재정 적자, 로비스트의 영향력, 심지어 '도덕적 해이'처럼 훨씬 덜 두드러진 장기적인 문제들도 기후변화보다는 훨씬 더 긴급하다고 여겨진다.

흥미로운 사실은 이런 문제들 중 그 어떤 것도 개인이 통제할 수 없다는 점이다. 사람들이 기후변화를 받아들이지 않는 이유는 아무 것도 할 수 없다는 무기력감 때문이라고 주장하는 이들도 있다. 대처 능력을 다루는 심리학 이론에 따르면, 무력감은 무기력과 우울증으로 이어진다. 사람들이 기후변화에 손쉬운 해결책이 없음을 깨달았을 때 더 이상 관심을 기울이지 않게된다는 연구 보고도 있다.

그러나 확실히 그렇게 단순하진 않다. 사람들은 테러나 마약, 국가 경제를 마음대로 하지 못하지만, 여전히 그 문제를 논하고 관련한 집단행동을 요구한다. 아이러니하게도 사람들은 각자 온실가스를 배출함으로써 그 어떤 다른 문제들보다도 기후변화에 더 많이 개인적으로 관여하고 있다.

또한 미국보다 범죄율이나 재정 적자, 실업률, 하천 오염이 낮은 국가에 살고 있는 국민들이 기후변화에 대해 상대적으로 더 많이 걱정한다는 증거가 없듯이, 이런 문제들이 걱정의 웅덩이에서 사라진다고 해도 기후변화가 그 빈자리를 차지할 수 있을 거라고 가정할 이유는 없다.

걱정의 웅덩이는 우리가 관심을 가지려는 대상과 무시하려는 대상을 선택하는 인지 과정에 대한 비유이다. 지난 20년간 관심을 갖는 과정에 대한 연구가 크게 증가해왔으며, 그러한 선택의 과정이 인간의 사고 전반의 기본을 이룬다는 데에 의견이 모아지고 있다.

캐나다의 사회학자 어빙 고프먼Erving Goffman에 따르면, 우리는 '해석의 틀schemata of interpretation'을 통해 우리의 관심을 관리한다. 다행스럽게도 고프먼은 해석의 틀을 훨씬 더 기억하기 쉬운 '프레임frame'이라는 용어로 설명했다.

고프먼은 프레임이 우리가 지닌 가치와 인생 경험, 주변 사람들에게서 얻는 사회적 단서로 구성된다고 설명한다. 우리는 어떤 정보에 주의를 기울이고 싶은지 결정한다. 즉 적절하거나 중요하거나 친밀하거나 알 만한 가치가 있는 대상을 프레임 안에 둔다.

프레임은 능동적이기도 하다. 프레임은 새로운 정보를 찾아내어 살피고 선택한다. 캘리포니아 대학교 버클리 캠퍼스의 인지언어학 교수 조지 레이코프George Lakoff는 프레임이 뇌 속에 물리적으로 존재하고, 신경 회로 속에 내재되어 있으며, 사용할수록 강화된다고 주장한다. 레이코프는 이런 역동적인 과정을 통해 새로운 프레임이 기존의 프레임과 결합하여 일관된 체계를 형성해 나간다고 강조한다.

기후변화는 프레임이 아니지만 프레임화 되어왔다. 즉 사람들은 기후변화 문제에 그들이 지닌 프레임을 적용하여 그것이 자신들에게 중요한지, 그리고 그것에 대해 어떤 입장을 취해야 할지를 결정해왔다. 기후변화에 대해 우리가 보고 듣는 모든 것은 책임, 저항, 자유, 과학, 권리, 공해, 소비, 낭비 등과 같은 나름대로의 프레임을 작동시킨다.

그러나 본질적으로 프레임은 주의를 기울일 대상의 선택뿐만 아니라 무시할 대상의 선택에도 이용된다. 프레임은 카메라의 뷰파인더와 같아서 전체 이미지에서 초점을 맞출 대상을 결정할 때 배제할 대상도 결정하게 된다. 연구에 따르면, 인간의 심리적 기능에 있어서 무시할 대상을 선택하는 능력은 주의를 기울일 대상을 선택하는 능력만큼이나 중요하며 동시에 이러한 능력이 감당할 수 없을 만큼 정보가 넘쳐나는 현대 도시의 환경에 대처할 수 있도록 해 준다고 한다.

지금까지 이 책에서는 비용과 확실성, 영향에 대한 떠들썩하고 극심한 정치적 논쟁 및 주장을 비롯하여 사람들이 기후변화에 대해 어떤 이야기를 하는지를 주로 다뤄왔다. 그러나 사람들이 어떤 말을 의도적으로 하지 않는지, 그리고 기후변화가 어떻게 사람들의 의식에서 멀어지고 심지어 완전히 지워지는지를 살펴보는 것도 흥미로운 일이다. 마치 영원히 해변에 앉아있기만 할뿐 절대로 물에는 들어가지 않는 사람을 보는 일처럼 말이다.

17

그 이야기는
꺼내지도 마

**기후 침묵이라는
보이지 않는
힘의 장**

나는 낯선 사람과 대화를 나눌 때 '기후변화'라는 단어를 끊임없이 흘린다. 내가 하는 일을 이야기할 때도 있고, 기묘한 날씨 혹은 상대방의 걱정의 웅덩이에 중심을 차지한 문제와 엮기도 한다. 나는 무척 느긋하고 무심한 태도를 취한다. 어쨌거나 장거리 기차여행을 할 때 옆 자리에 앉은 사람이 광신도이길 바라는 사람은 아무도 없으니까.

그러나 사실 내가 어떤 식으로 기후변화를 말하든 그리 중요하지 않은 듯하다. 결과는 거의 언제나 똑같기 때문이다. 기후변화라는 단어는 붕괴되고 가라앉아 공중에서 사라지고 대화는 갑자기 방향을 튼다. 마치 정면으로 부딪쳐야만 발견할 수 있는 보이지 않는 힘의 장場이 있는 것 같다. 그 정도까지 가는 사람은 거의 없다. 딱히 들어본 적이 없다하더라도 사람들은 어쨌든 이런 주제는 금기시된다고 배웠기 때문이다. 그래서 사람들은 누군가 무심코 이 영역에 들어오면 화제를 돌리는 게 바람직하다고 생각한다.

미국에서 나는 미국인 특유의 친절함이 대화 도중에 '기후변화'라는 단어를 언급하자마자 사라지는 경험을 한다. 만약 내가 커플과 이야기를 나누는 중이었다면 한 사람은 무례해보이지 않도록 나와 이야기를 계속하고 다른 한 사람은 즉시 고개를 돌려 다른 소일거리를 찾을 것이다.

그래도 계속 물어보면 세 명 중 두 명은 기후변화에 대해 친한 친구나 가족들과 거의 혹은 한 번도 이야기를 해 본 적이 없다고 고백한다. 여성들이 남성들보다 훨씬 적게 이야기하고, 집단별로 보면 젊은 여성들이 가장 적게 이야기하며, 나중에 설명하겠지만 특히 자녀가 있는 여성들의 경우 더욱 그렇다. 한 조사에 따르면, 조사 대상자의 4분의 1이 단 한 번도 기후변화에 대해 누군가와 이야기해본 적이 없다고 답했다. 실생활에서 가장 영향력 있는 기후 담론은 아마도 집단 침묵이라는 무無담론일 것이다.

럿거스 대학교의 사회학 교수 에비아타 제루버블Eviatar Zerubavel에게 이는 전혀 놀라운 일이 아니다. 제루버블은 사회적으로 구성된 침묵을 연구하는 전문가이다. 그는 사회적 침묵이 "우리 담론의 휴지休止와 빈틈, 구멍을 메우는 물질처럼" 의사소통에서 발언만큼이나 많은 부분을 차지한다고 말한다.

나는 제루버블에게 우리가 어떻게 침묵을 연구할 수 있는지, 사람들이 존재조차 인식하지 못하는 대상을 어떻게 측정할 수 있는지 물었다. 제루버블은 이렇게 설명했다. "우리는 딱히 동물원에 대해 이야기하지 않습니다. 의도적으로 언급을 피하기 때문이 아니라, 그저 우리의 대화에서 그 화제가 언급되지 않을 뿐이죠. 나는 이를 가리켜 '무관심inattention'이라고 부르는데, 이는 우리가 동물원에 대해 이야기하지 않는 이유를 쉽게 설명해줍니다. 반면에 '의도적 회피disattention'는 이와 매우 다릅니다. 이는 우리가 의도적으로 어떤 대상에 주목하지 못하고 그 침묵을 설명조차 할 수 없는 경우에 해당

하죠."

제루버블은 설명을 이어갔다. "말하자면 내가 주목하는 것은 침묵에 대한 침묵입니다. 나는 이를 상위 침묵meta-silence이라고 부르죠. 상위 침묵이란 방 안의 코끼리에 대해 언급하지 않고, 이를 언급하지 않는다는 사실 자체도 언급하지 않는 상황입니다." 제루버블이 신이 나서 지적하듯이, 이는 코끼 리에 대한 언급을 거부하는 상황이 훨씬 더 큰 코끼리가 되어버린다는 의미 다. 짐작건대 두 마리 코끼리 모두 우리가 그 동안 이야기하지 않고 있던 그 동물원에서 탈출했을 것이다.

정책연구협회Policy Studies Institute 선임 연구원이자 열정적인 기후변화 활동가 인 내 친구 메이어 힐먼Mayer Hillman은 이런 상위 침묵이 작동하고 있음을 보여 주는 이야기를 들려줬다. 힐먼은 자신처럼 진보적 성향을 지닌 은퇴한 전문 직 종사자들과 함께 만찬회에 참석했다. 사람들은 최근에 다녀온 휴가 여행 이야기를 했고, 메이어는 기후변화 문제와 비행기 이용이 미래 세대에 미치 는 영향을 언급하지 않을 수가 없었다.

방은 찬물을 끼얹은 듯 조용해졌다. 그때 한 손님이 썰렁한 분위기를 깨 려고 나섰다. 그녀는 "어머, 이 시금치 타르트 좀 봐. 너무 사랑스러워요."라 고 말했다. 그러자 다들 나서서 '정말로 사랑스런' 시금치 타르트라고 맞장 구를 쳤다. 메이어 말로는 이후 십 분 동안 손님들은 타르트와 신선한 시금 치, 조리법에 대해 이야기했다고 한다. 제루버블식 용어로 말하자면, 이렇게 문제를 이야기하지 못하거나 나아가 이야기하지 않는 이유조차 입 밖에 내 지 못하는 무능력이 바로 상위 침묵이다.

제루버블은 개인 차원에서 하는 행동인 개인적 사실과 집단 차원에서 하 는 행동인 사회적 사실 사이에는 차이가 있다고 한 19세기의 사회학자 에 밀 뒤르켐Emile Durkheim의 논평을 인용했다. 그러면서 그는 "기후변화에 대한 부정과 침묵이 개인 차원과 집단 차원에서 완전히 다르게 작용한다고 보는 게 맞다"고 말했다.

오리건 대학교의 사회학과 부교수 카리 노가드Kari Norgaard는 선구적인 연구에서 노르웨이의 외딴 바닷가 마을 사람들이 기후변화를 받아들이는 방법을 알아보고자 했다. 노가드는 마흔여섯 건에 이르는 인터뷰를 하는 동안 앞에서 언급한 보이지 않는 침묵의 힘의 장에 계속해서 부딪쳤다. 노가드는 대부분의 인터뷰에서 기후변화라는 문제가 대화를 사라지게 하는 요인으로 작용했다고 썼다. "사람들은 처음엔 우려하는 반응을 보이지만, 그러고 나면 갑자기 '할 말이 없어지는' 정적의 지대로 들어서죠."

그러면서도 사람들은 날씨의 변화가 심상치 않다는 사실은 인정했다. 특히 그 마을의 자랑거리이자 지역 경제를 형성하는 중요 시설인 스키장은 매년 휴가철마다 개장이 점점 늦어지고 있었고 그나마도 인공눈을 사용해야만 가능했다. 배스트롭과 뉴저지에서처럼, 사람들은 자기 눈으로 증거를 보면서도 기후변화에 대해 이야기하려 하지 않았다. 노가드는 분리된 현실을 목격했다. 마을의 한 교사는 "우리가 사는 방식과 생각하는 방식은 서로 달라요. 우리는 그렇게 분리해서 생각하는 법을 배우죠. 그건 일종의 세상을 사는 기술이에요."라고 말했다.

노르웨이인이 기후변화를 외면하는 데는 특히 그럴 만한 이유가 있다. 노가드는 단순하고 자연 친화적인 삶을 사는 작고 겸손한 국가라는 신화를 중심으로 노르웨이의 문화적 정체성이 형성되었다고 설명했다. 노르웨이인은 스스로가 정직하고 성실한 세계 시민이라고 자부하며, 노르웨이 정부는 자주 기후변화에 관한 한 세계의 선도 국가를 자처한다.

노르웨이가 선도 국가인 것은 맞지만, 우리가 원하는 방식으로는 아닌 듯하다. 노르웨이는 세계 제8위의 원유 수출국이며, 노르웨이의 온실가스 배출은 교토의정서가 규정하고 있는 관대한 허용치보다 다섯 배 빠르게 증가했다. 6,000만 달러에 이르는 노르웨이의 국가 석유 기금 덕분에 노르웨이인은 모두 개인적으로 석유 산업에 이해관계를 갖고 있다. 심지어 이 석유 기금은 현재 캐나다 앨버타 주 타르 샌드에도 20억 달러의 지분을 갖고 있다. 종합해보면, 노르웨이는 기후변화에 대단히 큰 원인을 제공하고 있으며 평등주의의 전통 덕분에 전체 국민이 그 책임을 함께 공유하고 있다.

노가드는 노르웨이인이 기후변화를 '주의 규범norms of attention' 밖에 둠으로써 이러한 내적 갈등에 대응해 왔다는 사실을 발견했다. 노가드는 주의 규범을 '인정하거나 이야기하기에 적합하거나 부적합한 대상을 규정하는 사회적 규칙'이라고 정의한다. 노가드는 노르웨이인이 책임 있는 시민이라는 문화적 정체성을 유지하기 위해 너무 많이 알려고 하지 않는 편을 의도적으로 택했다고 말한다. 노가드는 "'아는 것' 혹은 '모르는 것' 그 자체가 정치적 행동입니다."라고 말했다.

기후변화 부정론에 도전했던 여타 학자들과 마찬가지로 노가드는 이처럼 정치화된 규범에 따라 감시를 하고 위반한 사람을 처벌하는 과정을 직접 경험했다. 2012년 오리건 대학교는 보도 자료를 통해 노가드의 연구가 문화적 저항을 '반드시 찾아내어 치료해야' 할 대상으로 다루고 있다고 발표했다. 노가드가 직접 언급하지도 않은 이 오만한 표현을 러시 림보를 비롯한 여러 강경한 기후변화 부정론자들이 열심히 퍼트렸고, 노가드는 인터넷에서 엄청난 욕설과 괴롭힘에 시달렸다. 겸손하고 근면한 젊은 학자의 얼굴이 나치당 표장 혹은 누드모델과 합성되어 악랄한 욕설과 함께 인터넷 상에 떠돌고 있다. 노가드를 다룬 한 동영상은 너무 모욕적이라 유튜브가 이를 삭제하기도 했다.

체코 공화국의 전 환경부 장관 마르틴 부르시크Martin Bursík는 체코에도 개인적 사실과 사회적 사실 사이에 이와 비슷한 차이가 존재한다고 설명했다. 전 체코 대통령 바츨라프 클라우스Václav Klaus는 전 세계 국가 원수 중 유일하게 기후 과학을 부정했다. 이러한 사실에 더해 석탄 산업이 일으키는 오염에 대한 견고한 사회적 침묵 때문에 기후변화를 공개적으로 논의하는 행위는 사실상 금기가 됐다. 부르시크는 기후변화 관련 행사에서 발언할 준비가 된 인물은 체코 정부에 단 한 명도 없다고 말했다. 체코 국민의 92퍼센트가 개인적으로는 기후변화가 심각하거나 매우 심각한 문제라고 여기지만, 부르시크가 설명했듯이 40년 동안 공산주의 독재 정권을 겪은 체코 국민은 알아도 되는 것을 규정하는 경계를 대단히 민감하게 인식하게 되었다. 부르시크는 체코 국민이 "이웃이 벽을 통해 들을 수 있으니 너무 큰 소리로 이야기하지 않아야" 한다는 사실을 체득했다고 말한다.

이런 맥락에서 볼 때, 기후변화를 부정하는 기제와 인권 유린에서 찾아볼 수 있는 사회적 침묵 사이에는 당연하게도 여러 가지 공통점이 존재한다.

런던경제대학의 사회학과 교수였던 고故 스탠리 코헨Stanley Cohen은 유태인계 남아프리카공화국 사람으로서 자신의 경험을 살려 사회 전체가 집단적 인권 유린에 맞서기를 회피했던 과정을 기록했다. 코헨은 무지(알지 못함), 부정(알기를 거부), 부인(인지하지 않겠다는 능동적 선택)이 서로 어떻게 다른지 강조했다. 그는 그 중에서 부인에 대해 언급하면서 "우리는 사실을 보지 않기로 선택했음을 희미하게 의식하지만, 우리가 무엇을 회피하고 있는지조차 잘 모른다."라고 썼다. 그러면서 한밤중에 이웃들이 사라진다거나 사람을 가득 실은 가축차가 동쪽으로 갔다가 빈 차로 돌아오는 것을 알아채지만, 어찌된 일인지 그 사실을 말해서는 안 된다고 생각한다고 코헨은 지적했다. 그는 기후변화와 관련해서도 특히 부인하는 경우가 많다고 말했다.

이러한 비교는 인간의 행동에 대한 실마리를 보여 준다는 점에서 유용하지만, 역사적 경험을 기후변화에 너무 문자 그대로 적용하는 것은 조심할 필요가 있다. 게슈타포나 비밀경찰에 도전하면 정말로 신변의 위험을 당할 수 있었다. 반면에 티파티 내에서 기후변화를 인정할 때 벌어질 수 있는 최악의 상황은 사회적 소외 정도다.

하지만 사회적 부인을 특히 경계해야 할 인권 기관들이 기후변화를 인정하는 데에는 그토록 느린 대응을 보여 왔다는 점은 안보 분석가들이 미래에 갈등과 강제 이주를 초래할 주요 요인으로 기후변화를 꼽았다는 사실을 고려할 때 특히 의미심장하다. 〈불편한 진실〉이 나온 해인 2006년 나는 국제앰네스티가 그들의 웹사이트에 기후변화를 한 번도 언급한 적이 없다는 사실을 발견했다. 인권을 위한 의사회Physicians for Human Rights, 미국노동총연맹, 옥스팜아메리카, CARE, 월드 비전, YWCA를 비롯한 여러 주요 진보 단체의 웹사이트에서도 기후변화에 대한 언급은 대게 다섯 번도 안 되었다.

나는 이런 단체의 웹사이트에 올라야 할 이유가 전혀 없는 단어 '당나귀'와 '아이스크림'을 검색하여 비교해보았다. 각 단체의 웹사이트에 이런 상관없는 단어들이 훨씬 더 많이 등장했다. 휴먼라이츠워치Human Rights Watch의 경우 기후변화보다 당나귀를 네 배 이상 자주 언급했다. 국제난민협회는 기후변화보다 아이스크림을 여덟 배 가까이 많이 언급했다.

나는 이런 기관들의 의사결정자들과 인터뷰를 하면서 그들이 기후변화를 의도적으로 주의 규범 밖에 뒀다는 사실을 확인했다. 그들은 어떻게 개입할지 자신이 없고, 새롭게 등장한 불확실한 문제를 다룰 역량도 없는데다, 기후변화는 환경문제이므로 자신들의 임무에 부합하는 문제가 아니라고 생각했다고 말했다. 이제야 뒤늦게 그들은 목소리를 내기 시작했고 기후변화를 중요한 사회적 권리의 문제로 인식하기 시작했다.

주류 과학계 역시 알기로 한 것과 알지 않기로 한 것에 대해 그들만의 주의 규범의 지배를 받는다. 지나치게 민감하거나 위험하거나 금기시되어 의도적으로 습득하지 않는 정보인 '비非지식non-information' 분야를 탐구하는 '무지의 사회학sociology of ignorance'이라는 연구 분야가 점점 더 주목을 받고 있다.

럿거스 대학교의 조애나 켐프너Joanna Kempner는 심층 인터뷰를 통해 과학자들이 지식을 추구하는 과정에서 영웅 서사에 매몰된다는 사실을 발견했다. 한 과학자는 "우리 일은 진실의 탐구이지, 진실이 위험한지 혹은 진실이 불편한지의 여부를 결정하는 것이 아닙니다."라고 말했다. 하지만 과학자들은 자신들의 연구 분야에서 논란은 환영하면서도, 시간을 빼앗기고 연구자금 지원을 위협받을 가능성이 있는 사회적 논란은 하나 같이 피하려고 했다. 게다가 카리 노가드나 마이클 만이 받은 살해 협박이나 악랄한 욕설을 그 누가 피하고 싶지 않겠는가? 과학자들은 미치광이들로부터 자신들의 삶과 가족을 지키고자 하며, 불가피하게 그것이 연구 대상을 결정하는데 영향을 미치게 된다.

또한 학문을 하는 과정 자체가 무지를 만들어 내기도 한다. 학자들은 그 어느 때보다 전문화되어 좁은 분야를 깊게 파느라 좀 더 일반적인 지식을 습득하기가 어렵게 되었다. 유례없는 지식의 증가로 모르는 대상 역시 따라서 증가하는 지식-무지의 역설이 나타난다.

이 점을 고려할 때, 기후변화에도 무지의 영역은 크게 존재한다. 이 책 전체를 통해 지적하듯이, 기후변화를 연구하는 사람들은 한결같이 자신의 학문 분야가 규정하는 대로, 자신이 그리는 모습대로 기후변화를 구성하려고 한다. 그러나 기후변화는 알려지지 않았거나 언급되지 않는 부분까지 고려하는 훨씬 더 창조적이고 유연한 접근방법을 필요로 한다. 내가 이 책을 위해 인터뷰했던 전문가 대부분이 안일한 구분에 저항하며 학문 간 경계를 넘나드는 창조적인 개척자들이라는 사실은 그리 놀랄 일이 아니다.

2012년 영국 최대의 과학연구기금 지원기관 중 한 곳에서 나를 전문 심사단에 초청한 이유도 기후변화 분야에 '탈脫정상과학post-normal science(정상과학은 과거의 과학적 성취에 기반을 둔 연구 활동을 의미한다—옮긴이)'이라고 부르는 새로운 시각과 도전을 도입하려는 취지에서였다. 나는 그 일을 과학적 연구과정을 배울 기회로 생각했다. 하지만 나중에 보니 그것은 사회적으로 합의된 침묵을 가르쳐 주는 훨씬 더 흥미로운 사례였다.

우리가 살펴보았던 논문제안서들은 주로 기후변화의 영향에 관한 것들이었다. 대부분 그랬다. 그러나 산더미처럼 쌓인 제안서들은 알고 보면 다 같은 내용이었다. 정유회사들이 지질학자와 지구과학자들에게 신규 유전과 가스전 개발을 거들어달라고 요청하는 내용을 우아하게 돌려 쓴 자금지원 신청서였다.

내가 정유회사를 위한 자금지원 지침에 의문을 제기했을 때, 그 자리에는 정적이 흘렀다. 아무도 단 한 마디도 하지 않았다. 대단히 불편한 분위기였지만, 나는 침을 꿀꺽 삼킨 뒤 개의치 않고 계속해서 말했다. "만약 우리가 의학연구위원회에 있는데 담배회사에서 연구 제안을 받았다면, 적어도 논의는 해볼 거라고 생각합니다."

심사단에 속한 당당한 선임 교수들 중 그 누구도 질문에 답을 하지 못했다. 그들은 잘 준비된 제안서라고 말했다. 그게 끝이었다. 이에 의장이 토론 종결을 결정했다. 그는 한숨을 쉬며 "우리가 정유회사들을 문 닫게 할 건 아니지 않습니까?"라고 말했다. 제안서는 통과됐다. 그 뒤로 이어진 모든 정유회사 제안서 역시 통과됐다. 의장은 점점 언짢은 목소리로 "마셜 씨의 이의제기는 유념하겠습니다."라고 반복했지만 그냥 말뿐이었다.

내가 이 이야기를 하자 에비아타 제루버블은 웃음을 터트렸다. 그것은 전형적인 '상위 침묵'이었다. 그 상황은 마치 내가 아무 말도 하지 않은 상황과 다를 바 없었다. 모두 무척이나 정중했다. 심사단은 점심시간에 샌드위치를 먹으며 공허한 한담을 나눴고 차와 비스킷을 먹으면서도 한담을 나누고 작별 인사를 했다. 이후 나는 다시 초청받지 않았다.

정치권과 언론 역시 인식할 수 있는 것과 할 수 없는 것을 규정하는 내부 문화가 존재한다. 정책전문가 조지프 P. 오버턴Joseph P. Overton은 좌와 우를 오가며 정치적으로 말하거나 할 수 있는 것을 규정하는 '창窓'이 존재한다고 주장했다. 오버턴은 만약 정치인들이 그 창 밖에 있는 정책을 지지한다면 그에 맞게 창을 움직여야 할 것이라고 주장했다. 예를 들어 외부 압력을 동원하거나, 아니면 나오미 클라인이 그녀의 저서《쇼크 독트린》에서 주장하듯이 급진적인 조치를 정당화하는데 이용할 수 있는 사회적 위기나 경제적 위기가 발생하도록 유도해야 한다.

기후변화 담론에서도 비슷한 일이 일어난다. 허리케인 샌디, 허리케인 카트리나, 태풍 하이옌과 같은 기상이변이 발생하면 정치적 대응을 지지하는 방향으로 창을 움직일 수 있지만, 기후 과학자 마이클 만이 주장했듯이 2009년 교묘한 이메일 해킹 사건이 발생하고 추운 겨울 날씨가 겹치면서 창은 부정적 주장과 침묵을 유도하는 방향으로 움직였다.

그 결과 정치인과 활동가들은 점차 기후변화에 대해 이야기하지 않게 되었다. 버락 오바마 대통령은 첫 번째 재임기간 동안 기후변화에 관한 주요 정책 연설을 한 번도 하지 않았으며, 2012년 대통령 선거 토론회에서는 24년 만에 처음으로 기후변화가 단 한 번도 언급되지 않았다. 그나마 존 케리John Kerry가 미국 상원에서 "침묵의 음모 … 과학과 진실이 승리해야 할 곳에 잘못된 정보와 근거 없는 믿음이 자라도록 부추기는 침묵"을 맹렬히 비난하는 열정적인 연설을 한 게 전부였다.

주 정부 차원에서는 공화당 주의회가 정책에서 기후변화에 대한 모든 언급을 체계적으로 제거해나가기 시작했다. 노스캐롤라이나 주에서는 주의원들이 미래의 해수면 높이를 예측하는데 그 어떤 기후 모형도 사용하지 못하도록 금지하는 법안을 통과시켰다. 텍사스 주에서는 공무원들이 갤베스턴 만 환경에 관한 보고서에서 기후변화를 언급한 부분을 모두 삭제하려고 시도하면서 과학자들이 소리 높여 항의하는 일이 벌어졌다. 2013년에는 아홉 개 주가 주州위험계획서State Hazard Plan에 기후변화를 전혀 언급하지 않았다.

공화당이 우세한 다른 주에서도 주위험계획을 수립하는 사람들은 실제로 기후변화 자체를 절대로 명시하거나 언급하지 않는다는 조건하에 기후변화의 영향에 대한 장기 대책을 수립할 수 있었다. 또한 기후 과학을 맹렬히 비난하는 플로리다와 애리조나 주의 대중영합주의 지도자들(애리조나 주지사 잰 브루어Jan Brewer는 자신에게 무모하게도 "기후변화를 믿는지" 물어보았다는 이유로 기자에게 주먹을 날린 적도 있었다.)이 주나 시, 카운티 당국에 가뭄 및 해수면 상승을 예측하는 최신 기후변화 모형을 장기 계획에 포함시키되 기후변화는 언급하지 않도록 명령하는 기이한 상황이 벌어졌다. 마치 해리포터처럼 그들은 이름을 언급할 수 없는 위협에 적극적으로 대비하고 있다.

2009년 3월 국가 기후 법안을 요구하는 여론이 형성되고 있을 무렵 백악관은 미국 환경 단체 지도자들에게 법안과 관련하여 '기후변화'라는 문구를 사용해서는 안 되며 대신 '녹색 일자리'와 '에너지 독립'에 초점을 맞출 것을 요구하는 각서를 배포했다. 법안 명칭은 미국청정에너지안보법American Clean Energy and Security Act이었다. 참석자 중 빌 맥키번만이 일어서서 항의했다. "비난의 화살이 우리에게 다시 돌아올 겁니다."

많은 환경 단체가 기후변화라는 문구를 모두 지워야 조금이라도 정치적 활동을 전개해나갈 최선의 기회를 얻을 수 있다고 결론 내렸다. 환경 소통 전문가 벳시 테일러Betsy Taylor는 2010년이 "주요 환경보호 단체 내에서 이 문제가 부각된 해죠. 기후변화에 대해 이야기하는 것은 치명적인 일이 되었어요. 일부는 아직도 그 'C' 단어(영어로 기후변화를 뜻하는 'climate change'를 지칭—옮긴이)를 쓰지 않아요."라고 한탄했다.

세상에 '그 C 단어'라니! 그 해에 래퍼 씨 로 그린^{Cee Lo Green}은 그의 활기 넘치는 짧은 노래 '퍽 유^{Fuck You}'가 최대 히트곡이 되면서 그래미상까지 받았는데, 기후변화는 '그 C 단어'라고 언급할 수밖에 없었다.

정치 담론에서 기후변화가 사라지자 그 다음에는 언론, 좀 더 정확히 말하면 언론인이 탐사해도 되는 영역과 안 되는 영역을 규정하는 편집 방침에 영향을 미쳤다. 로이터 통신의 아시아 주재 기후변화 특파원이었던 데이비드 포가티^{David Fogarty}는 '고민하면서 수백 번 묻고도 무서워서 결정을 내리지 못하는' 편집장들 때문에 기후 관련 기사를 내보내는 것이 마치 '복권 당첨'처럼 되어버렸다고 말했다. 개발도상국 기자들 역시 편집장에게서 기후변화 기사의 결재를 받고자 할 때 비슷한 좌절을 겪었다.

미국 내 상당수 뉴스 매체의 편집 방향에 영향을 미치는 소위 대표 신문이라 할 만한 《뉴욕 타임스》는 2010년에 기후변화를 다룬 주요 기사를 단 한 건도 싣지 않았다. 2년 뒤 유례없는 폭염을 다룬 미국 TV 뉴스 보도의 단 10퍼센트만이 기후변화를 언급했다. 언론의 침묵은 분명 상황의 문제라기보다는 정책의 문제이다.

사회적 침묵은 간단하게 설명할 수 없으며, 복잡한 피드백이 순환하는 시스템에 가깝다. 기후변화는 직장 동료나 이웃은 물론 친구나 가족 간 대화에서도 찾아보기 어렵다. 선거의 메시지를 정하는 포커스 그룹에서도 언급되지 않는다. 기후변화는 문화적 가치에 오염되었다. 정치인과 언론인들에게는 치명적인 C 단어가 되어버렸다. 미디어는 기후변화를 거의 무시한다.

각각의 침묵은 다른 듯 보이지만 사실 불안 회피와 자기 보호의 욕구라는 공통의 기반 위에 있다. 정신분석적 관점에서 볼 때 부정과 불안은 밀접한 관계가 있다. 동화될 수 없는 대상은 억압된다. 스탠리 코헨은 인권 유린에 대해 이렇게 썼다. "무엇에 대해 생각하라고(또는 무엇에 대해 생각하지 말라고) 알려준 일도 없는데, 그리고 잘못 '알았다고' 벌을 준 일도 없는데, 사회는 공개적으로 기억되고 인정될 수 있는 대상에 대한 암묵적 합의에 도달한다."

물론 이는 변할 수 있다. 대단히 이례적인 기상 현상의 영향으로 오버턴이 말한 창이 흔들리는 듯하다. 기후변화에 대비하는 조처가 털사의 술집에서 나누는 대화의 화제로는 아직 부적절할지 몰라도, 심야 토론 프로그램의 농담 속에는 다시 등장하고 있다. 주의 규범을 규정하는 과정에는 변화를 억압할 수 있는 피드백뿐만 아니라 변화를 증폭시킬 수 있는 피드백도 담겨 있다. 내가 살아온 시간 동안 인종, 동성애, 아동학대, 장애를 대하는 일반인의 인식은 놀랄 만큼 크게(그리고 바라건대 막을 수 없는 기세로) 변화했다. 그러나 그 가운데에서 투철한 사회 운동에 의한 장기적인 투쟁 없이 얻어낸 변화는 하나도 없으며, 때로는 사회적 침묵에 맞서는 중요한 전술이 동원되기도 한다. 역사의 교훈으로 미루어 볼 때 기후변화에서도 결국 승리하겠지만, 기나긴 투쟁이 될 수 있다.

18

완벽하지 않은 문제

우리는 왜 기후변화가 너무나도 어렵다고 생각하는가

의사결정 분야를 연구하는 심리학자들은 종종 기후변화를 완벽한 문제라고 말하곤 한다. 심지어 너무 완벽해서 우리에게 일말의 가망도 없는 문제라 해도 과언이 아닐 정도라고 한다.

예일 기후변화 의사소통 프로젝트 책임자 토니 레이세로위즈는 "인간의 근원적인 심리에 이보다 더 안 맞는 문제를 만들기는 거의 불가능할 정도입니다."라고 말한다. 대니얼 길버트는 "정말이지 모든 면에서 기후변화에 불리합니다. 심리학자라도 무기력을 만들어낼 이보다 더 완벽한 시나리오를 떠올릴 수 없을 겁니다."라고 말한다. 그리고 대니얼 카너먼은 말할 것도 없이 "대단히 비관적"이다.

다른 학문 분야를 연구하는 사람들과 계속 이야기를 나누면서 나는 기묘하게도 기후변화가 그들이 보기에도 완벽한 문제가 되어버렸다는 사실을 발견했다. 스턴 경 같은 경제학자들은 기후변화를 '완벽한 시장 실패'라고 설명한다. 도덕철학자 스티븐 가디너Stephen Gardiner는 기후변화를 '완벽한 도덕적 폭풍'이라 칭한다.

2005년 예일 대학교에서 열린 주요 회의에서 이런 관점이 역력하게 드러났다. 이 회의에서는 기후변화가 "현대 사회의 대응 능력의 한계를 시험하도록 거의 완벽하게 설계되었다. 유례없이 위압적인 힘이 모여 영향을 미친다는 점에서 '완벽한 문제'라고도 부를 수 있을 것이다."라고 결론 내렸다.

그렇다면 이 모든 관점에서 볼 때 기후변화는 정말로 완벽한 문제인가? 아니면 기후변화를 둘러싸고 형성된 담론이 너무나 완벽하게 그 담론을 만든 사람들의 이익을 구현하고 있기 때문에 그렇게 보이는 것일까? 기후변화를 '완벽한 문제'로 규정할 때 부정을 부추기는 무력감과 절망의 프레임이 촉발되기 때문에 이는 중요한 질문이다.

(인지를 방해하는 가장 큰 장애물 중 하나인) 근접성의 측면에서 기후변화는 중간 정도에 속하는 문제다. 시공간적으로 기후변화보다 한층 거리가 먼 위협은 언제나 존재한다. 중부 웨일즈의 우리 집 근처에는 지구와 충돌할 가능성이 있는 외계 물체를 추적하는 지구근접물체정보센터Near Earth Objects Information Centre가 있다. 아담하고 평범한 벽돌 건물의 이 센터는 은퇴 후 살기에 좋아 보인다. 소장인 제이 테이트Jay Tate 소령이 자신이 받는 군인 연금으로 센터를 운영하고 있다는 사실을 고려할 때 이는 그리 놀라운 일은 아니다. 어떤 기업도 관심이 없고(환경 운동가 빌 맥키번이 자주 하는 말처럼, 그 누구도 운석 산업으로 550억 달러를 벌지는 못한다), 너무나 요원하며, 대단히 불확실하고, 많은 사람에게 일어날 가능성이 매우 낮으며, 극소수만이 심각하게 여기는 위협을 관측하는 테이트 소장과 용맹한 자원봉사자 팀이 제대로 된 자금 지원을 받기는 어려워 보인다.

하지만 기이하게도 기후변화 부정론자들은 예외다. 기후변화를 부정하는 영국의 유명 싱크탱크 지구온난화정책재단Global Warming Policy Foundation의 이사장 베니 페이저Benny Peiser는 이 센터를 가장 강력히 지지하는 사람들 중 한 명이다. 기후변화 위험이 과장됐다고 끊임없이 주장하는 페이저는 10년 전, 너비 800미터 크기의 NT7이라는 소행성이 지구를 향해 다가오고 있다고 사방팔방에 경고하고 다녔다. 페이저가 소행성 걱정에 기여한 바를 인정하여 국제천문연맹은 너비 13킬로미터 크기의 한 소행성에 그의 이름을 붙였고, 7107 페이저 소행성은 미국항공우주국 웹사이트에 공식적으로 올라 있다. 반면에 페이저가 운영하는 웹사이트는 틈만 나면 항공우주국 소속의 기후 과학자들을 비판한다.

미국 하원의원 다나 로라바커Dana Rohrabacher 역시 지구근접물체정보센터를 열렬히 후원하는 사람이다. 로라바커는 캘리포니아 출신 공화당원으로 '지구근접물체'가 '정말로 실재하는 위험'이라고 설명하면서 이에 대한 방어책을 논의하는 하원 청문회를 소집하고자 애써왔다. 그러나 로라바커는 기후변화에 대한 그 어떤 대처도 필요하지 않다고 단호하게 말하고 있으며, 이산화탄소가 기후변화의 원인은 아니라고 단정적으로 말한다. 로라바커는 심지어 선사 시대의 기후 변동이 '공룡 뱃속의 가스'때문에 발생했다고 장난삼아 말하기도 했다.

기후변화 부정론자들이 뭐라고 하든 그들이 기후 과학을 부정하는 이유는 과학적으로 불확실하다거나 위협을 과장하기 때문이 아니다. 그보다는 그들의 걱정의 웅덩이 전체가 거대한 암석으로 가득 차있다는 생각이 든다.

게다가 기후변화를 늦추기 위한 조치에 그리 감당 못할 비용이 드는 것도 아니다. 생활 방식을 바꾸기가 망설여질 수도 있겠지만, 온실가스 배출이 적었던 시절이 어땠는지 다들 기억할 수 있을 것이고 그 시절이 그리 나쁘지 않았다는 점도 다들 알고 있다. 어떤 면에선 더 좋았다. 각종 지표에 따르면, 선진국 국민들의 행복 지수는 1970년대 초에 최고를 기록했다. 그때 미국인의 자동차 이용률은 지금보다 60퍼센트 낮았고 비행기 이용률은 80 퍼센트 낮았다. 그때가 그렇게 나빴는가? 가족, 친구, 공동체, 신뢰, 기쁨, 흥분, 웃음, 열정, 아름다움과 같이 정말로 중요한 것들은 오히려 저탄소 사회에서 향상될 수 있었다. 그리고 섹스가 이산화탄소와는 무관하다는 건 말할 필요도 없다.

기후변화에 대처하기가 어렵기는 하겠지만 길게 보면 인지적으로 전혀 해결 불가능한 문제는 아니다. 아예 전례가 없거나 전혀 신뢰할 수 없는 출처에서 나왔거나 가장 친밀한 관계에 영향을 미치는 문제야말로 어려운 문제이다. 1956년에 개봉한 공상과학 영화 〈우주의 침입자Invasion of the Body Snatchers〉는 흐트러진 차림의 마일즈 베넬 박사가 FBI를 찾아가 자기 친구들과 자녀들이 거대한 씨앗 꼬투리 속에 숨어 있는 외계인에게 신체를 강탈당했다고 필사적으로 설득하는 장면으로 끝난다. 그런 이야기를 누군가에게 믿게 만들기는 정말로 힘들다.

하지만 이상하게도 그런 이야기를 믿는 사람들이 있다. 2012년에는 뉴에이지 지도자 데이비드 아이크David Icke가 혼자서 11시간 동안 용자리에서 온 변신 파충류가 지구를 장악하고 있다고 떠드는 이야기를 들으려는 사람들이 영국의 최대 축구 경기장을 가득 채웠다. 현재 세계를 다스리고 있는 '렙토이드Reptoid'라고 하는 이 존재들은 인간의 모습을 하고 있으며, 그 중에는 영국 여왕, 앨 고어, 부시 일가도 있었다. 아이크가 기후변화를 가리켜 '기념비적인 사기'라고 평한다는 사실을 감안할 때, 사람들은 자기 세계관에 부합하기만 하면 무엇이든 거의 다 믿을 수 있는 모양이다.

한 걸음 물러나 보면 기후변화에는 기를 죽이는 측면만 있는 것은 아니다. 기뻐할 정도는 아니더라도 다소 덜 낙담할 이유도 존재한다.

예를 들어 근대 국민국가가 출현한 이래 선진 세계에서 가장 오랫동안 평화가 지속되고 있으며, 기후변화에 대응할 수 있는 기술과 부, 교육 수준, 국제 협력을 갖춘 현시점에 기후변화가 일어나고 있다는 사실은 대단한 행운이다. 완벽한 타이밍은 아니지만 거의 그에 가까울 정도다. 더욱이 기후변화를 유발하고 있는 국가들도 기후변화의 영향을 벗어날 수 없게 될 것이다. 이는 분명 불행한 일이기는 하지만, 해당 국가들이 행동에 나설 가능성이 높아진다는 점에서는 긍정적이다. 만약 자국에 이익이 되지 않는다면, 가령 극단적으로 영향이 전부 아프리카 대륙에 집중된다면, 선진국들은 아무런 대처도 하지 않을 테니 말이다.

기후변화는 대단히 어려운 문제이지만 '완벽하게' 어렵지는 않다. 원칙적으로 우리는 이 문제에 대처할 수 있다. 이는 전적으로 정도의 문제이다. 인간은 똑똑하지만 충분히 똑똑한가? 인간은 협력하지만 충분히 협력하는가? 이 쟁점을 이해하고 이에 열정을 보이는 사람이 많이 있지만 충분히 많은가? 우리에게는 다소 시간이 있지만 충분한 시간인가?

기후변화를 인지적으로 '완벽한' 과제로 간주하는 근거가 조금이라도 존재한다면, 이는 기후변화에 내재된 구체적인 특징 때문이 아니라 기후변화의 다면적인 가치 때문이다. 다시 말해 기후변화에는 여러 의미로 해석할 수 있는 여지가 있다. 기후변화에는 명확하게 정체를 규정할 뚜렷한 특징이 존재하지 않는다. 기한도 없고 지리적 위치도 없으며 단일한 원인이나 해결책, 혹은 적이 존재하지도 않는다. 정보를 처리하고 분류하기 위해 필요한 단서를 끊임없이 살피는 우리 뇌는 아무 것도 발견하지 못하고 뜬구름만 잡는다. 그러나 단서가 없이는 기후변화에 대처할 수 없으므로 우리는 여전히 단서를 필요로 하며, 결국 나름의 단서를 만들고 내세운다. 이렇게 되면 기후변화의 특징을 잘못 기술하거나 확증 편향을 일으키고 '우리가 믿고 싶은 대로 믿을' 여지를 주는 위험한 상황에 처한다.

왜 기후변화에 대처하기 위한 행동에 나서지 않느냐고 물었을 때, 다들 각자 자신만의 이미지에 따라 기후변화 문제를 규정하는 것처럼 보이는 이유가 바로 이 때문이다. 기후 과학자는 사람들이 과학을 이해하지 못한다고 말한다. 환경 운동가는 정유 회사들 때문에 정치가 타락했다고 말한다. 정유 회사는 환경 운동가들 때문에 정치가 타락했다고 말한다. 오하이오 주립 대학교의 통계학과 교수 마크 벌리너Mark Berliner는 우리가 "통계적 사고를 싫어하기" 때문에 실패한다고 말한다. 또한 나 같은 의사소통 전문가는 사람들이 이런 위협에 반응하지 않는 이유는 의사소통의 실패 때문이라고 말한다. 만약 기후변화가 정말로 '방 안의 코끼리'라면, 코끼리가 있는 방은 칠흑 같이 어두울 것이고 우리는 옛 우화에 나오는 장님처럼 저마다 코끼리의 다른 부위를 만지며 그것이 무엇인지 자신만의 문화적 편견에 따라 결론을 내릴 것이다.

그러나 기후변화의 애매모호함은 한층 더 넓게 확장되어 가장 안전하고 확실하고 친근해 보이던 대상에도 영향을 미치려고 한다. 안락함을 느끼고 가족을 보호해주던 우리의 생활양식이 이제는 위협적인 존재라고 말한다. 우리가 선의로 한 행동이 사랑하는 사람을 해칠 수 있고, 무해하다고 믿었던 기체가 알고 보니 유독하며, 익숙한 환경이 위험하며 불확실해지고 있다고 말한다.

정신분석학의 아버지 지그문트 프로이트Sigmund Freud는 민간설화와 괴담을 분석하여 익숙한 듯하면서도 사실은 익숙하지 않은 어떤 대상이 심리를 불안하게 만든다는 사실을 알아냈다. 프로이트는 이를 '다스 운하임리헤das Unheimliche'라고 불렀고, 그것은 대개 '섬뜩함uncanny condition'으로 번역된다. 기후변화는 본질적으로 섬뜩하다. 기상 상태, 그리고 기상 상태를 변화시키는 다량의 이산화탄소를 배출하는 생활양식은 지극히 친숙하지만, 이제는 새로운 위협과 불확실성을 주고 있다.

즉 기후변화는 위험한 조합이다. 기후변화는 매우 다면적인 가치를 지니기 때문에 얼마든지 자신에게 유리하게 해석할 수 있다. 또한 기후변화는 섬뜩해서 불안과 불편을 유발하기 때문에 우리는 기후변화에 친숙한 형태와 유형을 부여하는 방식으로 이 문제를 해결하고자 한다. 이 두 가지 요소가 결합하고 거기에 제 3의 용어가 더해져 기후변화는 유난히 '사악한 문제wicked problem'가 되어버렸다.

'사악한 문제'라는 개념은 1973년 캘리포니아 대학교 버클리 캠퍼스의 도시설계학과 교수 호르스트 리텔Horst Rittel과 멜빈 웨버Melvin Webber가 처음으로 만들어 냈다. 처음에 두 사람은 정책 수립에 이 개념을 적용했지만, 최근 들어 훨씬 더 넓은 분야에서 사용되기 시작했다. 테러리즘, 금융 위기를 비롯하여 '최고'의 사악한 문제로 불리곤 하는 기후변화처럼 다루기 힘든 세계적 사안에 대단히 잘 들어맞기 때문이다.

리텔과 웨버가 '유순한 문제tame problem'라고 부르는 단순한 문제에는 명확한 원인과 목적, 결과가 존재한다. 반면에 사악한 문제는 모든 점에서 다면적이다. 사악한 문제는 불완전하고 모순되며 지속적으로 변화한다. 유순한 문제도 꽤 복잡할 수는 있지만, 사악한 문제는 '복합'적이다. 따라서 결정을 내릴 만큼 충분한 정보를 갖춘 시점이 존재하지 않는다. 사악한 문제는 지속적으로 평가하고 재정의하는 과정을 필요로 한다.

그렇기는 하지만 사악한 문제는 (여기에서 크게 심호흡하라) 사악한 문제라고 말하는 것 외에 달리 명확하게 정의내릴 수가 없다. 사악한 문제는 우리가 그 문제를 해결하기 위해 발전시키는 해결책에 따라 계속해서 진화하기 때문에 그 자체로 명확하게 정의내리기가 불가능하다. 해결책을 시도해 보지 않고서는 사악한 문제에 대해 배울 수 없지만, 시도하는 모든 해결책이 새로운 결과와 새로운 사악한 문제를 만들어 낸다.

인접한 여러 쟁점이 얽혀 증상이 나타나고, 다수의 행위자가 관련되어 있으며, 각자 자기 나름대로의 해결 방식에 따라 문제를 이해할 때, 그것은 사악한 문제가 되어버린다. 따라서 문제를 어떻게 정의하느냐에 따라 서로 다른 해결책이 나온다. 또한 해결책에 따라 문제가 다르게 정의된다.

기후변화는 경제 문제나 기술 문제, 도덕 문제, 인권 문제, 에너지 문제, 사회정의 문제, 토지이용 문제, 통치 문제, 좌파와 우파 세계관 사이의 이념 투쟁 문제, 신의 창조물에 대한 존중 결여의 문제 등으로 정의할 수 있다. 각각의 접근법에 따라 반응과 비용 부담 방식이 달라지며, 나아가 어떤 말로 행동을 정당화할지도 달라진다. 기후변화가 문제라는 사실 자체를 인정하지 않으려는 사람들이 무대책을 정당화하는 말도 각자 서로 다를 것이다. 이는 다른 사악한 문제에도 발생하는 공통적인 특징이다.

리텔과 웨버는 사악한 문제를 다루는 기본적인 규칙은 그것을 유순한 문제처럼 취급해서는 안 된다는 것이라고 말한다. 유순한 문제는 일련의 분명한 단계를 밟아 해결할 수 있다. 먼저 문제를 이해한 다음, 정보를 수집하며, 그리고 나서 정보를 종합하여 해결책을 알아내고 이를 적용한다. 그러나 사악한 문제의 경우 이런 방식이 통하지 않는다. 리텔과 웨버에 따르면, 맥락을 모르는 상태에서 사악한 문제를 이해할 수 없으며, 해결책을 모르는 상태에서 정보를 찾을 수도 없고, 먼저 이해한 다음 해결책을 찾을 수도 없다.

기후변화는 그 어떤 인과 구조에도 들어맞지 않는다. 우리가 실제 원인을 검토하고 있는지, 아니면 문제를 규정하려고 선택한 방식에 따라 생겨난 원인을 검토하고 있는지 결코 명확하지 않기 때문이다. 기후변화를 받아들이

기 어려워하는 이유는 기후변화가 미래의 일이기 때문일까, 아니면 기후변화를 받아들이기 어렵게 하려고 미래의 일로 미루기로 했기 때문일까? 기후변화는 정말로 불확실할까, 아니면 그냥 그런 식으로 말하고 있을 뿐일까? 기후변화를 타개할 해결책은 정말로 쉽지 않은가, 아니면 그저 그렇게 말하고 있을 뿐일까?

이런 점에서 기후변화를 완벽한 문제라고 부르는 것은 그것을 규정하고 길들이려는 시도에 지나지 않는다. 기후변화는 완벽한 문제일까, 완벽하지 않은 문제일까, 혹은 아예 문제가 아닐까? 아니면 이도 저도 아니고, 단지 극단적이고 돌이킬 수 없고 특이하고 지독한 (자기 자신의 편향된 해석을 가장 잘 표현하는 단어를 골라보라)_____일까?

지금까지 논의한 내용을 다시 요약해보자.

나는 관심을 갖는 과정이 사고의 기본이라는 것을 보여주었다. 인간은 어떤 정보에 주의를 기울일지, 그리고 그 정보를 어떻게 분류할 수 있을지 알려주는 단서를 얻기 위해 들어오는 정보를 '본능적으로' 유심히 살핀다.

이런 과정 중 상당 부분은 선천적이고 직관적이며 인류의 오랜 진화 역사의 초기에 형성됐다. 우리의 주의를 요구하는 가장 첨예한 문제는 지금 여기에 존재하는 문제이며, 그러한 문제는 인식 가능한 적으로부터의 명백하고 가시적인 위협을 포함한다. 나는 앞부분에서 주변 사람들에 의한 사회적 단서가 우리에게 주의를 기울이도록 강요한다고 말했고, 기후변화는 이런 단서를 제거하는 사회적 침묵에 놓이는 경우가 많다는 사실을 보여주었다.

두드러진 특징이나 사회적 단서가 결여된 기후변화는 우리가 주변 세계를 이해하기 위해 적용하는 분석 프레임의 바깥에 자리한다. 우리는 기후변화에 적극적으로 주의를 기울이는 대신 적극적으로 무시하고, 이를 영구히 '걱정의 웅덩이' 가장자리에 둔다.

그러나 나는 이것이 기후변화가 본질적으로 위협적이지 않기 때문은 아니라고 주장했다. 기후변화는 명백하게 대단히 심각한 위협을 가하고 있으며 우리의 이성적 뇌는 이를 완전히 인정할 수 있다. 문제는 기후변화가 우리의 감정적 뇌에 보내는 신호가 너무나 모호해서 우리가 행동에 나설 만한 충격을 주지 못한다는 점이다. 기후변화는 지금 여기의 일이지만, 동시에 그때 그곳의 일이기도 하다. 원인과 결과가 존재하지만 광범위하게 퍼져 있다. 어떠한 단일 분류에 좀처럼 들어맞지 않다보니, 그 어떤 분류에도 맞지 않는다. 기후변화는 지극히 '다면적인 가치'를 지니며, 결과적으로 확증 편향을 일으키고 '우리가 믿고 싶은 대로 믿도록' 유도한다.

이런 이유로 우리가 기후변화를 제대로 이해하기 위해서는 기후변화를 논의하는 방식, 특히 우리가 기후변화를 중심으로 형성하는 담론이 대단히 중요하다. 그리고 앞으로 보여주겠지만 사람들이 수용하거나 부정하거나 무시하는 대상은 기후변화 그 자체가 아니라 이렇게 사회적으로 형성된 담론이다. 기후변화는 완벽한 문제가 아닐지 모르며, 완벽한 담론을 만들어내지도 않는다. 그리고 앞으로 설명하겠지만 이것이야말로 가장 큰 문제일 수 있다.

19

바퀴벌레 유람단

박물관은
왜 기후 이야기를
꺼리는가

내가 스미스소니언^{Smithsonian} 국립자연사박물관을 방문했을 때 인류기원관 안에서 초등학교 수업이 진행되고 있었고 한 소녀가 게시판의 내용을 친구에게 읽어주고 있었다. 꽤나 어려운 단어도 있었지만 학생은 최선을 다했다. "이 전시물은 우리의 조상들이 급격한 기후변화의 시기에 살아남기 위해 고투하는 가운데 600만년에 걸쳐 인간 본연의 특징이 어떻게 진화해 왔는지 보여준다." 학생은 나를 보며 빙긋이 웃더니 "저 어땠어요?"라고 물었다.

인류기원관에는 기후변화가 인류 진화의 동인이었다는 증거를 보여주기 위해 다소 지루하기는 하지만 발자국과 두개골의 모습을 잘 진열하여 놓고 있었다. 고생물학자들은 대체적으로 이 이론을 지지하지만, 이는 지나친 단순화인 동시에 자웅 선택, 사회 집단 내 협동, 사냥, 요리와 같이 뇌 발달에 기여한 다른 여러 가지 요인을 배제한다. 박물관은 분명하고 이해하기 쉽게 이야기를 전달하고 싶어 그렇게 단순화하기도 한다.

그럼에도 불구하고 사실 인류기원관은 두 가지 이야기를 하고 있다. 하나는 진화에 대한 이야기이고, 다른 하나는 기후변화에 대한 이야기이다. 인류기원관 입구에 들어서면 환경 다큐멘터리에 자료 영상으로 자주 나오는 갈라진 땅과 사막, 녹고 있는 빙하 같은 익숙한 이미지와 함께 상단에 '극심한 기후변화'라는 문구를 반복해서 보여주는 너비 3미터짜리 대형 스크린이 가장 먼저 눈에 띈다. 기후변화가 만들어낸 강렬하고 깊은 울림을 주는 장면들이 전달되고 인류기원관 전시물의 모든 언어와 이미지는 강한 인상을 준다.

그러나 잠시 생각을 이어가다보면, 이상하게도 우리가 사는 이 시대를 위협하는 기후변화에 대한 논의는 빠져 있음을 알게 된다. 한쪽으로 밀려난 게시판 하나에 이산화탄소 수준이 점점 증가하고 있으며 이는 지구온난화 및 해수면 상승과 '연관'이 있다는 설명이 있을 뿐이다. 게시판 옆에는 이산만할 수도 있는 정보를 전시관의 중심 주제로 다시 엮어 넣는 쌍방향 비디오 게임기가 있다. 이 게임은 방문객이 이렇게 온실효과가 발생하는 미래에 대처하여 인간이 어떤 유용한 새로운 특징을 진화시킬 수 있을지 생각해보도록 유도한다. 게임은 "모든 육지가 물속에 잠겼다고 상상해 보세요. 오리처럼 커다란 물갈퀴가 있는 발과 플라밍고처럼 긴 기둥 같은 다리 중 무엇을 원하십니까?" "온도가 정말 높습니다. 우리는 기린처럼 키 크고 날씬한 몸을 갖게 될까요, 아니면 땀샘이 늘어나게 될까요?"라고 말한다. 버튼을 누를 때마다 화면 속의 사람이 새로운 형태의 몸으로 변화하거나 겨드랑이에서 땀이 쏟아지는 모습을 보여준다. 학생들은 미래에 등장할지도 모르는 섬뜩한 인간의 모습을 만들어 가면서 웃고 비명을 지른다.

이것은 뉴욕 대학교의 철학과 교수 S. 매튜 랴오S. Matthew Liao가 온실가스 배출을 줄이려면 인간의 유전자를 조작해야 한다며 의도적으로 도발하듯 내놓은 제안과 다르지 않다. 우리는 적은 빛으로도 볼 수 있도록 고양이 눈을 가질 수 있다. 에너지 절약을 위해 중간 크기의 자녀 두 명 혹은 작은 크기의 자녀 세 명 중에서 선택할 수 있다. 랴오는 이렇게 말한다. "직관적으로 터무니없거나 명백히 극단적인 생각을 검토하는 과정은 중요한 학습 체험이 될 수 있습니다."

그렇다면 스미스소니언 박물관을 방문한 어린이들은 기후변화에 대해 배운 게 아무 것도 없다. 기후변화에 대한 정보도, 그 원인이나 해결책도 없다. 그 대신 학생들은 어떤 강력한 프레임을 배운다. 인류기원관은 매년 100만 명이 넘는 방문객에게 기후는 언제나 변화해 왔고 인간은 언제나 그런 도전 과제에 대처해 왔으며 이에 적응함으로써 우리는 강하고 영리해졌다는 담론을 홍보한다.

이것은 스미스소니언 박물관에서 얼마 떨어지지 않은 워싱턴 정가의 사무실에서 일하는 화석연료 로비스트와 직업적 반대론자들이 아주 흡족해 할 만한 주장이다. 이들 대부분은 악질적인 석유 재벌 코크 형제의 지원을 받는다. 코크 형제는 관심 있는 여러 분야에 후한 기부금을 뿌리고 다니기 좋아하는 사람들이다. 참! 내가 깜빡할 뻔했다. 그들은 여기 데이비드 H. 코크 인류기원관에도 2,000만 달러를 기부했다.

관람 후에 나는 스미스소니언 국립자연사박물관 4층에 있는 전망 좋은 널찍한 사무실의 고급 소파에 앉아 관장 커크 존슨Kirk Johnson과 이야기를 나눴다. 대화 도중 나는 미국에서 가장 존경 받는 과학 기관인 스미스소니언 박물관이 왜 하필 미국에서 가장 악명 높은 기후변화 부정론자에게서 기금을 받아 기후변화를 자연의 순환이자 인류 진화의 긍정적인 도전 과제로 묘사하는 상설 전시관을 만들었는지 그 이유가 너무나 알고 싶어졌다. 심지어 전시관명에 기부자의 이름까지 내세웠으니 말이다.

존슨 관장은 그런 질문을 예상한 듯했다. 그는 기후변화와 관련한 논쟁을 잘 이해하고 있었다. 그가 기후변화에 처음으로 관심을 갖게 된 계기는 십 년 전 캐나다 앨버타 주의 석유 산업계를 대상으로 기후 과학에 대한 기조 연설을 했을 때였다. "그들은 몹시 화를 냈어요! 청중들은 불만에 가득 차서 분노를 터트렸죠. 그리고 나는 내내 속으로 '와, 이거 재밌네'라고 생각하고 있었습니다."

어쩌면 내가 똑똑하고 재미있는 존슨 관장에게 너무 쉽게 매료된 건지 모르지만, 어쨌든 그는 잘못된 정보를 제공하려는 의도는 결코 없었다고 나를 설득했다. 그는 인류기원관은 그저 자연적 기후변화의 영향을 고생물학에 기초해 전시했을 뿐인데, 어쩌다보니 인위적 기후변화라는 매우 정치적인 쟁점에 휘말려버렸다고 말했다. 고기후학의 이력을 지닌 존슨은 전시관에서 사람들이 두 가지 기후변화를 혼동하는 측면이 있고, 전시관에서 보여주고 있는 한랭기에서 온랭기로 가는 기후변화는 인류가 발생시키고 있는 온랭기에서 혹서기로 가는 대단히 파괴적인 기후변화와는 완전히 다르다는 사실을 서슴없이 인정했다.

존슨은 명확한 비전을 갖춘 큐레이터와 케냐의 리프트 밸리^{Rift Valley}에 정기적으로 현장 답사를 갈만큼 고생물학에 열정을 지닌 거액 기부자는 매우 잘 어울리는 측면도 있다고 했다. 적대적으로 보면 코크의 후원은 대중에게 잘못된 정보를 제공하려는 부정적인 행위로밖에 안 보이겠지만, 현실은 그보다 좀 더 복잡하고 흥미로웠다.

그럼에도 불구하고 나는 존슨이 설명하는 대로 데이비드 코크가 "아무런 간섭도 하지 않겠소. 여기 돈이 있으니 마음대로 쓰시오."라고 할 유형의 기부자라고는 생각하지 않는다. 가장 큰 돈을 내는 기부자의 반감을 사려는 사람은 아무도 없을 테고, 장담컨대 스미스소니언 박물관은 데이비드 코크의 이름을 딴 전시관을 만들면서 거기에다 가장 최신의 기후 과학을 보여주겠다는 생각은 하지 못했을 것이다.

여기서 좀 더 흥미로운 질문 하나가 떠오른다. 어째서 스미스소니언 박물관을 통틀어 우리 시대의 가장 중요한 과학적 쟁점을 보여주는 상설 전시물은 고생물학 전시관 구석의 밋밋한 게시판 하나가 전부인 걸까? 진짜 문제는 기후변화를 연구하는 다른 모든 사람과 마찬가지로 스미스소니언 박물관의 직원들 역시 과학적으로 흥미롭고 매력적이며 사실에 기초하면서도 동시에 정치적으로도 안전하게 기후변화에 대해 이야기할 방법을 찾으려 한다는 사실 같다. 그리고 그들이 그 일을 그리 잘 해내고 있는 듯 보이진 않는다.

존슨은 스미스소니언 박물관도 그렇지만 기후변화를 효과적으로 다룬 박물관은 한 번도 본 적이 없다고 했다. 그가 느끼기에 휴일에 박물관을 방문한 초등학생들이나 놀러온 가족들에게 기후변화라는 주제는 잘 맞지 않았다. 박물관에 온 사람들은 음식을 먹고 화장실에 가는 시간까지 포함해 대략 두 시간 정도 머무르기 때문에 교육을 시킬 기회가 없다. 존슨은 어쩌면 사람들이 더 흥미를 느낄 수 있도록 '호기심을 주입하는' 방법을 찾을 수 있을지도 모르겠다고 말했다. 하지만 그렇게 하려면 흥미롭고 놀라우면서도 재미있는 방법을 찾아야 한다.

따라서 뜻밖에도 박물관은 예술가나 연예인이 고민하는 똑같은 문제에 직면한다. 즉 어떻게 해야 치명적인 당파적 논쟁을 피하면서도 과학에 충실하고 정직하며 독립적일 수 있을지를 고민한다.

2007년 런던에 있는 영국 과학박물관의 새로운 관장으로 임명된 크리스 래플리Chris Rapley 교수가 600만 달러 규모의 기후변화 전시관 설계팀을 조직했을 때에도 똑같은 문제에 직면했다. 기후 과학자이기도 한 래플리 교수는 이전에 영국 남극자연환경연구소 소장을 역임했었다. 그는 비판자들이 자신을 활동가로 매도할까 우려하여 그 프로젝트와 조심스럽게 거리를 두었다. 그러나 기후변화 상설 전시관이 아직 설계 단계에 있고 코펜하겐 기후변화 회의가 몇 달 남아 있던 2009년 여름, 래플리는 '입증하라! 기후변화를 믿기 위해 필요한 모든 증거'라는 제목의 임시 전시를 직접 감독했다. 그에 따르면, 그 경험은 그에게 "심한 상처와 충격을 주었다."

제목이 암시하듯이, 이 전시는 기후 과학이 조금도 의심할 여지가 없으며, 재해 이미지와 종말론적 구성을 통해 영국 과학박물관이 아직도 계속 의심하고 있는 모든 사람들을 납득시킬 수 있다는 입장을 취했다. 그리고 전시회 초청자들에게 코펜하겐 기후회의 참가국 정부들에 대해 "강력하고 효과적이며 공정하게 협상에 임하여 그들의 진정성을 증명할 것"을 촉구하는 성명에 지지를 표해 달라고 요청했다. 경악스럽게도 기후변화 부정론자들은 자동 투표 소프트웨어를 동원하여 온라인 시스템에 접속해서는 사실상 "이는 전부 개소리이고 이를 지지해서는 안 된다"고 말하는 수천 건에 달하는 반대투표를 했다. 래플리는 의기소침해 보였다. 그는 내게 "아직도 내 자신을 책망한답니다."라고 말했다.

박물관의 이사진은 완전히 당황했다. 래플리는 당시 아직 공개 전이던 그 시험 프로젝트의 대폭 점검에 나섰다. 그는 인터뷰를 통해 우파 언론에 "논의에 참여하고자 하는 모든 이들이 소외감을 느끼지" 않도록 상설 전시관은 기후변화가 실재하는지와 인간에 의해 기후변화가 발생하는지에 대해 입장 표명을 하지 않을 것이라고 약속했다.

이후 이러한 중립성을 상징하듯 '대기 전시관Atmosphere Gallery'이라는 이름으로 문을 연 상설 전시관은 용감하게도 그 난감한 발표 내용을 충족하려 한다. 대기 전시관에는 확실히 많은 대기가 있다. 대기 전시관은 주제별로 다섯 구획으로 나뉘어 있으며 암청색 조명이 비치는 동굴 같은 공간이다. 이 전시관은 '몰입형 공간'을 지향하고 있으나, 오히려 일단 들어선 후 길을 잃으면 조명을 밝힌 곳을 오가며 욕망을 사로잡는 물건으로 머릿속을 채우는 이케아IKEA 매장 같은 느낌이다.

현대 박물관의 유행에 따라 전시관엔 컴퓨터 게임기가 들어섰다. 내가 방문했을 때, 한 여학생은 가상 총에 단열재를 장전하고 집에 발사하는 게임에 푹 빠져 있었다. 학생은 그게 무엇을 의미하는지 모르는 것 같았지만 총 쏘기는 즐기고 있었다. 그 다음 구역에서 만난 남학생 두 명은 내게 십 대 특유의 자신감을 보이며 기후변화 따위는 없고 자연의 순환일 뿐이라고 말했다. 인솔 교사들은 나이트클럽 같은 어둠 속에서 손을 휘저으며 내게 그 전시관이 좋은 이유를 설명했다. "이곳에는 점심 먹기 전 삼십 분 동안 아이들을 잡아둘 전시물이 잔뜩 있죠. 덕분에 우리는 단비 같은 휴식을 취할 수 있어요."

박물관 용어로 '발소리footfall'라고 부르는 방문객 수 산정 기준에 따르면, 대기 전시관은 개관 후 14개월 만에 100만 명이 넘는 방문객을 끌어들이면서 목표치의 네 배를 웃도는 뜻밖의 성공을 거뒀다. 래플리에 따르면, 출구 조사를 해보니 관심 있는 사람들에게는 정보를 제공하고 무관심한 사람들에게는 흥미를 유발시키는 본연의 임무를 잘 달성하고 있다는 결과가 나왔다고 한다. 방문객들은 대체로 "과학박물관에서 기대하는 수준에 부합한다"고 답했다.

하지만 나는 그것이 과연 우리의 생존을 위협하는 위기를 논할 때 기대하는 수준인지 의문이 든다. 대기 전시관의 그 어떤 전시물에서도 그것이 재난이라거나 역사적 전환점, 기회, 누군가 크게 염려하는 일이라는 인상을 받기는 어렵다. 사실 그 박물관은 이론의 여지가 있는 담론을 피하는 데에만 급급해 담론 자체를 거의 포기해버렸다. "인간의 독창성이 더 나은 미래를 열어갈 수 있다"는 래플리의 말처럼, 과학자들이 거창한 기계로 기발한 일을 해낼 거라는 모호한 기술 낙관주의만 선보일 뿐이다.

래플리는 "어쩌면 우리가 과잉반응을 해서 전시물에 지나치게 중립적인 태도를 취했을 수는 있습니다."라고 인정했다. 원래는 기후변화의 좀 더 논쟁적인 부분을 교육 프로그램에 집어넣자는 아이디어도 있었다. 하지만 이제 이런 다른 목소리는 '바퀴벌레 유람단'이라는 프로그램으로 겨우 살아남았다. 그 프로그램에서 사람들은 벌레 의상을 입고 '이렇게 심각한 문제를 외면하려 하다니 인간들이란 얼마나 이상한지'를 배운다.

어쩌면 이 우스꽝스런 바퀴벌레들은 대기 전시관 입구에 잠시 멈춰 서서 거액 기부자 셸오일Shell Oil에 경의를 표하는 낯선 명판을 보며 생각에 잠기는지도 모르겠다. 셸오일은 이렇게 설명한다. "우리 모두는 발전하고 성장하기 위해 에너지를 필요로 합니다. 그렇기 때문에 셸은 기후 과학을 더 깊이 이해하는 일에 후원을 아끼지 않으며, 동시에 새로운 에너지 시스템을 개발하기 위해 전력을 다하고 있습니다."

래플리는 "재계를 악마 취급하면 어떠한 방법도 모색하기 힘듭니다. 재계와 대화하는 편이 훨씬 낫죠."라고 말하며, 셸에게서 기금을 받기로 한 결정에 대해 매우 방어적인 태도를 보였다. 정말로 래플리는 셸 회장 제임스 스미스James Smith와 매우 긍정적인 대화를 나눈 바 있다. 그는 스미스가 "대단히 사려 깊은 사람이며, 이 문제를 아주 진지하게 받아들이고 있다"고 말했다. 반면에 과학박물관에 난입해 현수막을 들고 시끄럽게 시위를 벌인 급진적 기후변화 운동 단체인 '라이징 타이드Rising Tide'와의 대화에는 그리 열의를 보이지 않았다. 아무튼 래플리는 셸이 "매우 엄격하고 법적 구속력이 있는 계약을 따르고 있으며" 박물관 전시에 아무런 영향력도 행사하지 않는다고 주장했다.

하지만 셸의 이익을 침해할 수 있는 내용은 눈 씻고 보려야 볼 수 없는 전시물에 셸이 무엇 때문에 영향력을 행사하겠는가? 셸은 원하는 바를 얻었다. 자사의 글로벌 브랜드와 기업을 소개하는 전시 공간을 마련해 셸이 에너지를 생산하고 환경보호를 위한 긍정적인 해결책을 모색하며 기후 위기의 해결에 기여하는 훌륭한 기업이라고 홍보하고 있다. 다른 그 어떤 기후변화 교육프로그램보다 셸을 홍보하는데 훨씬 더 많은 공을 들였고 많은 비용을 들였다. 사람들이 그것을 기업 홍보라는 사실조차 인식하지 못한 채 받아들이는 것을 보니 홍보가 꽤 성공한 듯 보인다.

그렇게 해서 헌신적이고 내성적인 기후 과학자가 이끄는 자랑스러운 과학의 역사를 보여주는 박물관은 사업모델 자체가 필연적으로 기후변화를 초래하는 기업의 후원 속에 화려한 조명의 분위기 있는 놀이방이 되고 말았다.

정말 흥미진진한 이야기이다.

20

이야기를
해 주세요

**거짓말은
왜 그토록 매력적일 수
있는가**

이야기는 우리 인간이 세계를 이해하고 가치를 학습하며 신념을 형성하는 수단이자, 우리의 사고, 꿈, 희망, 두려움을 구체화하는 수단이다. 신화, 우화, 서사시, 역사, 비극, 희극, 회화, 무용, 스테인드글라스 창문, 영화, 사회사, 동화, 소설, 과학 도식, 만화, 대화, 신문 기사에 이르기까지 이야기는 어디에나 있다. 우리는 글을 읽고 쓰기도 전에 이미 300가지도 넘는 이야기를 배운다.

조너선 갓셜Jonathan Gottschall은 그의 책《스토리텔링 애니멀》에서 "우리 인간 종은 이야기에 중독되어 있다. 인간에게 이야기란 물고기에게 물과 같다."라고 말한다. 기후변화와 관련한 이야기를 쓰고자 애쓰는 몇 안 되는 작가 중 한 명인 필립 풀먼Philip Pullman은 이렇게 말한다. "이야기는 인간이 세상에서 영양분, 보금자리, 동료애 다음으로 가장 필요로 하는 요소다."

이야기는 기본적인 인지 기능을 수행한다. 이야기는 이성적 뇌가 수집한 정보를 감정적 뇌가 이해하는 수단이다. 사람들은 정보를 데이터와 수치의 형태로 저장하지만, 그 정보에 대한 사람들의 믿음은 모두 이야기의 형태로 간직된다. 이야기는 기후변화를 사악한 문제로 보는 본질이며, 기후변화를 설명하는 과정에서 문제는 형성된다.

서던캘리포니아 대학교에서 의사소통이론을 연구하는 월터 피셔^{Walter Fisher} 교수는 복잡한 기술적 문제를 이해할 때 비전문가들은 정보의 질이 아니라 정보를 담고 있는 이야기의 질에 근거하여 결정을 내린다고 주장했다. 피셔는 이를 '이야기 충실성^{narrative fidelity}'이라고 부른다. 피셔에 따르면, 우리는 새로운 문제를 접하면 이렇게 묻는다. "일관성이 있는가? 과거에서 미래까지 사건들을 차례대로 담고 있는가? 등장인물들은 명확하고 이해할 수 있는 목표와 동기를 지니고 있으며 우리의 기대대로 행동하는가? 우리 자신의 신념과 가치에 부합하는가?"

즉 무엇이 가장 중요하거나 진실한지가 아니라 무엇이 가장 이야기로서 만족스러운지를 추구하면서, 이야기에서 사실은 사라진다. 소문이 생겨나는 과정에서 볼 수 있듯이, 이야기는 반복되고 사회적 검증을 거쳐 무게를 얻음으로써 그 자체가 사실인 듯 받아들여질 수 있다.

사람들은 흥미로운 이야기를 들으면 설사 그것이 허구라는 말을 듣더라도 그 이야기를 믿곤 한다. 한 심리학 실험에서는 피험자들에게 이야기를 읽게 하고 그 이야기가 거짓이라고 분명하게 주의를 줬다. 이후 그 피험자들에게 일반 상식의 문제를 냈을 때, 사람들은 이야기에 등장했던 부정확한 정보를 답으로 제시했다. 일부 피험자의 경우 이런 정보를 너무나 효과적으로 습득한 탓에 몇 시간 전에 처음 들었던 이야기에 나오는 정보라는 사실조차 기억하지 못했다.

지난 25년 동안 심리학자들은 다양하게 변형시킨 이야기 실험을 반복하여 실시해 왔다. 실험 참가자들은 시시각각 전해지는 생방송 뉴스 보도 형태로 창고 화재 발생 이야기를 듣는다. 그들은 처음에는 유독성 연기에 대해, 그 다음은 폭발에 대해 듣는다. 그러고 나서 아마도 화재 원인은 벽장 속에 부주의하게 보관하던 가스 용기와 유성 페인트 때문인 것 같다는 보도를 듣는다.

마지막 이야기는 너무나 완벽해서 많은 사람들은 그 정보를 약화시키는 어떠한 내용도 받아들이려 하지 않는다. 나중에 벽장 속에 가스나 페인트 따위는 없었다는 이야기를 들어도, 그 단어를 반복해서 듣게 된 사람들 중 일부는 오히려 가스와 페인트가 원인이었다고 더욱 확신하게 된다. 벽장에서 방화의 흔적이 발견됐다는 이야기처럼 훨씬 더 흥미진진한 이야기를 들었을 때에야 비로소 처음에 들은 이야기를 버릴 것이다.

이 실험은 무엇이 흥미진진한 이야기를 구성하는지에 관한 강력한 단서를 제공한다. 바로 원인과 결과, 가해자, 동기(가해자의 행동에 대한 우리의 추정과 일치하는 동기라면 더욱 이상적이다)다. 기후변화에 관한 가장 흥미로운 이야기들 역시 이런 구조를 갖추고 있다. 정부(가해자)는 우리의 생활을 통제하기 위해(동기) 탄소세 부과를 옹호한다(결과). 우파 석유 재벌(가해자)은 부를 쌓기 위해(동기) 기후변화를 부정하는 활동에 돈을 댄다(결과).

사실에 근거한 대단히 지루한 이야기가 거짓에 근거한 흥미진진한 이야기와 경쟁하기가 극도로 어려운 이유가 바로 이 때문이다. 안타깝게도 "많은 과학자들은 모든 증거를 고려하여 우리가 배출하는 온실가스가 기후에 악영향을 미칠 수 있다고 말한다."라는 이야기는 "사기꾼 같은 과학자들이 연구 보조금을 더 많이 타내려고 증거를 날조하는 음모를 꾸미고 있다."라는 이야기보다 본질적으로 덜 흥미롭다.

의사소통 전문가 프랭크 런츠는 기후변화 성명과 관련하여 공화당 후보들에게 이렇게 조언했다. "흥미진진한 이야기는 설사 부정확하다고 하더라도 진실을 무미건조하게 열거하는 것보다 더 감정에 호소할 수 있다." 런츠는 200개가 넘는 포커스 그룹에 직접 참여하면서 흥미진진한 이야기를 구성하는 요소가 무엇인지 찾았다고 한다. 그 원칙은 평이성, 간결성, 신뢰성, 이해력, 일관성, 반복, 반복, 또 반복이다.

이야기 기반 전략센터Center for Story-based Strategy의 상임이사 패트릭 레인즈보로Patrick Reinsborough는 흥미진진한 이야기를 구성하는 좀 더 기본적인 원칙을 제안한다. 인과 관계가 단순해야 하고, 개인 혹은 명백하게 규정된 집단에 집중해야 하며, 결말이 긍정적이어야 한다. 이런 특징이 결합된 이야기의 완벽한 사례가 바로 2010년 8월 산호세 지하 금광에 두 달 동안 갇혀 있다가 구출된 칠레 광부 33명의 구출 사건이다. 전 세계 10억 명에 달하는 엄청난 수의 시청자들이 생방송으로 칠레 광부들의 구출 장면을 지켜봤다.

피해자와 직접 동일시하는 능력은 흥미진진한 이야기의 한결같은 요소다. 이오시프 스탈린Joseph Stalin은 "러시아 군인 한 명의 죽음은 비극이지만, 백만 명의 죽음은 통계다."라고 말했다. 스탈린은 어느 쪽도 크게 신경 쓰지 않은 듯 보이지만, 그는 그것이 효과적인 선전 방법임을 알았다. 실험에 따르면, 사람은 사실 증거 대신 생생한 개인의 설명을 선호한다. 그리고 이름을 알고 사진을 볼 수 있는 아이 한 명을 먹이기 위한 기부에는 너그러우면서도, 아이 두 명을 대상으로 하면 금액이 좀 줄어들고, '수많은 아프리카인'을 대상으로 하면 금액은 반으로 줄어든다.

흥미진진한 이야기의 구성 요소를 확인하는 또 다른 방법은 기존의 이야기를 관찰하면서 그 핵심까지 파고들어가 보는 것이다. 저널리스트 크리스토퍼 부커Christopher Booker만큼 강박적으로 그런 작업을 한 사람은 찾아보기 어렵다. 34년 동안 부커는 약 1,000여 편에 달하는 고전 소설과 영화, 연극, 오페라 등을 7개의 기본 플롯으로 압축했다. 부커에 따르면, 이 모든 작품들은 결국 주인공이 시련을 겪다 "마침내 모든 문제가 해결되고 인생을 향해 나아가는 결말"을 맺는 동일한 드라마를 기본으로 한다.

부커가 영국에서 손꼽히는 기후변화 부정론자라는 사실은 어쩌면 우연이 아닐지도 모른다. 그는 정부 간 기후변화협의체의 의장 라젠드라 파차우리가 탄소 배출권을 거래하는 기업들과의 관계를 악용하여 '수백만 달러'를 벌었다는 완전히 날조된 주장을 했으며, 그 때문에 거액의 명예훼손 합의금을 지불하고 발언을 완전히 철회하는 사과문을 게재해야 했다. 한 비평가는 부커가 "너무 오래 대중의 인기만 쫓다보니 더 이상 사실과 허구를 구별하지 못하는 지경에 이르렀다"고 말했다.

텔레비전 프로그램(ER), 영화(쥬라기 공원), 책(폭로Disclosure)에서 동시에 최고의 지위에 오른 유일한 작가 고故 마이클 크라이튼Michael Crichton 역시 마찬가지라고 할 수 있다. 크라이튼은 2004년 발표한 환경 스릴러물《공포의 제국》에서 온갖 고전적인 이야기 장치를 동원했다. 이 책을 보면, 환경해방전선의 환경 테러리스트들이 기후변화에 대한 대중의 공포를 유발하기 위해 자연재해를 일으키는 일에 착수하고 환경보호를 내세운 독재정부를 수립한다. 이 책은 개인에 초점을 맞춘 흥미진진한 이야기, 사악한 음모에 맞선 투쟁, 긍정적인 결말을 담고 있다. 유감스럽게도 이 책은 지금까지 기후변화를 소재로 쓴 책 중 가장 많이 팔린 베스트셀러가 되었으며, 기후변화가 날조된 신화임을 입증하기 위한 복잡한 기술적 장치들을 포함하고 있다.《공포의 제국》은 상당히 묘한 역설을 보여준다. 많은 독자가 진실이라고 믿는 이야기 속에 또 다른 이야기가 진실을 드러내고 있으니 말이다.

조지 W. 부시 대통령도 그런 독자들 중 한명이었다. 그는 백악관 집무실에서 크라이튼과 함께 한 시간 동안 담소를 나눴으며, 대통령 수석 보좌관에 따르면 두 사람은 거의 의견의 일치를 보았다고 한다. 당시 그 소설은 미국 상원위원회에 '과학적' 증거로 제출되었고, 크라이튼은 미국 국무부의 초대로 전 세계를 돌며 기후변화에 관한 강연을 했다.

《공포의 제국》이 부정론자들의 강력한 선전 수단이 된 결정적 요소는 크라이튼이 이야기 충실성의 원칙을 완벽하게 이해하고 흥미진진한 이야기를 쓰는 일에 착수했다는 점이다. 그 책은 속도감, 적, 동기, 그리고 인간이 만들어냈지만 물리칠 수 있는 명료한 위협을 담고 있다. 모든 전형적인 신화가 그렇듯, 그 소설은 가해자들을 처벌하고 사회 질서를 회복하면서 끝난다. 복잡하고 다면적이며 집단적이고 끝이 없는 것이 기후변화라는 현실을 생각할 때, 이보다 더 기후변화와는 거리가 먼 이야기를 생각해 내기도 쉽지 않다.

21

강력한 단어

우리가 사용하는 단어는 어떻게 우리의 감정에 영향을 미치나

단어는 강력하다. 단어가 사용될 때마다 프레임과 연상이 연동하여 작용한다. 세라 페일린Sarah Palin이 무심코 던진 '사망 선고 위원회'라는 말은 대단히 강력한 프레임을 만들어냈고, 그로 인해 오바마 정부의 의료 개혁안이 거의 무산될 뻔했다. 진보진영 역시 이런 책략을 사용하며, 게이나 동성애, 아프리카계 미국인처럼 그들에게 자주 쓰는 말을 상대진영의 어휘에 끼워 넣음으로써 선거운동에서 원하는 바를 달성한다.

캘리포니아 대학교 버클리 캠퍼스의 인지언어학 교수 조지 레이코프는 능숙한 의사소통의 목표는 "자신의 프레임은 촉발하는 반면 상대방의 프레임은 억제하는 단어"를 사용하는 것이라고 주장한다. 단어가 일단 일반적인 용례로 정착되면, 영원히 그 프레임을 전달하게 된다.

레이코프는 정치적 프레임의 재구성 사례로 조지 W. 부시 대통령이 그의 초기 연설에 '세금 감면tax cuts' 대신 '세금 경감tax relief'이라는 문구를 다분히 의도적으로 끼워 넣었던 것을 자주 언급한다. '경감'이라는 단어는 과세가 고통이며 그 고통을 경감하는 사람은 영웅이라는 프레임을 작동시킨다.

결과적으로 많은 보수주의자에게 '세금'은 대단히 문제가 많은 단어가 되어버렸다. 공화당 지지자들을 대상으로 한 실험에서 항공권 금액의 2퍼센트에 해당하는 기후변화 부담금을 '탄소세carbon tax'라고 부를 때보다 '탄소 상쇄carbon offset'라고 부를 때 기꺼이 낼 용의가 있다고 답한 비율이 다섯 배 더 높았다. 실험 참가자들에게 선택을 고민하는 동안 들었던 생각을 적어달라고 요청하자, 한낱 '세금'이라는 단어가 의사결정 과정에서 편견을 갖게 하는 갖가지 부정적 생각을 촉발한다는 사실이 확인되었다.

미 상원에서 기후변화 법안 통과를 위해 뛰고 있는 원외 활동가들은 이런 사실을 알기 때문에 의도적으로 '세금'이라는 단어를 빼고 좀 더 온건한 느낌을 주는 '공해 유발 부담금'으로 대체했다. 그러자 폭스 뉴스는 즉각 그 법안에 반대하는 온라인 기사를 내보내며 서른네 번에 걸쳐 그 법안을 '세금'이라고 지칭했다.

최근에는 '역청 모래bituminous sands'라는 이름을 둘러싸고 프레임 전쟁이 벌어졌다. 역청 모래는 일반적으로 '타르 샌드tar sands'로 불렸으나, 캐나다 석유 산업계가 프레임의 효과에 주목하면서 이를 '오일 샌드oil sands'로 바꾸기로 결정했다. 환경 운동가들은 당연히 예전의 용어를 선호했다. 캐나다방송협회는 판정을 내려야 하는 상황에 몰렸고, "추출된 역청을 정제한 성분이 오일이므로 더 정확하다"는 이유로 보도에서 '오일 샌드'라는 용어를 쓰도록 지시했다. 한 환경 운동가는 이런 논리에 따르면 토마토는 '케첩'이라고 불러야 한다고 비꼬았다.

2009년 11월 기후변화 부정론자들이 이스트앵글리아 대학교 기후연구소의 서버를 해킹한 후 수많은 이메일 내용 중 일부를 짜깁기하여 음모와 조작, 반대의견 말살이라는 장대한 이야기를 꾸며낸 사건은 가장 효과적이면서도 의도적인 언어의 프레임 효과를 보여준다. 그들은 이 사건에 '기후게이트Climategate'라는 따분한 이름을 붙였고 일주일 만에 이 신조어는 인터넷상에 900만회 이상 등장했다.

이는 이전의 유모게이트나 젖꼭지게이트, 조모게이트, 플레이크게이트, 비스킷게이트, 파스타게이트 등의 스캔들 이름을 따라서 만들었다는 점에서 언어적 독창성을 발휘한 위대한 순간이라고 볼 순 없다. 그러나 이것은 자신의 가치관으로 담론을 지배하기 위한 프레임 활용법을 보여준 교과서적인 사례이다. 두 달 후 내가 한 의사소통 회의에 참석했을 때는 심지어 기후연구소 소속 선임 교수를 포함한 모든 참석자가 그 용어를 사용했다. 기후변화 부정론자들은 히말라야게이트, 아마존게이트, 빙하게이트, 허리케인게이트와 같은 말이 거둔 성공을 계속 이어가고 싶어 한다.

이 이메일 스캔들은 단어가 지닌 힘과 그것이 유발하는 프레임을 보여준다. 주요한 혐의는 이메일에 나오는 "마이크의 책략을 활용해서 하락을 숨깁시다."라는 단 한 문장을 근거로 제기됐다. '하락'에 대해선 쉽게 설명할 수 있지만(기온의 하락이 아닌, 수목 성장세의 하락이었다), 문제는 속임수라는 프레임을 유발하는 '책략'이라는 단어의 사용이었다. 이메일에서는 '책략'이라는 단어를 기발하고 정교한 해결책을 의미하는 구체적인 과학적 용례로 사용하고 있지만, 일반 대중은 그 단어를 사기의 좀 더 일반적인 의미로 이해했다. '마이크'가 욕을 많이 먹는 기후 과학자 마이클 만이라는 사실이 알려지면서 이 이야기에는 식별 가능한 친숙한 적이 추가됐다.

이것은 기후변화에 오명을 입히는 수많은 위험한 가짜 동족어(외관과 발음이 동일하나 의미는 다른 단어) 중 하나일 뿐이다. 불확실성, 이론, 오류, 조작과 같은 과학 용어들은 일반적으로 사용할 때보다 과학적으로 사용할 때 훨씬 더 엄밀한 의미를 지닌다. 기후변화와 관련한 핵심 어휘들(인류 발생적, 반사율, 에어로졸, 복사, 배출, 온실가스, 경감, 적응)은 모두 프레임을 전혀 고려하지 않은 과학적 담론에서 생겨난 용어들이다. 과학자들에게는 '강화'와 '양성'이 증가나 변화로 받아들여지지만 일반 대중에게는 개선으로 받아들여진다.

1975년 〈기후변화: 우리는 명백한 지구온난화의 위기에 처해 있는가? Climatic Change: Are We on the Brink of a Pronounced Global Warming?〉라는 논문에서 처음으로 기후 문제와 관련한 핵심 용어 두 가지를 지어내고 사용했다는 의심을 받는 사람은 바로 미국 과학자 월러스 브뢰커Wallace Broecker다.

그 두 개의 용어를 사용하는 것은 그 자체로 문제를 일으킨다. 양쪽 진영이 각자 자기들 유리한대로 용어들을 활용하면서 혼란과 정치적 싸움이 벌어지기 때문이다. 1980년대 말 미국과 사우디아라비아는 세계기후협상 과정에서 당초 결의안에 담긴 '지구온난화'라는 용어를 '기후변화'로 바꾸고자 영향력을 행사했다. 기후변화가 덜 감정적으로 들리고 화석연료 연소를 덜 연상시킨다고 생각했기 때문이었다.

2003년 공화당 내부 문건에서 의사소통 전문가 프랭크 런츠는 '기후변화'라는 용어가 좀 더 온건하고 통제가능하다고 주장했다. 그 증거로 런츠는 한 포커스 그룹 참여자가 기후변화는 "피츠버그에서 포트로더데일로 가고 있다는 말처럼 들린다."라고 한 말을 인용했다. 부시 행정부는 정식으로 런츠의 조언을 따랐고 부시 대통령은 이후 행한 모든 연설에서 '기후변화'라는 용어를 사용했다. 아이러니하게도, 현재의 기후변화 부정론자들은 환경 운동가들이 '지구온난화'라는 용어를 은폐하려 한다고 비난하면서 그 이유가 기온이 더 이상 상승하지 않기 때문이라고 주장한다. 아마도 그들 모두는 좀 더 정확한 조사 결과를 기다리는 편이 나았을는지 모르겠다. 엄격하게 실시한 조사에 따르면, 공화당 지지자들은 '지구온난화'보다는 '기후변화'를 믿을 가능성이 더 높다고 하니 말이다.

환경 운동가들은 두 용어 모두 싫어하며, 간간히 새로운 표현을 찾으려 한다. 예를 들어 지구 과학자 제임스 러브록James Lovelock은 지구온난화가 '추운 겨울날에 덮는 기분 좋은 이불' 같은 느낌이라고 불평하면서 '지구 혹서화global heating'라는 용어를 지지한다. '지구 이상 기후global weirding'나 '지구 기후 혼란global climate disruption'으로 부르자는 제안도 있었고, 앨 고어는 '기후 혼돈climate chaos'과 '기후 위기climate crisis'를 비롯해 최근 들어서는 '더러운 날씨dirty weather'라는 신조어까지 만들어 냈다.

'지구온난화'나 '기후변화' 모두 이상적이지는 않지만, 그래도 지독하게 나쁘지는 않다. 그리고 '기후변화'라는 말은 더할 나위 없이 단조로워서 사람들이 자기 나름대로 해석할 수 있는 여지도 존재한다. 의사소통 전문가 세스 고딘Seth Godin은 '대기 암'이나 '오염 사망'과 같은 말로 부르면 좀 더 관심을 모을 수 있지 않을까 궁금해 한다. 하지만 보수적인 사람이 보기에 이런 용어는 터무니없이 편향적이고, 나머지 다른 사람들에게 헤비메탈 밴드 이름처럼 들릴 테니 그럴 가능성은 희박하다.

기후변화를 둘러싼 언어는 사용자들이 새로운 조합을 실험하면서 계속해서 진화하고 있다. '기후'는 더 광범위한 문제를 지칭(기후 위기/과학자/회의론자/부정론자)하는 단일 단어 기표가 되었고, '탄소'는 2006년《신 옥스퍼드 미국영어 사전》이 '올해의 단어'로 선택한 '탄소 중립'과 같은 용어에서 볼 수 있듯이 탄소를 유발하는 배기가스를 지칭하는 기표가 됐다.

'탄소'는 열망이나 영감이 없다면 무미건조하고 감정적으로도 무의미한 단어이며, 따라서 그 원소 자체가 그렇듯이 단어도 다른 단어와 함께 합성어를 형성하기가 특히 쉽다. 노팅엄 대학교의 한 연구 팀은 언론과 인터넷에서 생겨난 '탄소' 관련 신조어 34개의 성장과 확장을 연구했다. 그것은 1990년대에 전문 회계 용어(예산, 시장, 신용, 비용, 세금)와 함께 시작되었다. 2000년대 초에 이르자 '탄소'는 개인 소비(친환경적인 생활, 의식 있는 생활양식, 다이어트) 관련 용어와 연결되었고, 더 최근에 들어서는 좀 더 도덕적 무게가 실린 의미(중독, 죄책감, 독재, 탐닉, 성전聖戰, 도덕성)와 결합했다.

유감스럽게도 가장 흔한 합성어인 '고탄소'와 '저탄소'는 생활양식, 경제, 기술을 구별 짓는 데 사용되고 있다. '고高'는 지위와 권력을 의미하는 보편적인 프레임이다. 우리는 고위층, 고급, 고품질, 고성과라는 말을 사용한다. '저低'는 열등함과 사회적 낙오를 의미하는 보편적인 프레임이다. 아무리 의미를 돌리려고 해도 '고탄소 생활'은 직관적으로 펜트하우스에 살면서 샴페인을 마시는 생활로 들리고, '저탄소 생활'은 눅눅한 지하방에서 식은 차를 마시는 생활로 들린다.

2007년 미국 대법원은 이산화탄소를 오염 물질로 볼 수 있으며 환경보호국의 규제의 대상이 된다는 판결을 내렸다. 때맞춰 버락 오바마 대통령은 여러 연설에서 '탄소 오염'이라는 새로운 탄소 합성어를 계속 사용했다.

이는 기후변화를 건강과 청결, 진보의 관점에서 재구성하려는 의도적이고 재치 있는 시도의 일환이다. '탄소 오염'이라는 말은 불결, 부패, 질병이라는 강렬한 프레임을 촉발한다. 반면에 '재생 가능 에너지'는 청결, 상쾌함, 눈부신 햇살을 연상시키며 '청정' 에너지로 홍보되고, 나아가 건강, 삶, 젊음을 연상시킨다. 적어도 이 경우에 있어서는 모든 담론과 프레임, 비유가 완벽하게 자리를 잡았으며, 양당과 포커스 그룹 모두 '청정에너지'와 오염 방지 대책을 지지한다는 조사 결과를 보면 그 사실을 알 수 있다.

이는 사람들이 선뜻 기후변화를 일종의 오염으로 간주할 것이라는 의미는 아니다. 이산화탄소는 '오염 물질'이라고 말하기에는 별로 적절치 않다. 이산화탄소는 눈에 보이지 않고 냄새가 없으며 인간의 건강에 해롭지 않다. 오랜 세월 학생들은 이산화탄소가 지구의 생명체에 반드시 필요하며 산업의 발전과 식물의 성장에 직결되는 자연의 기체라고 배웠다. 맨해튼 프로젝트Manhattan Project(제2차 세계대전 당시 미국의 원자폭탄 제조 계획—옮긴이)에 참여했던 원자 과학자 해리슨 브라운Harrison Brown은 1950년대에 대기 중 이산화탄소를 증가시킴으로써 식량 생산을 두 배로 늘릴 수 있다고 주장했다. 브라운은 세계 곳곳에 석탄을 때는 거대한 '이산화탄소 발생기'를 설치하자고 제안했으며, 이 계획에 대해 알버트 아인슈타인Albert Einstein은 지지를 보내기도 했다. 이는 글자 그대로 미친 실험처럼 보인다.

그렇다면 탄소를 '오염 물질'로 재구성하려는 시도는 결국 성공할까? 아니면 어떠한 차이라도 만들어낼까? 그럴 수도 있겠지만, 예일 대학교 문화인지 프로젝트의 댄 카한에 따르면 오염원을 규정하는 것은 용어 자체가 아니라 사람들이 만들어내는 사회적 의미다. 그리고 프레임은 사회적 의미를 증폭시킬 뿐 대체하진 못한다. 어쨌든 어처구니없는 부적절한 이름을 붙이더라도 성공하는 경우는 많다. 라디오색RadioShack(미국의 가전유통업체—옮긴이)이나 크레이그리스트Craigslist(지역 생활정보 사이트—옮긴이)를 보라. 그냥 있는 것만 가지고 일을 해야 할 때도 있는 법이다.

담론을 구성하는 또 다른 요소는 비유다. 비유를 통해서 우리는 가장 '쉽게 이용할 수 있는' 이전의 경험을 동원하여 새로운 정보를 이해한다. 비유는 언제나 문화적으로 형성되며, 비유의 선택은 그 자체로 연상과 의미를 활용하는 사회적 단서가 된다.

인간의 행동이 기후 그 자체를 바꾼 적이 없었다는 점에서 기후변화는 전례가 없는 사건이지만, 기후변화를 생각하는 방식에는 전례가 개입한다. 인간의 뇌에 관한 한 정말로 하늘 아래 새로운 것은 없다. 가끔 생각을 전달하려는 사람들은 뭐라도 하나 걸리겠지 하는 희망으로 아무 말이나 막 던지기도 한다. 최근 한 블로그에는 이런 글이 올라왔다.

"지구 행성의 거주민들은 조용하게 거대한 실험을 하는 중이다. 우리는 기후를 대상으로 러시안 룰렛 게임을 하고 있고 누구도 총의 탄창에 무엇이 들었는지 모른다." 나치가 만든 가스실이 수많은 희생자를 냈다면, 계속 진행 중인 기후변화는 이른바 파우스트의 거래에 따라 지구 전체를 열린 오븐으로 바꿔놓을 듯하다.

후유…

사람들은 제2차 세계대전에 대해 이야기하기를 좋아한다. 이는 공동의 적에 대항하는 공동의 목적을 달성하기 위해 대중이 동원된 가장 최근의 경험이다. 2008년 4월 '지구온난화 전쟁에서 이기는 법'이라는 제목으로 발매된《타임Time》지는 그 특별호 표지에서 이오지마에 성조기를 꽂는 제2차 세계대전의 가장 유명한 사진을 패러디했다. 이번에는 군인들이 깃발이 아닌 나무를 세우고 있다는 점만 달랐다.

제2차 세계대전은 공동의 위협에 맞서 서로 협력하고 희생을 나누는 고무적인 모델을 제공한다. 윈스턴 처칠Winston Churchill, 리벳공 로지, 국내 전선, 홀로코스트에서 인용된 언어들은 기후 담론 속에 살아 숨 쉰다.

부정론자들도 똑같은 비유의 원천을 이용한다. 경쟁기업연구소의 마이런 에벨은 전형적인 도치법을 사용하여 기후변화를 둘러싼 싸움을 "벌지 전투에서처럼 악의 무리가 필사적으로 항거하는 마지막 저항"이라고 말한다. 에벨은 선 대 악, 연합군 대 나치를 이야기하는데, 여기서 악과 나치는 환경운동가들과 진보 연합을 상징한다.

1990년 마이크 고드윈Mike Godwin이 만든 '고드윈의 법칙'에 따르면, 온라인 토론이 길어질수록 토론의 주제나 영역과 무관하게 누군가가 반드시 히틀러나 나치를 끌어들여 비교한다고 한다. 지금 기후변화 문제만큼 나치를 동원해 서로를 괴롭히는 쟁점은 달리 없다. 앨 고어는 지구온난화를 상대로 한 싸움과 나치를 상대로 한 싸움이 다르지 않다고 주장한다. 콜로라도 주립대학교의 회의론자 윌리엄 그레이William Gray 교수는 "히틀러가 유태인에게 잘못이 있다고 믿었던 만큼이나 고어는 지구온난화를 믿는다."라고 말한다. 작가 마이클 크라이튼과 회의론자 리처드 린젠Richard Lindzen은 대놓고 기후 과학을 나치의 인종 이론과 비교한다.

미국항공우주국 기후 과학자 제임스 핸슨은 한층 더 나아가 석탄을 싣고 발전소를 향해 가는 기차를 가리켜 "죽음의 기차이다. 셀 수 없이 많은 대체 불가능한 종들을 싣고 화장터로 향하는 화물 기차(유태인 학살을 의미한다─옮긴이)만큼이나 섬뜩하다."라고 묘사했다가, 명예훼손방지연맹Anti-Defamation League에서 항의하자 사과했다. 러시아 대통령 블라디미르 푸틴Vladimir Putin의 보좌관 안드레이 일라리오노프Andrei Illarionov는 교토의정서를 가리켜 '국제적인 아우슈비츠'라고 칭했지만 사과도 하지 않았다. 그 전에 일라리오노프는 '국제적인 굴라크gulag(소련의 강제수용소─옮긴이)'라는 문구가 너무 온건하다는 이유로 퇴짜를 놓았다지만, 사람들은 그 표현이 러시아의 치부를 암시하기 때문에 쓰지 않았을 거라고 의심하고 있다. 남이 저지른 잔학행위가 쓰기에 가장 편하다.

기후변화는 다루기 힘든 문제이기 때문에 이러한 비유는 우리가 그 문제를 바라보게 되는 전체적인 프레임이 된다. 기후변화를 시한폭탄으로 생각하는 경우, 우리는 그것을 열병이나 도박, 새로운 아폴로 우주 탐사, 제2차 세계대전 전투로 생각할 때와는 상당히 다른 방식으로 기후변화를 보게 된다. 각각의 경우 우리는 서로 다른 원인과 결과, 해결책을 상상한다.

그러나 이 모든 프레임에는 오해의 소지가 있다. 사실 기후변화는 끝이 없고 되돌릴 수도 없기 때문에 어떻게든 잘 관리하는 것 말고는 방법이 없는 문제인데도, 그런 프레임들은 기후변화를 마치 치료하거나 극복하거나 이길 수 있는 제한된 과제로 보도록 부추긴다. 기후변화라는 문제는 다면적이며 형체도 없기 때문에 우리가 갖다 붙이는 비유의 형태를 취하기가 쉽다. 그리고 나중에 다시 논의하겠지만 이는 익숙함의 위험한 환상을 불러일으킬 수 있다.

22

전달자
신뢰

왜 전달자가
전달하는 내용보다
중요한가

2007년 오리건 주 고등학교의 과학 교사 그렉 크레이븐Greg Craven은 유튜브에 '세상에서 가장 무서운 동영상'이라는 짓궂은 제목으로 9분짜리 동영상을 올렸다. 크레이븐은 '신의 존재에 관한 내기에서 득과 실을 가늠'하고자 했던 17세기 철학자 블레즈 파스칼Blaise Pascal의 뜻밖의 계승자이다. 크레이븐은 플립차트와 마커 펜을 이용하여 기후변화에 대처하는 행동의 장단점을 따져본 다음, 파스칼이 말했던 대로 만약에 이기면 전부를 얻을 것이고 지더라도 아무 것도 잃지 않을 것이기 때문에 우리 모두는 기후변화를 믿어야 한다고 결론 내린다.

하지만 크레이븐은 결코 잘난 척하지 않는다. 주방의 잡동사니를 배경으로 가볍고 쾌활하게 이야기하는 그는 무척 느긋하고 상냥하고 진실하며 다소 엉뚱해 보이면서도 전적으로 신뢰할 수 있는 사람이라는 인상을 준다.

크레이븐은 시청자들에게 현대의 인터넷 시대에는 단순히 이 동영상을 친구들에게 보내는 것만으로도 즉시 행동에 나설 수 있다고 말한다. 이 간단한 권유로 손수 만든 동영상을 홍보했을 뿐만 아니라, 사회적 검증의 대상이 되기를 자처했다. 현재 이 동영상의 조회수는 600만회를 넘어섰고 덕분에 크레이븐은 역사상 가장 성공한 기후변화 전파자가 됐다.

단어가 프레임이고 이야기가 매체라면, 그것을 전달하는 사람은 과학적 정보와 개인적 신념을 잇는 사슬에서 가장 중요하면서도 어쩌면 가장 약한 고리가 된다. 이런 신뢰감은 강력한 편향이며, 전적으로 감정적 뇌, 그리고 아군과 적군을 구별하는 직관적인 능력에 따라 좌우된다. 우리는 "이 문제에 있어서 이 사람은 믿을 수 있는 사람인가?" "이 사람은 정직하고 식견을 갖췄는가?" "이 사람은 나의 관심사와 세계관을 공유하고 있는가?" "이 사람은 열린 마음으로 친절하게 나를 대하고 있는가?"라고 스스로에게 묻는다.

미국인 4분의 3이 지구온난화에 관한 정보원으로 여전히 기후 과학자를 신뢰하면서도, 과학자에 비해 자격은 떨어지지만 훨씬 더 친근하고 익숙한 TV 기상 캐스터를 과학자만큼이나 신뢰하는 이유가 바로 이 때문이다. 유감스럽게도 기상 캐스터는 기후변화를 부정하는 성향이 강하다. 2010년 실시한 어떤 조사에 따르면, 조사 대상 TV 기상 캐스터 중 절반만이 기후변화가 일어나고 있다고 믿었으며 4분의 1 이상이 기후변화가 '사기'라고 생각했다.

그렇다면 우리가 신뢰할만한 전달자에게서 바라는 자질은 무엇일까? 정치 과학자 아서 루피아Arthur Lupia에 따르면, 진실성이 핵심인 듯하다. 루피아는 전달자가 의사전달을 통해 얻는 것 혹은 무릅쓰게 되는 위험을 우리가 어떻게 인식하느냐에 따라 진실성이 영향을 받는다고 주장한다. 따라서 우리는 개인적인 위험을 무릅쓴 적이 있는 사람 혹은 거짓말을 했을 때 불이익을 받게 될 사람에 비해서 자기 잇속만 차리거나 책임을 지지 않는 전달자는 신뢰하지 않는 경향이 있다.

우리의 예상이 틀렸음을 보여주는 사람들 역시 상대적으로 좀 더 설득력을 갖게 된다. 특히 자기편을 거스르는 행위를 할 때, 우리는 그것을 커다란 사회적 위험을 감수하는 행동이자 진실성의 증거라고 인식한다. 자유주의자, 내부 고발자, 변절자, 혹은 반역자로 간주되는 이런 사람들은 예상과 반대로 행동하며 호기심을 불러일으킨다. 게다가 흥미진진한 이야깃거리까지 따른다. 폭로의 순간, 고통스러운 전향, 그리고 친구였던 사람들의 비난을 받으면서도 새로운 입장을 표명하는 용기를 동반한 도전적인 개인의 여정에 대한 이야기 말이다.

유명한 부정론자들의 상당수가 환경 운동가로서의 경력을 만들어내길 좋아한다. 캐나다의 부정론자 패트릭 무어Patrick Moore는 매우 적법하게 자신이 그린피스의 설립자라고 주장할 수 있다. 하지만 이후 25년 동안 무어는 그린피스가 펼치는 모든 활동을 방해했다. 세간의 이목을 끄는 덴마크의 통계학자 비외른 롬보그Bjørn Lomborg는 자신이 한때 그린피스 회원이었으므로 자기는 '회의적인 환경 운동가'라고 주장한다(하지만 롬보그가 그린피스 회원이었다는 기록은 어디에도 없다).

반대로 캘리포니아 대학교 버클리 캠퍼스의 이론물리학 교수 리처드 뮬러 같은 회의론자들이 기후변화를 지지하는 행보를 보임으로써 대폭적인 언론의 관심과 중립적이라는 인상으로 신뢰를 얻기도 한다. 기후 과학자들이 줄곧 해왔던 이야기를 반복했을 뿐인데도 뮬러는 CEO, 금융업자, 정책 입안자들과 관계를 만들어나가고 있다.

기후변화 전달자를 믿지 못하는 현상은 보수적인 사람들 사이에서 특히 극심하게 나타난다. 기후변화 부정론자인 마크 모라노는 두 가지 중대한 실수를 지적한다. 첫째는 기후 과학을 알리기 위해 유엔 산하에 '대단히 신뢰하기 어려운 국제관료체제를 설치한 것'이고(그는 그 기구의 실제 역할이 과학자들의 회의를 소집하는 일에 불과하다는 사실은 무시하기로 한다), 둘째는 얼굴마담으로 '미국 정치 역사상 가장 편향된 인물'인 앨 고어를 내세운 것이다. 모라노는 깔깔대며 그러면 모두가 다 지게 된다고 내게 말했다. 모라노는 대단히 호전적인 인물이며 자기 진영이 모두를 승리로 이끌 수 있다는 생각을 확신하는 듯했다.

모라노의 말은 확실히 일리가 있다. 부정론자들에게 앨 고어는 미워하기 쉬운 인물이다. 회의적인 기사들(신문 논평 800건)에 쓰인 단어를 분석한 결과 이 중 거의 40퍼센트가 고어를 언급했다. 뼛속까지 보수인 조지 H. W. 부시George H. W. Bush는 앨 고어를 가리켜 '오존 인간'이라고 조롱했다. 또한 앨 고어는 자기 잇속만 차리고 정략적으로 행동하며 오만하고 위선적인 인물로 그려졌다. 이는 모두 신뢰를 훼손시키기 위해 꾸며낸 특성이다. 때로는 이런 계략이 우스꽝스러운 지경에 이르기도 한다. 원로 물리학자 윌리엄 하퍼William Happer는 고어가 쓴 어떤 책의 디자이너가 표지의 지구 사진에서 구름을 포토샵으로 지웠기 때문에 고어를 신뢰할 수 없다고 주장하기도 했다.

그러나 여러 증거로 미루어 볼 때 앨 고어에 대한 불신은 보수층이 기후변화를 부정하는 원인이 아니라 증상이다. 사실 기후변화에 대한 보수층의 관심은 꽤 일정하게 유지되고 있으며, 고어가 다큐멘터리 〈불편한 진실〉을 발표했을 때와 노벨상을 받았을 때에는 약간 상승하기도 했다. 오히려 고어가 주목을 덜 받으면 기후변화에 대한 보수층의 관심이 줄었다. 이러한 현상은 고어의 존재 때문이라기보다 다른 저명한 기후 전달자, 특히 보수적 가치에 호소하는 전달자가 상대적으로 부족했기 때문으로 보인다. 그런 전달자들이 없을 때, 고어는 기후변화를 인정하는 쪽과 부정하는 쪽 모두에게 상징적인 인물이 되었다.

공화당 소속 전 사우스캐롤라이나 주 하원의원 밥 잉글리스Bob Inglis는 그 자리를 대신하고자 노력해 왔다. 2011년 선거에서 잉글리스는 티파티의 지원에도 불구하고 기후 과학을 부정하지 않는 바람에 패하고 말았다. 그러나 원칙을 지키다 정계 경력을 잃었다는 사실이 알려지면서 그는 보수적인 기후변화 운동가라는 새로운 경력에 더할 나위 없는 정통성과 신뢰성을 얻게 되었다.

잉글리스는 기후변화에 대한 보수적 대응의 필요성에 열정을 보이며 이를 정치적 사명이자 종교적 사명으로 생각한다. 잉글리스는 독실한 기독교인이자 대단히 보수적인 사람이며(미국보수협회American Conservative Union는 잉글리스에 대해 93퍼센트의 지지율을 표했다), 존경, 권위, 책임감 같은 프레임으로 상징되는 보수적 가치에 호소할 수 있는 새로운 언어를 찾는데 열심이다. 잉글리스가 내게 "이름을 붙이는 사람이 그 대상을 선점하게 되죠. 마찬가지로 기후변화의 용어에 제대로 이름을 붙이는 사람이 이기는 겁니다."라고 말한 데서 알 수 있듯이 그는 새로운 언어를 찾는 일을 매우 중요하게 여기는 듯하다.

정치문화적으로 보수적인 사람들이 그들이 중시하는 가치에 근거한 새로운 언어를 실험했을 때, 그 결과는 매우 놀랍고 흥미로우며 진보적 환경 운동가들의 간담을 서늘하게 할 수 있다. 새로운 전달자들이 기후변화를 다루기 시작할 때, 진보적 환경 운동가들을 불편하게 만들 새로운 프레임이 등장할 수도 있음을 인식해야 할 것이다.

새로운 전달자들은 호리호리하고 강한 인상의 퇴역 군인 마크 미클비Mark "Puck" Mykleby를 좋아한다. 해병대 대령 출신인 그는 지속가능성을 특수부대의 언어로 해석한다. 미클비는 보행자 천국의 사회를 미국이 지향해야 할 미래라고 말하며, 기후변화의 충격에서 회복하는 것을 복부에 펀치를 맞고 나서 다시 활기를 되찾는 것에 비유한다. 컨서브아메리카ConservAmerica의 회장이자 가톨릭 신자인 롭 시슨Rob Sisson은 기후변화가 '낙태에 이어 가장 큰 자유 침해 행위'이며, 낙태 반대 운동 단체는 "매년 어머니의 뱃속에 있을 때부터 화석연료의 독소에 중독"되는 60만 명에 이르는 미국의 아기들을 위해 싸워야 한다고 주장한다.

비록 정치적 입장이 다르긴 하지만, 이들 역시 눈길을 끄는 전문 활동가들이다. 기후변화가 정말로 필요로 하는 것은 달변이거나 능숙한 웅변가는 아닐지라도 진정성을 가지고 참된 의미에서 주인 의식을 불러일으킬 수 있는 평범한 사람들의 목소리다.

평범한 사람들의 목소리는 전문가나 광고 카피라이터에게 밀려 좀처럼 보이지도 들리지도 않는다. 2004년 BP(영국의 석유회사—옮긴이)가 에너지와 기후변화에 대한 평범한 사람들의 생각을 모아 만든 광고 '거리에서 만난 BP'에서 보여준 민주주의나, 2013년 크라이슬러가 농부와 그 가족들의 사진만으로 구성한 닷지 램 광고 '그래서 신이 농부를 만드셨다'에서 보여준 감성적인 힘을 생각해보라. 세간의 이목을 끌고자 하는 기후변화 소통이 단 한 번도 이러한 광고에 필적하지 못했다는 사실이 부끄럽다.

가끔씩 작지만 현명한 프로젝트가 새로운 목소리를 찾기도 한다. 2012년 여름 에릭 파이페Erik Fyfe와 앨버트 스로어Albert Thrower는 바이오 연료를 사용하는 오토바이를 타고 북동부 지방을 돌면서, 이발사, 증류주 생산자, 크랜베리 재배 농부, 제재소 운영자와 같은 사람들을 만나 기후변화에 대한 인터뷰를 하고 이를 영상으로 담았다. 그 중에는 걱정하는 이도 있었고 무시하는 사람도 있었고 체념한 사람도 있었지만 '천천히 달리는 이야기Slow Ride Stories'라는 제목의 이 인터뷰는 그들 모두를 존중했다. 위스콘신 주 교육통

신위원회가 진행하는 프로젝트 '기후 위스콘신Climate Wisconsin'에서는 벌목공, 메이플 시럽 농부, 어부, 화물선 도선사가 자신들이 보아온 기후변화와 미래에 대한 우려를 담은 짧은 동영상을 만들었다.

이런 인터뷰들은 전문가 중심의 담론에서는 찾아볼 수 없는 깊이와 인간적인 온기를 담고 있다. 당파적인 교착 상태와 일반인의 무관심을 해결할 해답은 새로운 전달 내용이 아닌 새로운 전달자를 찾고 그들의 말을 전할 수단을 창조하는 데서 시작된다고 나는 확신한다.

23

몇 번이고
반복해서 계속
이야기하라

**기후 과학은
왜 사람들을
움직이지 못하는가**

기후변화는 이론과 데이터, 과학 전문가들의 예측에서 비롯된 복잡하고 전문적인 사안이다. 문제는 과학자들이 불확실성을 강조하며 모호한 추상적 개념을 사용하는 반면, 인간의 감정적 뇌를 끌어들이고 충격 요법으로 행동을 이끌어낼 수 있는 이미지와 이야기, 비유는 잘라내 버린다는 사실이다. 때로는 전달 내용과 전달자가 거의 완벽하게 부조화를 이룬 듯 보이기도 한다. 남편인 리키와 프레드가 가정을 돌보고 루시와 에셀은 사탕 공장에서 일하는 드라마 〈왈가닥 루시I Love Lucy〉나, 오갈 데 없는 사기꾼이 상품 중개인과 처지가 뒤바뀌는 영화처럼 등장인물의 역할이 뒤죽박죽이 된 코미디를 보는 듯하다.

이는 우연이 아니다. 감정적 뇌와 이성적 뇌를 구분하는 경계는 우리 문화에 깊이 뿌리내리고 있고, 유럽 계몽주의 시대에 종교와 과학을 문화적으로 분리한 것에서도 분명하게 드러난다. 예일 기후변화 의사소통 프로젝트 책임자 토니 레이세로위즈의 말을 빌리면 감정적 뇌와 이성적 뇌를 나눈 것은 '오래된 문화적 실수'다. 그는 이 둘은 분리할 수 없다고 하면서, "감정이 없으면 올바른 결정을 내릴 수 없습니다. 과학자도 인간이니까요."라고 말한다. 이는 분명 사실이며, 나중에 다시 논의하겠지만 전문가로서 객관성을 유지하고자 하는 과학자의 모습 때문에 우리는 그들의 불안이나 절망을 매우 과소평가하게 된다.

이 '오래된 문화적 실수'는 교육계에도 이어져, 너무 이른 시기에 학생들에게 과학, 예술, 인문학 중에서 분야를 정하도록 요구한다. 그리고 이런 구분은 기후변화를 둘러싼 문화적 논의마저 가른다. 기후변화 담론을 좌우하는 언론인, 정치인, 환경 운동가 중 대다수는 인문학을 전공한 사람들이며, '젠체하는 지식인', '가운을 입은 잘난 척하는 놈', '정신 나간 괴짜' 등 그 어떤 다른 문화 영역에서도 절대로 용납되지 않을 독설로 과학자에 대한 경멸을 드러내곤 한다.

과학자들 사이에도 문화 전쟁이 존재한다. 특히 실증주의(보편적으로 참이라고 단정할 결론을 도출하기 위해 실험을 이용)와 구성주의(지식은 언제나 일정한 시간, 장소, 문화적 맥락 속에 존재한다고 주장) 사이에 소위 패러다임 전쟁이 있다.

정통 과학적 지식을 갖춘 몇 안 되는 회의론자들은 하나같이 실증주의 성향의 물리학, 화학, 지질학 전공자들이며, 특히 원자력 산업 및 석유 공업 출신 인물이 많다. 기후 과학이 정치적 혹은 이념적 이유로 왜곡되고 있다는 이들의 비판은 구성주의에 대한 뿌리 깊은 분노를 반영한다.

직업상 객관성을 유지해야 하는 동시에 편향과 담론, 문화적 편견이 복잡하게 얽힌 정신 상태와도 씨름해야 하는 기후 과학자들에게 이 모든 상황은 대단히 힘겹다.

오랫동안 미국에서 가장 유명한 기후 과학자였던 고故 스티븐 슈나이더는 과학자들이 '윤리적 딜레마'에 빠졌다고 말했다. "한편으로 우리 과학자들은 윤리적으로 과학적 방법에 따라야 할 의무를 지닌다. 다른 한편으로 우리는 과학자일 뿐만 아니라 인간이기도 하다. 그리고 대부분의 사람들처럼 우리도 이 세상이 더 좋아지길 바란다. 그러기 위해서는 당연히 언론에 많이 노출되어야 한다. 그러다보니 무서운 시나리오를 내놓기도 하고 과장된 발언도 해야 한다."

미국항공우주국에 근무했던 기후 과학자 제임스 핸슨만큼 이런 고충을 전형적으로 보여준 과학자도 없다. 핸슨은 인터뷰에 '지독하게 서툴다'고 말하면서 텔레비전에 대한 강한 불쾌감을 표시했다. 그런 이유로 그는 1989년 의회 증언이 국제적으로 대서특필된 이후 '소통에 나서는 일을 포기'하기로 결정하고 이후 15년 동안 도덕적 의무를 느끼지 않는 한 공적인 자리에서는 거의 발언을 하지 않았다. 우리가 가을 햇빛이 가득한 컬럼비아 대학교 교정을 거닐며 이야기하는 동안 핸슨을 존경하는 학생들이 계속해서 다가와 악수를 청했다. 그는 학생들의 관심에 상냥하게 대응하면서도 수줍은 모습을 보였고 다소 당황하는 듯했다. 의심할 여지없이 현재 세계에서 가장 유명한 기후 과학자인 핸슨은 이 같은 관심을 원치 않는 듯 보였다.

임페리얼 칼리지 런던의 그랜섬기후변화연구소Grantham Institute for Climate Change 홍보부장 밥 워드Bob Ward는 "우리의 주요 목적은 동기 유발이 아니라 정보 제공입니다. 우리는 합리적인 의사결정에 필요한, 사실에 입각한 정보를 제공하는 역할을 한다고 생각합니다."라고 말한다. 따라서 사람들이 아직 기후변화를 이해하지 못하는 이유를 물어보면, 기후 과학자 대다수는 사람들이 연구 결과, 혹은 결과를 도출하는 과학적 절차를 이해하지 못하는 게 문제라고 말할 것이다. 예를 들어 기후에너지솔루션센터Center for Climate and Energy

Solutions의 수석 연구원 제이 굴레지Jay Gulledge는 이론을 설명하고 데이터를 보여주고 모형을 보여주기를 추천하면서 "만약 사람들이 이해하기 어려워하면 몇 번이고 반복해서 이야기하세요. 그게 배우는 방법이니까요."라고 말한다. 이런 주장을 가리켜 소위 '정보 결핍 모형information-deficit model'이라고 하며, 워드의 말을 빌리자면 그 모형은 사람들을 "일단 사실을 알게 되면 적절하게 반응할 빈 그릇"으로 본다.

최근 정치적·사회적 활동에 소극적인 상태가 지속되면서, 과학자들은 소위 '허위정보 캠페인'에 의한 정보 왜곡이 문제라고 확신하게 됐다. 과학자들은 더 많은 정보를 제공함으로써 이 문제에 가장 잘 대처할 수 있다고 생각한다. 포츠담기후영향연구소Potsdam Institute for Climate Impact Research의 신규 보고서가 발표될 때 연구팀장은 자신들의 데이터가 '지구온난화가 둔화되고 있다는 일각의 오해를 잠재울 것'이라고 자신 있게 선언했다. 물론 그런 일은 일어나지 않았다. 연구에 따르면, 새로운 정보에 의해서 반대 견해가 효과적으로 바뀐 사례는 드물며 오히려 강화될 가능성이 높다.

기후변화 문제가 처음 제기되었을 때는 그렇지 않았다. 초기 10년에서 15년 동안은 관련 과학의 이해 정도가 사람들의 행동 변화나 정부 정책에 대한 지지 의사를 판단할 수 있는 가장 강력한 단일 변수였다. 이 기간 동안 실시된 일련의 갤럽 여론 조사에 따르면, 기후 과학을 잘 이해하고 있다고 주장하는 공화당 지지자와 민주당 지지자는 기후변화에 대해 서로 비슷한 의견을 지니고 있었다.

그러다가 기후변화 문제는 정치적·문화적 의미에 따라 변색되기 시작했다. 기후변화를 알지 못한다고 답한 사람의 비율이 3퍼센트까지 떨어졌던 2010년에 사람들의 견해는 대개 정치적 성향에 따라 형성됐다. 공화당 지지자들의 경우 기후변화에 관해 더 많이 알수록 그것을 믿을 가능성은 더 낮았다. 전반적으로 기후변화 부정론자들은 기후변화를 믿는 사람들에 비해 과학을 다소 더 잘 이해하고 있었다. 오스트레일리아의 학자 클라이브 해밀턴Clive Hamilton은 이를 가리켜 아주 고상하게 "부정은 정보 결핍보다는 교양 과잉에서 비롯된다."라고 표현했다.

덧붙이자면, 기후변화에 대한 관점과 지적 수준 사이에는 그 어떤 상관관계도 존재하지 않는다. 실험 결과, 지능지수가 높은 법학과 학생들은 상대적으로 지능지수가 낮은 사람들에 비해 다양한 의견을 청취하는데 더 높은 관심을 보이지 않았다. 다른 점이 있다면, 지능지수가 높은 법학과 학생들은 기존 관점을 강화하는 일에 그들의 지적 능력을 사용한다는 사실이었다.

이런 확증 편향은 우리가 전달자로서 과학자에게 부여하는 신뢰에도 영향을 미친다. 대체로 과학자는 여전히 신뢰받는 직업이며, 이 점에 있어서는 공화당 지지자들과 기후변화 회의론자들도 예외는 아니다. 그러나 과학자들 중에서 선택하라고 하면 사람들은 자신들의 기존의 관점을 가장 잘 뒷받침하는 과학자를 신뢰하게 된다.

예일 대학교 문화인지 프로젝트를 이끌던 댄 카한은 한 실험에서 기후변화에 관한 다양한 발언을 가상의 '전문가들'이 했다고 말하며 참가자들에게 제시했다. 가상의 전문가들은 모두 아이비리그 대학 교수라고 설명했고, 정장을 입은 중년 백인 남성의 사진을 함께 제시했다. 참가자들은 아무런 어려움 없이 가장 권위 있고 의견을 제시할만한 자격을 갖춘 전문가를 선택했다. 물론 그 사람은 자신이 이미 동의하는 의견을 제시한 전문가였다.

아이러니하게도, 정보가 사람들의 태도를 바꾸지 못한다는 사실을 보여주는 가장 큰 증거는 과학자들이 정보가 사람들의 태도를 바꾸지 못한다는 광범위한 연구 증거를 계속 무시한다는 사실이다. 과학적 의사소통은 대부분 여전히 데이터와 그래프 형태로 이루어지고 있으며, 흥미를 더하기 위해 주로 삼차원 애니메이션 그래픽이나 움직이는 차트를 동원하여 좀 더 생동감 있게 만들려고 노력한다.

정부 간 기후변화협의체(IPCC)는 언어로 고심하고 있다. 합의를 이뤄내려면 길고 골치 아픈, 고도로 정치적인 과정을 거쳐야 한다는 것을 고려할 때 쉽지 않은 일임에 분명하다. 초대 의장이었던 존 휴턴 경Sir John Houghton은 내게 "백여 명이 참석한 가운데 동시통역을 통해 협의체에서 논의되는 모든 내용을 한 단어 한 단어 전부 합의해야 합니다. 게다가 사우디아라비아와 산유국들은 이를 무산시키려 하죠."라고 말했다. 이 과정에서 살아남은 언어는 이후 정치인과 일반 대중이 기후 과학을 이해하는 틀을 구성하는 데 대단히 중요한 역할을 하게 된다. 이는 관념적·이성적인 확률의 언어가 감정적인 위협의 언어로 넘어가야 하는 핵심 지점이다.

스티븐 슈나이더는 이 사실을 매우 잘 이해했고, 확실성과 불확실성의 정도를 전달하기 위해 좀 더 구어체를 사용하라고 IPCC에 촉구했다. IPCC는 25년 동안 이 문제로 고심해 왔지만, 이에 제대로 대처하지 못한 탓에 국제 과학협의회로부터 강한 비판을 받고 있다.

일리노이 대학교 심리학과에서 IPCC 보고서에 사용된 언어를 시험해보았더니 사람들이 IPCC가 알리고자 하는 가능성을 심각하게 과소평가한다는 사실을 발견했다. IPCC는 '매우~할 것 같다'라는 용어를 90퍼센트 이상의 가능성을 의미하는 뜻으로 사용하지만, 일반인의 4분의 3은 그 가능성을 훨씬 낮게 판단했다. 심지어 IPCC의 공식 용어집이 있으면서도 그 가능성을 60퍼센트보다 낮게 이해한 사람들도 있었다.

그럼에도 불구하고 IPCC 보고서는 계속해서 이런 식의 언어를 사용하고 있다. 2013년 9월 제5차 평가 보고서가 발표되었을 때, 언론 보도 자료는 과학자들이 인간이 기후변화의 원인임을 '이제 95퍼센트 확신'한다는 문구를 헤드라인으로 내세웠다. 백여 년에 걸친 소매업의 역사를 살펴보았다면 사람들은 95달러 가격표를 100달러 가격표보다 상당히 낮은 것으로 인식한다는 사실을 금방 알 수 있었을 텐데 말이다.

과학자들이 심사하는 논문의 95~97퍼센트가 인간이 기후변화의 원인이라는데 동의하지만, 이처럼 일관된 과학적 합의를 수량화하는 데에서도 유사한 문제가 발생한다. 당신이 의심 많은 사람이라면, 이런 통계는 3퍼센트에 해당하는 반대자의 지위만 강화할 뿐이다. 우리는 이미 사람들이 숫자 때문에 마음을 바꾸지 않으며 개인적으로 친밀감을 느낄 수 있는 대상에 집중한다는 사실을 살펴봤다. 정부와 거대 조직을 의심하는 개인주의적 문화의 구미에 맞는 이야기가 끼어들기 시작한다. 다윗과 골리앗, 독불장군, 배관공 조Joe the Plumber(중산층 미국인을 뜻하는 은유—옮긴이)의 이야기 말이다. 천 명이 모이면 군중이지만, 그 군중에 대항하는 한 사람은 영웅이 된다.

과학자들은 계속해서 균형 잡히고 감정을 배제한 언어를 사용하고자 하지만, 사람들을 사로잡고 흥분시키고 격려할 이야기, 즉 그들 자신과 과학을 향한 그들의 열정에 대한 이야기는 놓치고 있다. 결국 진정으로 감정적 뇌를 사로잡는 것은 개인의 이야기이고, 우리는 전달자가 얼마나 헌신적인지를 판단하여 그 사람을 신뢰할지를 확신하게 된다.

물리학자 스펜서 위어트Spencer Weart는 그의 저서《지구온난화를 둘러싼 대논쟁》에 이렇게 썼다. "인생을 걸고 수많은 남성과 여성이 한 세기 넘게 벌여온 투쟁의 서사시를 이야기하려 한다. 어떤 이들에게는 실제로 육체적 용기를 필요로 하는 일이었고, 얼음이 뒤덮인 황무지나 험난한 바다에서 목숨이나 팔다리를 잃을 위험을 무릅써야 하는 일이었다. 마침내 그들은 목표를 달성했다. 그들이 목표로 한 건 단지 지식이었다."

다소 장황하기는 하지만, 이런 이야기를 들으면 흥분되고 그 과학자들을 만나 그들의 이야기를 들어보고 싶다는 생각이 든다. 나는 운 좋게도 많은 기후 과학자들을 만났고 언제나 그들의 정열, 열의, 유머, 헌신에 깊은 감동을 받는다. 텍사스 주 소재 라이스 대학교에서 대기물리학을 가르치는 앤드루 데슬러Andrew Dessler 교수는 이런 개인의 이야기이가 가장 강력한 무기이며 신뢰를 쌓는데 필수적이라고 주장한다. 그는 "이는 공동체 의식을 강조하고 개인은 중요시하지 않는 과학 문화에 위배되지만, 기후변화 전달자가 배워야 할 기술입니다."라며 안타깝게 말한다.

정말로 그렇다. 어려운 일이지만, 어렵기는 모두 마찬가지다. 과학자들에 대한 조직적 비방에도 불구하고, 그들은 개인적인 자질뿐만 아니라 그들이 구현하는 과학적 방법의 질적 측면에서도 여전히 가장 신뢰받는 전달자이다. 과학자가 연구 결과를 발표한 다음 한 발짝 물러서서 자기가 품고 있는 희망과 두려움, 인간성을 표현하면 안 될 이유는 없다. 어쨌든 우리는 모두 똑같은 인간이니까.

24

보호하고
금지하고
구하고
저지하라

**기후변화는
어떻게 환경 운동이
되었는가**

1977년 7월 9일, 국립야생동식물연맹National Wildlife Federation과 함께 일하던 젊은 변호사 셸던 킨셀Sheldon Kinsel은 에너지 정책에 관한 의회 청문회의 증인대에 섰다. 당시 아직 합의된 이름조차 없던 사안과 관련하여 환경 단체가 의회 기록에 오르게 된 첫 번째 사례였다. 킨셀은 이를 가리켜 '기후 전환climate shift'이라고 불렀고, "이에 비하면 다른 '환경' 문제는 하찮다"고 주장했다. 이렇게 초기 단계에 이미 그것은 단순한 '환경' 문제가 아니었으며, 가장 커다란 환경문제였다.

처음에 환경 단체는 단순히 기존 활동을 확장하는 형태로 기후변화를 포함시켰다. 몇 년 뒤, 과학적·정치적 추진력이 생기면서 연합하게 된 환경 단체들은 1989년 기후행동네트워크Climate Action Network를 시작했고, 3년 뒤에는 지속가능한 에너지연합Sustainable Energy Coalition을 시작했다. 환경 운동은 꾸준히 기반을 쌓아가면서 2005년 즈음에 절정을 이뤘다. 현재 500개가 넘는 기후 변화 관련 단체가 존재한다.

환경 단체는 항상 기후변화를 명백한 환경문제로 생각해 왔다. 어쨌든 기후변화는 대기오염을 다루며, 이는 정확히 환경 단체가 하는 일이다. 기후변화는 대기 청정도, 휘발유에 포함된 납, 오존층 파괴, 산성비를 규제하는 주요 법률이 차례로 제정되면서 쟁점으로 등장했다. 또한 기후변화에는 석유, 석탄, 자동차 중심의 운송수단, 소비 지향적 생활양식, 산업화, 경제 성장, 기업식 농업, 육식에 대한 비판이 수반된다. 많은 환경 운동가들에게 그것들은 뜨거운 쟁점들이다.

부유한 워싱턴 정가의 환경 조직과 풀뿌리 환경 운동 단체 사이에는 자원이나 정치적 견해 측면에서 엄청난 차이가 존재하지만, 모든 환경 단체는 이전의 투쟁에서 이끌어낸 이야기와 인상, 비유를 가지고 자기 나름의 이미지로 기후변화를 형성했다.

그러는 동안 다른 인지 피드백이 뒤따랐다. 즉 그 문제는 점점 환경 운동가가 부여하는 의미와 결부되었고 다른 대안적 프레임들은 밀려나거나 침묵하게 되었다. 정부와 기업, 언론은 기꺼이 이에 동조했다. 그들은 그들 나름대로 일단 좀 더 긴급한 사안을 다룬 다음 기후변화를 환경문제로 다루고자 하는 동기를 지니고 있었다.

기후변화는 언론에서 특별 '환경' 보도를 통해 '환경' 특파원이 보도하고, '환경' 회의에서 '환경' 연설을 통해 논의한 '환경' 정책을 중심으로 제정한 '환경' 입법의 제재를 받는 우리 시대 최대의 '환경'문제가 되었다.

이렇게 해서 기후변화가 환경 운동가들에게는 근접한 사안이 되었을는지는 몰라도, 일반 대중의 직접적인 관심 대상에서는 오히려 멀어져버렸다. 즉 기후변화는 경제, 일자리, 범죄, 전쟁이 들어차 있는 걱정의 웅덩이 가장 자리에 놓아둘 수 있는 사치스러운 걱정거리가 됐다. 여론 조사를 해보면, 기후변화는 언제나 똑같은 인지 프레임 속에 갇혀 관련 없는 환경문제들에 대한 걱정을 쫓아가고 있다.

그렇게 해서 전례 없는 수준으로 협력해야 할 사안이 환경 운동이라는 한 가지 운동(그리고 그 세계관)과 배타적으로 연관을 맺게 됐다. 환경 운동을 불신해 왔던 사람들은 기후변화를 불신하게 됐고, 기후변화를 불신했던 사람들은 환경 운동을 한층 더 불신하게 됐다.

이런 현상은 정치적으로 보수적인 입장을 지닌 사람들 사이에서 한층 더 강하게 나타난다. 기후변화에 관한 보수적 담론을 발전시켜나가고자 애쓰는 전 공화당 소속 하원의원 밥 잉글리스는 딱히 예의 바른 인물은 아니다. 잉글리스는 내게 "우리 보수주의자들은 환경 운동가들을 사소한 일에 발끈하는 다 큰 오줌싸개로 보는 경향이 있죠."라고 말하며, 이 말을 현실의 환경 운동가들에게 하는 듯 어지간히 재밌는지 뻔뻔하게 웃었다. 그러고는 이렇게 덧붙였다. "게다가 우리는 환경 운동가들이 항상 불평을 늘어놓고 쓸데없는 걱정을 한다고 생각합니다. 환경 운동가가 하는 말을 듣고 있으면 '어머나 세상에, 여태까지 본 흑색종 중 가장 크네요!'라고 말하는 의사를 보는 기분이에요."

자유시장을 지지하는 경쟁기업연구소의 마이런 에벨은 놀라운 순환 논리를 주장하며 환경 운동가들이 득세하는 것이 곧 기후변화가 사기임을 드러내는 결정적인 증거라고 말한다. "기후변화가 진짜 과학적 근거가 있는 문제라면, 환경 운동가들이 그 문제의 주도권을 쥘 수 없었겠죠. 정말로 그랬다면, 기후변화는 우리 사회에서 크고 중요한 문제가 됐을 테고, 훌륭한 사람들이 그 문제를 해결할 방법을 논의했겠죠."

최첨단연구소Breakthrough Institute의 공동 설립자 테드 노드하우스Ted Nordhaus는 환경 이단자라는 평판을 받아왔지만, 그는 스스로를 '아웃라이어', '생태 모더니스트'라고 부르기를 선호한다. 그는 환경 운동가들이 '상당히 부적절'하고 '전혀 아무런 영향'을 발휘하지 못했으며 '다른 사람들이 진입하기 대단히 어렵게 영역을 규정'해 왔음이 드러났다고 주장한다.

내가 이런 비판을 시에라클럽 사무국장 마이클 브룬에게 얘기했을 때 그는 억지로 웃어 보이려고 했지만 확실히 신경을 건드린 모양이었다. 브룬은 이렇게 말했다. "환경 운동가들만이 이 사안에 관심을 기울이고 있는데 환경 운동가의 잘못이라니, 정말 아이러니하지 않나요? 내가 보기에 그건 이 문제에 강력한 리더십을 보이지 않은 우리 사회 '모두'의 잘못이에요. 누구나 자기 지지층을 대변해서 말하죠. 당연한 일입니다. 당연히 우리도 우리 지지층을 자극하는 말과 이미지를 사용해서 문제에 접근합니다."

나는 이의를 제기할 생각도 없고, 이 사안에 관심을 두고 오랫동안 열심히 일해 온 동료들의 헌신을 무시하고 싶지도 않다. 그러나 이 작업을 하면서 동료 환경 운동가들과 거리를 두고 보수주의자, 기독교 신자, 이슬람교도, 우편배달부, 광부, 교사, 망명 신청자, 비행 청소년, 목양업자, 로터리 클럽 회원, 주문 제작 자동차광, 정찰병과 같은 새로운 집단을 접하다보니, 환경문제를 다루는 언어가 자기 영역을 벗어나면 얼마나 미숙해지는지 깨닫게 됐다. 문제는 어떤 견줄만한 담론이 없는 상황에서 환경문제를 다루는 말과 이미지가 너무나도, 정말 너무나도 '환경에만 치중'한다는 사실이다.

보호하고, 구하고, 금지하고, 저지하는 활동을 예로 들어 보자. 워싱턴 D.C.의 그린피스 사무실 벽에는 온통 포스터와 범퍼 스티커가 붙어 있고, 대부분 뭔가를 저지(북극 개발, 위장환경주의, 원자력 발전, 벌목, 지구온난화, 대양 파괴, 이산화탄소, 엑슨모빌, 해양 굴착, 미국의 전략방위구상)하거나 보호(고래, 수마트라 호랑이, 생물권, 오랑우탄)하자는 내용이다. 화장실(거기도 온통 스티커로 덮여 있다) 밖에는 그린피스 회계부서에서 붙인 '시간을 아끼면 고래를 구한다. 영수증을 제출하시오.'라고 쓴 표식이 붙어있다.

언어학 전문가 조지 레이코프에 따르면, 이런 언어는 잘못된 분열을 초래한다. 이런 표현은 환경이 이를 파괴하려는 적으로부터 보호하거나 구출해야 하는 어떤 외부적 실체라는 인상을 준다. 레이코프는 이것을 가리켜 일종의 프레임이라고 하지만, 실제로는 사람을 환경에 관심 있는 사람과 그렇지 않은 사람으로 나누는 환경 운동가의 세계관을 형성해 온 전형적인 담론으로 보는 편이 좀 더 이해하기 쉽다.

이는 불가피하게 남을 비판하는 것으로 이어진다. 앨 고어가 달 착륙이 조작이라고 믿는 사람들과 지구가 평평하다고 믿는 사람들이 "토요일 밤에 함께 모여 지구온난화 부정론자들과 함께 파티를 즐긴다"고 말한 사실은 유명하다. 공화당 지지자 4분의 1 이상이 기후변화는 없다고 확신한다는 사실로 미루어 볼 때, 굉장한 파티가 열릴 것이다. 이는 지지층 상당수의 기분을 상하게 하는 일이다.

환경 운동가는 반인간적 수사법에 쉽게 이끌린다. 개중에는 인간을 자연의 세계를 먹어치우는 전염병이나 바이러스로 묘사하는 경우도 있다. 마이런 에벨과 함께 경쟁기업연구소에서 일하는 크리스 호너Chris Horner는 "환경 운동가들은 끔찍이도 '너무'를 즐겨 씁니다. 사람은 '너무' 많고 자원은 '너무' 많이 사용한다고 말하죠."라고 예리하게 지적한다(이에 대해 혹자는 자유주의적 기후변화 부정론자들은 끔찍이도 '자유'를 즐겨 쓴다고 대꾸할 수 있을 것이다. '자유'시장, 정부로부터의 '자유'처럼 말이다.).

이런 일반화는 환경 운동의 다양성이나 환경 운동을 하면서도 다른 영역과 가교를 놓기 위해 계속해서 노력하는 많은 이들의 노력을 반영하지 않는다. 2006년 시에라클럽과 미국 철강노조가 함께 출범시킨 청록연합Blue Green

Alliance에는 미국의 대규모 노조와 환경 단체 14곳이 참여하고 있으며 전체 회원수는 1,500만 명에 이른다.

문제는 환경 운동가들이 좀 더 폭넓은 사람들에게 다가가고자 할 때마다 오히려 기후변화를 과소평가하고 무시하도록 이끄는 프레임이 강화되기도 한다는 사실이다. 한번 생각해보자.

허리케인, 산호초 위를 헤엄치는 거북, 빙하, 허리케인, 짙은 연기, 불타는 유전, 죽어가는 어린 아이의 몸에 달라붙은 파리, 뭄바이의 혼잡한 교통 상황이 아주 짧게 이어지며 스크린 위에 나타나는 동안, 배경에는 낮게 웅성거리는 소리가 들린다(다큐멘터리 제작자는 이를 가리켜 '톤'이라고 부른다). 이제 그 웅성거리는 소리가 신음하듯 애도하는 합창으로 바뀌고, 컨베이어 벨트 위에서 털이 뽑히는 닭, 쓰레기를 뒤지는 북극곰, 도축 공장에 줄지어서 있는 돼지, 고속도로 인터체인지, 고층 건물, 불타는 숲, 허물어지는 빙하 영상이 스쳐 지나간다.

그리고 '11번째 시간THE 11TH HOUR'이라는 제목이 나타난다.

이 영화는 앨 고어가 〈불편한 진실〉을 발표한 다음해에 나왔고, 여러 측면에서 그 영화의 동반자라고 할 만한 영화이다. 〈11번째 시간〉은 몽타주에 가깝다. 화자가 이야기를 하는 중간 중간에 눈길을 사로잡는 이미지가 보이고, 때론 제작자인 레오나르도 디카프리오Leonardo DiCaprio가 불쑥 등장하기도 한다.

다소 진지하기는 하지만 재치 있게 요점을 지적하고 있으며, 나는 그 내용에 무척 공감한다. 하지만 이는 당연한 일이다. 사용된 각각의 영상, 주장, 화자가 '환경 운동가'를 외치고 있고 내가 바로 그 환경 운동가이기 때문이다. 그 이미지들은 일종의 암호이고, 그 집단의 일원인 나의 머릿속엔 암호 일람표가 들어있다. 쓰레기는 지나친 소비를 뜻하고, 북극곰은 녹고 있는 빙하를 의미한다. 녹고 있는 빙하는 지구온난화를 뜻하고, 굶어서 죽어가는 아기는 먼 나라의 불쌍한 희생자를 의미한다. 인도의 혼잡한 교통 상황은 먼 나라의 인구 과잉을 뜻하고, 고층 건물은 얼굴 없는 기업을 의미한다.

심지어 나는 다큐멘터리 제목인 〈11번째 시간〉이 이중 은유라는 사실도 안다. 이는 인간이 지구에 살기 시작한지 정말 얼마 되지 않았고, 인간이 화석연료 연소에 의존하기 시작한지도 정말 얼마 되지 않았다는 것을 의미한다. 그리고 우리가 자정을 향해가고 있다는 경고와 함께 다시 오래된 합판 원자시계를 보여준다.

이런 암호는 그토록 많은 사람이 기후변화를 무시하는 또 다른 강력한 이유가 된다. 기후변화를 둘러싼 시각적이고 은유적인 언어는 기후변화를 환경문제로 못 박는다. 각종 보도와 언론 기사에서 지속적으로 강화되는 이런 이미지는 강력하게 서로 연결된 도식을 말들어내고 이로 인해 기후변화는 사람들이 가장 관심을 갖는 고용, 경제, 범죄, 방어와 같은 다른 문제들과 멀어진다.

이뿐만이 아니다. 심지어 이런 이미지들 중 상당수는 환경이 아니라 환경 운동가의 세계관을 담고 있다. 이는 중요한 차이다. 서로 다른 가치관을 지닌 사람들은 각자 그들만의 암호 일람표를 갖고 있고, 이는 서로 완전히 다른, 심지어 서로 모순되는 의미를 지닌다. 철강 노동자로 일하다가 현재는 기후변화에 맞서는 운동을 벌이는 리 배린저Lee Baringer는 "시내에서 활동하던 작은 환경 운동 단체가 철강 공장에서 발생하는 공해에 계속해서 열을 올리며 항의했죠. 우리가 숨 쉬는 공기는 정말 더러웠지만 그게 우리의 밥줄이었기 때문에 우리에게는 향긋한 돈 냄새였어요."라며 처음 증오를 느끼게 된 계기를 떠올렸다.

이렇듯 많은 노동자에게 도축 공장, 제조 공장, 발전소, 교통 체증은 발전과 일자리를 의미한다. 다차선 고속도로는 이동성과 자유를 의미한다. 1980년대에 내가 타이완에 살았을 때, 프라이드치킨을 판매하던 한 패스트푸드 체인은 기계화 방식의 닭 내장 제거 작업을 촬영한 영상을 매장 내에서 보여줬다. 타이완 고객이 보기에 이는 청결과 현대성을 의미했다.

나는 환경 운동가이기는 하지만 고속도로, 빛나는 고층 건물, 밤의 라스베이거스를 한눈에 들어오게 촬영한 항공사진을 보면 현대사회의 화려함과 허세에 흥분의 느낌을 감출 수가 없다. 그것들은 더러울 수도 있겠지만 분명 흥미진진하기도 하다. 고전이 된 크리스마스 영화 〈멋진 인생〉을 볼 때마다, 작은 마을 베드포드 폴스의 밤 유흥문화가 악독한 헨리 F. 포터의 운영 하에서 크게 발전했다는 느낌을 받는 것과 마찬가지이다.

기후변화를 부정하는 운동을 하는 사람들은 이런 다른 암호들을 직관적으로 이해하며 그것을 중심으로 의사소통한다. 2006년 워싱턴 D.C.의 보수적 싱크탱크인 경쟁기업연구소(CEI)는 고어의 〈불편한 진실〉을 둘러싸고 형성된 여론에 불만을 느끼고 그들의 관점을 보여주는 짧은 동영상을 만들기로 결정했다.

아주 간단하게 자체 제작하는데 3만 달러가 들었다. CEI의 법률 자문위원 샘 캐즈먼Sam Kazman이 대본을 만들어 사무실에 돌린 다음, 자료 화면과 음악을 넣어 영상을 만들었다. 포커스 그룹을 대상으로 검증해보았는지 묻자 캐즈먼은 미소를 지었다. 그는 그 어떤 종류의 검증도 하지 않았다고 말했다. 그들은 영상이 마음에 들었고 내용도 괜찮았기 때문에 바로 공개했다.

전국적으로 운동을 전개한다는 명분으로 영상을 내보낼 케이블 TV 광고 시간을 사는 데 3만 달러가 더 들었다. 물론 진짜 목적은 고어의 다큐멘터리에 대항해 언론이 가급적 그 영상을 많이 보도하도록 유도하는 것이었다. 캐즈먼은 "사람들이 '입소문이 났다'와 같은 말을 하기도 전에 이미 입소문이 났습니다."라고 말했다. 처음에는 우파 언론이 보도했지만, 이후 NPR,

BBC, 내셔널지오그래픽, 심지어 퀴즈 방송에까지 진출했다. CEI는 항의 메일과 전화를 받았다. 환경 운동가들은 그 영상을 싫어했지만, CEI는 아랑곳없이 그 영상을 전파하는데 집중했다.

영상은 어느 여름날 공원에 앉아 있는 사람들, 해변을 달리는 사람들, 숲, 야생 동물의 모습으로 시작한다. 이어 이산화탄소는 생명체에 반드시 필요하다고 설명하는 목소리가 나온다. 인간은 호흡할 때 이산화탄소를 내뱉는다. 식물은 이산화탄소를 들이마신다. 이산화탄소는 고된 노동의 세계에서 인간을 해방시켰고, 우리 생활을 환하게 밝혔으며, 우리가 사랑하는 사람들이 이동할 수 있도록 해준다. 이런 설명이 나오는 동안 타임스퀘어 밤거리, 그리고 자동차 뒷좌석에 아이를 태우는 장면이 나온다.

그러나 여기에 위험한 존재가 숨어 있다. 흔히 들을 수 있는 다큐멘터리의 어조로 해설자는 현재 일부 정치인들이 이산화탄소를 오염 물질로 지정하려 한다고 말한다. 그들이 성공한다면 어떻게 될지 상상해 보라. 그러면 우리 생활은 어떻게 될까? 해설자가 이런 말을 하는 동안 타임스퀘어의 밤거리와 차에 타고 있는 어린이 모습이 어둠속으로 사라진다.

검은 화면 위로 해설자는 "이산화탄소. 그들은 그것을 오염이라고 합니다. 하지만 우리는 그것을 생명이라고 합니다."라고 말하고, 화면은 어린 소녀가 밝은 햇살을 받으며 민들레 씨를 바람 속으로 불어 날리는 모습을 보여준다. 영상을 보고 있노라면 그 어린 소녀가 앞으로 살면서 겪을 삶의 신비가 연상되면서 오랜 여운을 남긴다. 캐즈먼은 "언젠가 저 소녀를 만나고 싶네요."라며 탄식하듯 말했다.

이 영상은 교활하고 짜증나게 하는 노골적인 거짓말이다. 그러나 동시에 굉장히 잘 만든 선전물이기도 하다. 정말 '미치도록' 훌륭해서 나 역시도 부지불식간에 이 영상을 전파하는 매개체가 된 적이 있다. 나의 의사소통 교육에 참가한 사람들과 함께 그 영상을 보면서 긍정적이고 보편적인 가치를 중심으로 담론을 형성하는 방법을 배웠으니 말이다. 이 영상은 감정적 뇌에 직접적으로 호소하는 방법을 알려주는 교과서적인 일례이다. CEI의 창립자 프레드 스미스Fred Smith는 "언제나 눈에 눈물이 맺히도록 만들어야 합니다."라고 말한다.

그 영상은 생명과 문명, 건강, 안전, 희망, 구원의 프레임을 교묘하게 편집했다. 그와 대조적으로 타임스퀘어 거리와 어린이가 어둠속으로 사라지는 모습은 쇠퇴와 죽음을 상징하는 은유이며, 이는 전 세계 모든 문화권에 통하는 은유일 것이다.

참으로 흥미로운 지점은 세계자연기금이 기후변화와 관련하여 주최하는 최대 대중 참여 행사인 '지구촌 전등끄기Earth Hour'가 동일한 은유를 사용한다는 사실이다. 매년 세계자연기금은 우리에게 딱 한 시간만 전등을 끄자고 장려한다. 웹사이트에서는 에펠탑, 리우데자네이루의 구세주 그리스도상, 뉴욕의 타임스퀘어 등 여러 도시와 국립 기념물에서 불을 끄는 모습을 보여준다.

싱가포르 창이공항 역시 지구촌 전등끄기 행사에 매년 참여한다. 창이공항은 한 시간 동안 조도를 낮추고, 이로써 아파트 한 동이 석 달 동안 사용할 수 있는 전기를 아꼈다고 자랑한다. 같은 석 달 동안 그 곳에 착륙하는 비행기 7만 대가 내뿜는 배기가스를 생각하지 않는다면 괜찮은 업적이다.

지구촌 전등끄기 행사의 공동 창립자이자 사무총장인 앤디 리들리Andy Ridley는 이 행사가 에너지 절약 행사가 아니라고 강조한다. "우리는 이 행사를 통해 사람들이 힘을 합치면 어떤 일이 일어날 수 있는지 보여주려고 합니다."

이는 거대한 상징이다. 거창하고 무의미한 싸구려 언사를 좋아하는 정치인들은 이 행사를 좋아한다. 유엔 사무총장 반기문은 "어둠의 60분을 세상이 빛을 볼 수 있도록 돕는데 사용합시다."라는 말로 지지를 표시했다. 영국 총리 데이비드 캐머런David Cameron은 지구촌 전등끄기 행사가 "지구촌 연대를 의미하는 거대한 상징이자 국제적인 참여를 보여주는 감격적인 본보기"라고 말했다.

세계자연기금은 이 행사가 대단한 성공을 거두고 있다고 생각한다. 사회적 규범을 만들어내는 작고 간단하지만 눈에 보이는 행동이자, 솔직히 말해 일반인의 관심을 끌고 기금을 조달하는 훌륭한 수단이기도 하다. 그리고 동시에 실시하는 지구촌 전등끄기 행사를 통해 수많은 헌신적인 환경 운동가들은 어둠속에 앉아 함께 참여하는 느낌을 공유하면서 연대를 표현한다.

그러나 상징을 이용하고자 한다면 제대로 해야 한다는 사실을 간과하지 말아야 한다. 아무리 생각해도 이 행사는 하락, 쇠퇴, 죽음의 보편적인 프레임을 기후변화의 상징으로 전 세계에 대대적으로 홍보하는 것 같다.

부정론자들은 이를 간파했다. 블로거 앨런 카루바Alan Caruba는 완전히 캄캄한 북한의 밤을 찍은 항공사진을 올리며 "북한은 언제나 지구촌 전등끄기 행사 중이다. 전기는 암흑시대와 현대를 가르는 차이다. 문명을 증오하는 사람은 언제든 황무지에 살면서 똥을 태워 요리를 하면 된다."라고 썼다.

그러나 진짜 문제는 지구촌 전등끄기 행사가 카루바나 그에 동조하는 사람들이 무엇을 생각하는지에 전혀 관심이 없다는 점이다. 가치를 공유하며 암호(연대, 책임 공유)를 읽을 수 있는 사람들이라면 이 행사를 충분히 이해하겠지만 그뿐이다. 기후변화를 둘러싼 환경 운동의 메시지를 일부러 배타적으로 전달하지는 않는다. 다양한 사람들에게 전달하고자 한다. 하지만 다른 사람들의 가치를 반영하는 데 관심이 없기 때문에, 미래 공통의 관심사를 중심으로 사람들을 연결하는 다리에서 벽돌이 계속 떨어져 나가고 있는 것이다.

25

분열

**왜 북극곰은
기후변화를 받아들이기
어렵게 만드는가**

어느 흐린 가을 일요일 오후 나는 이층 버스만큼이나 거대한 로봇인형 북극곰 오로라를 따라가고 있었다. 오로라는 이리저리 서성거리고 냄새를 맡고 으르렁거리면서 런던 길거리를 성큼성큼 걸었다. 목둘레에는 후원자 300만 명의 이름을 쓴 조각 천을 두르고 있었다. 오로라 앞에는 얼음 요정 세 명이 반짝이로 장식한 채 자유롭게 춤을 추고 있었다. 내 주변에는 얼굴을 하얗게 칠하고, 끝이 검은 코와 털이 복슬복슬한 하얀 모자, 귀를 붙인 사람들이 있었다.

나는 이 행사가 북극 개발에 반대하는 그린피스 시위라는 것을 알았지만, 만약 환경 운동가가 아니었다면 300만 명의 소원을 담은 채 2,000여 명이 밀고 있는 높이 12미터의 저 아이콘은 저거노트Juggernaut로도 알려진 힌두교 신 자간나트 마차의 연례 행진으로 보였을 것이다. 우리 모두 오로라의 발 아래에 납작 엎드려야 하는 건 아닐까 생각했다.

물론 이것은 종교가 아니며, 그렇다고 말했다면 실없어 보였을 것이다. 그러나 동시에 축제도 아니고 대규모 언론 선전도 아니다. 흥미롭게도 행진에 참가하고 있는 사람들에게 그 로봇인형에 대해 이야기해 달라고 했을 때 그들은 그에 대해서는 아무 말도 하지 않고 즉시 북극곰과 기후, 미래에 대한 우려를 이야기하기 시작했다. 그들에게 오로라는 집단적 가치와 우려를 투사할 수 있는 강력한 상징이었다.

북극곰은 기후변화를 의미하는 흔한 상징이다. 기후변화를 다룬 잡지의 표지, 보조 자료 영상, 사진 자료집 등 어디에나 있다. 《타임》지가 처음으로 기후변화를 다룬 특별호를 발간했을 때, 잡지의 표제는 "걱정하라. 매우 걱정하라."였고 표지 사진은 북극곰 한 마리가 작디작은 빙하에 올라앉아 우리가 북극곰에 투사하고자 하는 불안, 굶주림, 절박함 등이 어린 표정으로 정면을 응시한 모습이었다.

결과적으로 포커스 그룹의 사람들이 북극곰이 '기후변화에 가장 크게 영향을 받는 순수하고 연약한 환경'을 대표하기 때문에 마음이 끌린다고 말하면서 북극곰을 기후변화의 제1 아이콘으로 선택했다.

내가 지금까지 이야기해 본 환경 운동가들 중 그 누구도 자신의 단체에서 북극곰을 캠페인의 아이콘으로 선택하는 공식적인 결정이 있었는지 기억해 내지 못했다. 국립야생동식물연맹은 북극곰이 '탄광의 카나리아' 같은 존재이기 때문에 북극곰을 강조하는 것은 타당하다고 말하지만, 이는 설득력이 없는(그리고 동물학상으로도 혼란스러운) 비유이다. 북극곰의 앞에 놓인 미래는 장기적으로 밝아 보이지 않지만, 단기적으로는 북극곰의 개체 수가 일부 지역(특히 캐나다 허드슨 만 주변)에서는 감소하고 어떤 지역에서는 사냥 금지로 증가하고 있어서 매우 다양한 예측이 가능하다.

북극곰이 아이콘이 된 진짜 이유는 처음에 기후변화가 북극에 집중되어 있었고 환경 단체가 복합적인 자원의 문제를 상징하는데 언제나 거대 동물을 아이콘으로 사용했기 때문이다. 다른 그 어떤 진보 운동 단체도 이런 상징을 사용하지 않는다. 인권, 난민, 건강 자선 단체, 노동조합, 기업 조직, 종교 단체 상징물에는 그 어떤 종류의 곰도 등장하지 않는다. 개발도상국을 원조하는 영국의 자선 단체 크리스천 에이드Christian Aid는 "기후변화는 북극곰과 빙하 말고도 많은 대상을 위협합니다."라는 문구와 함께 한쪽에는 갈라진 땅 위에 아프리카 사람이 서 있고 다른 쪽에는 갈라지는 얼음을 보여주는 포스터를 통해 북극곰 상징을 비난하기도 했다.

좀 더 근본적인 조직의 역동도 작용하고 있다. 돌고래나 판다처럼, 북극곰은 대규모 기금 조성의 역동과 훌륭하게 결합된다. 여러 기관이 관련 상품, 토트백, '빙하를 지켜요' 물병, 엄마 곰과 새끼 곰 두 마리의 사진을 담은 '어머니날' 카드 등의 출시를 놓고 경쟁한다. 국립야생동식물연맹에 거액을 기부하면 120센티미터 크기의 북극곰 인형을 받을 수 있다.

또한 북극곰은 의상으로 만들기도 좋다. 시위를 할 때 대결보다는 언론에 비춰질 이미지를 고려한 선택이다. 그래서 북극곰은 '당신이 비행기를 타면, 나는 죽습니다.'라는 플래카드를 들고 행진하거나, '노숙자'라는 팻말을 걸고 구걸용 컵을 든 채 앉아 있곤 한다.

북극곰 상징의 가장 큰 문제는 우리의 인지 편향에 전혀 효과적이지 못하다는 사실이다. 피부로 느낄 수 없어서 힘든 기후변화 문제를 다루면서, 우리의 실생활에서 너무나도 피부로 느끼기 힘든 동물을 아이콘으로 선택했다. 실제로 동물원 밖에서라면 사람들은 실제 북극곰보다 북극곰으로 변장한 운동가들을 만날 가능성이 훨씬 높다.

아마도 얼음이 더 효과적일지 모르겠다. 햇빛이 쨍쨍하면 얼음이 녹는다는 것을 우리 모두 경험으로 알기 때문에 확실히 우리의 인지 모델에 쉽게 들어맞는다. 그러나 먼저 실물을 보여주지 않고서 그것이 사라졌다는 것을 보여줄 수는 없는 법이다. 녹고 있는 커다란 얼음덩어리는 여전히 크고 차가운 얼음덩어리일 뿐이다. 얼음과 펭귄, 북극곰이 오븐이 아니라 냉장고 광고에 주로 등장하는 데는 이유가 있다. 만약 지구 한랭화에 반대하는 운동을 펼치고자 할 때, 그 상징으로 낙타를 내세우는 게 타당하다고 생각하는가?

기호학은 이미지와 아이콘처럼 비언어적인 신호를 해석하고 연구하는 학문이다. 광고 기호학 연구의 선구자인 주디스 윌리엄슨Judith Williamson은 최근 들어 소설이나 시, 회화, 사진, 광고 같은 예술 분야에 눈과 얼음, 북극곰, 펭귄, 빙하를 찬미하는 작품들이 '눈사태'처럼 쏟아졌다고 말한다.

그녀는 이처럼 사라지는 대상에 집중하는 것은 우리가 앞으로 존재할 대상보다 사라질 대상을 응시하면서 앞보다는 끊임없이 뒤를 돌아본다는 사실을 의미한다고 주장한다. 그것은 상실과 비애에 물든 우리의 초상이다.

윌리엄슨은 이렇게 말한다. "천천히 한 방울씩 사라지는 얼음의 이미지는 정말로 강력하죠. 그 이미지와 함께 우리의 감정 또한 얼마나 꽁꽁 얼어붙겠어요! 우리는 곧 닥칠 어떤 일을 막을 수 있기를 바라고 있습니다. 빙하와 북극곰을 보호하자는 생각은 세상이 지금 이대로 정지했으면 좋겠다는 바람, 세상을 내버려두지 않고 붙잡으려는 바람과 통합니다."

26

전등을
끄지 않으면
강아지가 벌을
받는다

**최후심판일은
어떻게 따분한
일이 되었나**

공포 영화에서 자주 볼 수 있는 방식으로 카메라가 열린 문을 향해 미끄러지듯 다가간다. 방안에서는 아빠가 딸과 함께 침대에 누워 이야기책을 펼쳐 들고 있다.

아버지는 책을 읽기 시작한다. "옛날 옛적에 날씨가 아주 이상한 나라가 있었습니다. 어떤 지역에서는 찌는 듯한 더위가 계속됐고 어떤 지역에서는 심한 폭풍이 몰아치고 홍수가 일어났습니다. 과학자들은 이산화탄소가 너무 많아서 일어나는 일이라고 했답니다. 이산화탄소는 어른들이 에너지를 사용할 때 하늘로 뿜어져 나왔고, 이제 그 나라의 어린이들은 끔찍하게 변해버린 세상에게 살아가야 하겠죠."

아버지가 책을 읽는 동안 화면에는 책 속에 나오는 그림들이 등장한다. 이산화탄소를 품은 검은 구름이 하늘에 화난 얼굴 모양으로 나타난다. 번개가 친다. 몸을 흔들던 귀여운 강아지가 갑자기 불어나는 물에 휩쓸려간다. 우리는 '잠깐, 이건 평범한 옛날이야기가 아니잖아.'라고 생각하기 시작한다 (그리고 나중에는 분명히 많은 사람이 아이에게 이런 내용을 읽어주는 아빠도 정상은 아니라고 생각할 것이다).

어린 소녀는 커다란 눈에 눈물을 글썽이며 올려다본다. "아빠, 이 이야기는 행복하게 끝나나요?" 화면이 어두워진다. 이어 해설자의 목소리가 들린다. "이 이야기가 어떻게 끝날지는 우리에게 달려있습니다." 그리고는 '액트온CO2Act on CO²'라는 정부 웹사이트를 방문하라고 한다. 그러나 실제로 전달되는 메시지는 아주 분명하다. 전등을 끄지 않으면 강아지가 벌을 받는다는 내용이다.

900만 달러나 들어간 이 실패한 광고는 2009년 10월 9일 영국에서 가장 인기 있는 드라마의 중간 광고 시간에 처음 방영됐다. 광고가 나간 지 일주일 만에 광고를 감독하는 독립 기관 광고표준위원회Advertising Standards Authority에 이 광고가 정치적이고 잘못된 정보를 전달하고 있으며 어린이들에게 겁을 준다는 불만이 900건 이상 접수되면서 방영이 중지됐다.

기후변화에 대해 이야기하는 방식을 정부에 조언해왔던 소통 전문가들은 이 캠페인 광고가 그 모든 권고를 무시하는 창조력을 발휘했다는 데 혀를 내둘렀다. 확실히 이 짤막한 광고는 우울하고, 비판적이고, 작위적이고, 신뢰하기 어렵고, 거들먹거리는 모든 요소를 다 갖추고 있지만, 그 중에서도 정말로 천재적인 부분은(그 천재성을 생각하면 광고대행사는 상을 받아야 마땅하다) 다툼이 있는 과학적 사안을 아동용 동화의 형식으로 보여주었다는 점이다. 긍정적이고 원대한 비전을 보여주라고 정부에 조언했던 푸테라 커뮤니케이션스Futerra Communications의 에드 길레스피Ed Gillespie는 이렇게 말했다. "그 광고는 완전 쓰레기예요. 아무짝에도 쓸모없어요."

이 분별 없는 광고에 대한 반응은 처음 기후변화에 대한 경고가 나온 이래 모든 보도와 다큐멘터리, 기사를 통해 벌어진 논쟁의 핵심을 향한다. 바로 '과연 소통을 위해 우리는 재난으로서의 기후변화에 어느 정도로 집중해야 하는가?'라는 논쟁이다.

인지 전문가들은 우리가 행동을 취하려면 먼저 기후변화가 두려운 위험이라고 느껴야 한다고 말한다. 컬럼비아 대학교 지구연구소의 엘케 웨버 교수는 "급격한 기후변화에 잠재한 파멸적 본질과 지구적 차원의 악영향이야말로 위험에 대한 본능적인 반응을 불러일으킬 수 있는 요인이다."라고 쓰고 있다.

많은 전문가들은 대화에서 있는 그대로 말하지 않으면 부정직하다는 인상을 준다고 말한다. 선구적인 탐사보도 기자 로스 겔브스팬Ross Gelbspan은 자신의 직업은 진실을 이야기하는 것이며 애석하게도 기후변화에 관한 진실은 정말로 종말론적이라고 말한다. 오스트레일리아의 학자 클라이브 해밀턴은 환경 운동가들이 그에게 너무 비관적이라고 훈계하듯 얘기한다고 내게 말했다. 해밀턴은 환경 운동가들이 좀 더 희망을 품으라고 말하면서 그들 내면에 있는 나름의 부정을 극복하는 것 같다고 느꼈다.

앞서 광고에 대한 반응이 보여주듯이, 문제는 사람들이 위협이나 고립을 느낄 때 내면의 공포감을 둔화시키는 다양한 전략을 취할 수 있다는 사실이다. 부정하거나, 반신반의하거나, 위협을 경시할 수도 있고, 체념하거나, 전달자에게 분노를 표출할 수도 있다. 심리학자들은 이런 반응을 가리켜 부적응maladaptation이라고 한다. 부적응은 실제 위험을 감소시키기 위해 아무런 조치도 하지 않는 반응이다. 공포 반응에 관한 더 광범위한 연구 결과에 따르면, 사람들은 무감각해질 수도 있으며 관심을 유지하기 위해 더 큰 절박함이나 위협을 필요로 할 수도 있다.

이런 이유로 일부 의사소통 전문가들은 나쁜 소식을 상쇄하려면 긍정적인 비전으로 시작하는 균형 잡힌 담론이 필요하다고 주장한다. 이러한 접근법에는 인지적 근거가 있다. 의사결정 과정에서는 감정적 뇌가 주도하기 때문에, 첫 인상이 이후에 이어지는 결정을 좌우하게 된다. 실험에 따르면, 사람들은 소비 습관을 바꿔야 할 장기적이고 긍정적인 이유를 처음에 직접 자신의 말로 작성해 보라는 요청을 받으면, 개인적인 희생을 감수하는 데 훨씬 더 쉽게 동의하는 경향을 나타낸다.

그러나 예일 대학교 문화인지 프로젝트의 댄 카한은 이 접근법에 그리 동의하지 않는다. 카한은 이 접근법이 사람들은 '너무 지나친 경고도, 너무 적은 경고도 아닌 공포와 희망이 적절히 잘 혼합된 담론'에 자극을 받는다고 주장한다는 점에서 '골디락스goldilocks(과하지 않은 적당한 상태를 의미―옮긴이) 변증법'이라고 말한다. 카한은 위험에 대한 인식은 사회 집단의 내부 규범에 따라 형성되며, 효과적인 의사소통을 위해서는 완벽한 혼합을 찾는데 열중할 것이 아니라 이러한 가치에 대응해야 한다고 강조한다.

소통 전문가들 역시 재난 담론을 구성하는 방식에 있어서 그들 나름대로 문화적 편향의 영향을 받는다. 그들은 단순히 '두려운 위험'이라는 감각을 자극함으로써 사람들을 동기부여 하고자 하지만, 자신들이 지닌 가치와 세계관을 중심으로 메시지를 구성할 수밖에 없게 된다. 심리치료사 샐리 와인트로브Sally Weintrobe는 종말론적 메시지 전달 방식이 전달자가 자기도 모르는 사이에 본인의 불안을 자신이 끌어들이려는 사람들에게 투사하는 대처 기제일 수 있다고 말한다.

그리고 어떤 부분에선 부정론자들이 옳다. 환경 운동가 주변에는 정말로 많은 재난이 존재한다.

환경 운동의 등장은 종말이라는 어휘와 밀접한 관련이 있다. 최후심판일과 종말이라는 단어는 원래 고대 종교에서 비롯됐지만 널리 사용되기 시작한 것은 1960년대였다. 한 회의론자(물론 물리학자다)는 '지구온난화 이론 지지자들'에게는 일 년 열두 달이 할로윈이라고 쓰기도 했다.

가령 환경 소설가 존 앳체슨John Atcheson이 직접 쓴 '나는 꿈을 꿉니다.' 라는 글을 보자. "드넓은 산성 대양에 해파리가 득실대는 세상을 상상해 보십시오. 육지요? 육지에는 가뭄, 홍수, 산불, 기아가 끝없이 이어지고 있습니다. 연안 지역은 지구상에서 찾아볼 수 있는 지옥을 다 섞어놓은 곳이 될 것입니다." 정말 대단한 이야기이다. 그리고 이런 이야기는 넘쳐난다.

세계가 정의롭고 질서정연하고 안정적이라고 보는 사람들은 기본적으로 이 같은 종말론적 메시지를 혐오한다. 이런 임의적인 충격에 영향을 받을 수 있다는 생각은 착한 자는 복을 받고 나쁜 자만 벌을 받는다는 그들의 신념에 어긋난다. 한 실험에서는 이런 '정의로운 세계관'을 지닌 사람들에게 종말론적 메시지를 보여주자 기후변화에 대한 신뢰도가 극단적으로 하락했다.

그들이 실험에서 보여준 동영상 한 편은 자세하게 소개할 만하다. 한 남자가 기찻길 위에 서 있고 속도를 내면서 달려오는 기차가 남자 뒤로 점점 다가온다. 그 남자는 "어떤 사람들은 지구온난화로 인한 되돌릴 수 없는 결과가 30년 후에 나타난다고 말합니다. 30년이요? 나하고는 아무 상관없겠네요."라고 말한다. 그가 선로에서 비켜서자 그의 뒤에 서 있었던 어린 소녀가 보인다. 기차가 코앞까지 왔을 때 "아직은 시간이 있습니다. 지구온난화와 싸웁시다."라는 구호가 나타난다.

이 텔레비전 광고는 환경보호기금Environmental Defense Fund이 2006년에 만든 것이다. 헌신적인 환경 운동가들 외에(어쩌면 그들마저도) 그 누가 이 광고에 반응을 보일까 의심스럽다. 확실히 이 광고는 강력하고 주의를 끌지만 아무런 효능감도 만들어내지 못한다. 질주하는 기차에 직면했을 때 할 수 있는 최선의 방법은 뒤에 있는 소녀를 데리고 선로에서 뛰어내리는 일이다.

나는 앞에서 사람들이 최근의 경험에 비추어 새로운 정보를 평가한다는 사실을 보여줬다. 부유한 서구의 국민들은 환경이나 사회의 붕괴를 경험한 적은 거의 없지만, 붕괴의 예언이 맞지 않았던 사례는 대개 잘 각색한 이야기로 익히 들어서 알고 있다. 가장 먼저 머릿속에 떠올리는 이야기는 바로 이런 것들이다.

제2차 세계대전 이후 가장 크고 오랫동안 지속된 공포는 핵으로 인한 종말이 목전에 다가왔다는 두려움이었고, 이는 원자력에 대한 공포 및 초기의 환경 운동으로 자연스럽게 이어졌다. 회의적인 오스트레일리아 신문《에이지Age》는 '공포의 기후'라는 제목의 한 기사에서 이렇게 말했다. "그 폭탄이 불안의 연회에 참석한 망령처럼 다시 돌아왔다. 앨 고어부터 정부 간 기후변화협의체에 이르기까지 모두 지구에 암울한 소식뿐이었다."

환경보호주의에도 실현되지 않은 예언이 있었다. 로마클럽은 현대 환경보호주의의 기반을 마련했다고 평가받는 보고서《성장의 한계》에서 '과도함' 때문에 세계의 붕괴가 목전에 다가왔다고 예견했다. 이 보고서는 1972년에 발표됐음에도 불구하고 2쪽을 할애해 기후변화를 다루고 있다. 이 보고서는 1,200만 부라는 경이적인 판매부수를 기록했고, 이후 비관적인 예측이 쏟아지는 계기가 됐다. '최악은 아직 오지 않았다'라는 제목으로 이 보고서를 다룬《타임》지는 기사에서 "로스앤젤레스에서는 전염병에서 살아남은 수척한 몇몇 생존자들이 자급용 작물을 키우려는 희망으로 고속도로 중앙분리선의 좁은 땅, 뒷마당, 외딴 들판을 필사적으로 갈고 있다."라고 썼다.

그리고 계속해서 징조가 나타난다. 광우병, 조류 인플루엔자, 신종 플루, Y2K, 이라크 대량 살상 무기, 결코 끝나지 않는 테러 위협, 이밖에도 다양한 건강이나 영양, 경제의 '시한폭탄'이 존재한다. 이 모두가 전부 발생할 가능성이 충분하고 상당수는 그 어느 때보다도 가능성이 높다. 하지만 누군가가 이런 일을 예견할 당시에는 일어나지 않는 듯 보일 뿐이다. 그리고 사람들이 계속해서 비상태세를 취할 수 있는 능력에는 한계가 있다.

1990년대 초 이후 기후변화 부정론자들이 실패한 예언으로 자주 언급하는 이야기 중에는 떨어지는 도토리에 머리를 맞은 뒤 동물 친구들에게 하늘이 무너지고 있다고 외치는 〈치킨 리틀Chicken Little〉의 우화가 있다. 그 지역에 사는 교활한 늑대가 이런 공포를 이용해 어리숙한 동물들에게 자기 동굴로 피하라고 설득한 다음 동물들을 먹어치운다.

이는 사실 2,500년 전 즈음 불교 경전에 처음으로 등장했던 옛날이야기이다. 이후 이 우화는 이것을 이야기하는 각 사회의 도덕적 가치에 맞게 각색되어 계속 재창조되어왔다. 인도에서는 집단 공황 상태의 폐해를 알리기 위해, 티베트에서는 스스로 증거를 찾아야 할 필요를 말하기 위해, 유럽에서는 개인의 어리석음을 깨우치기 위해, 그리고 1943년에 나온 디즈니 만화에서는 전시에 떠도는 풍문의 위험성을 알리기 위해 이 우화를 차용했다. 하지만 무엇보다 이 이야기는 사회적 규범이 어떻게 작용하는지, 그리고 거짓말이 동료들 사이에서 되풀이되면서 어떻게 사회적 증거가 되어 가는지를 아주 잘 보여준다. 이런 측면에서 이 이야기는 기후변화와 큰 관련이 있다.

그러나 실패한 기후변화 예측에 한층 더 적절한 비유는 아마도 늑대가 나타났다고 외치던 이솝 우화의 양치기 소년일 것이다. 양을 지키는 한 소년이 늑대들이 다가오고 있다고 반복해서 외친다. 세 번 연속으로 거짓말을 하고 나니 아무도 더 이상 관심을 갖지 않게 되었고, 그때 진짜로 늑대들이 나타났다. 이솝은 이 이야기가 주는 교훈이 "거짓말을 하지 말라. 그렇지 않으면 진실을 말해도 아무도 믿어주지 않게 될 것이다."라고 말했다.

기후변화에 대한 확신은 늑대가 온다는 경고처럼 전달자의 권위와 정직성을 어떻게 인식하는가에 달려 있다. 일단 전달자를 신뢰하지 않게 되면 그 어떤 경고도 믿지 않게 될 것이다. 그러나 시기 역시 중요하다. 결과적으로 양치기 소년이 완전히 거짓말을 한 것은 아니다. 늑대는 정말로 있었고 실질적인 위협이었으며 진짜로 와서 양들을 잡아먹었지만, 양치기 소년이 외쳤을 때 그러지 않았을 뿐이다.

1989년에 미국항공우주국의 기후 과학자 제임스 핸슨은 "우리가 지켜야 할 환경이라는 양이 늑대의 손아귀에 난도질당할 때까지 기다려야 하겠습니까?"라고 물었다. 핸슨은 서늘한 기후가 몇 년 계속되면 기후변화에 대한 신빙성이 떨어질 수도 있다는 과학계 의견에 동의하지 않았다. "지금이 늑대가 나타났다고 외쳐야 할 때입니다."

핸슨은 맞기도 했고 틀리기도 했다. '늑대가 나타났다고 외친' 덕분에 기후변화가 국제적 사안으로 중요하게 다뤄졌다는 점에선 옳았다. 그러나 서늘한 기후가 몇 년 계속되면 신빙성이 떨어질 수 있다는 우려는 사실이 되었다. 측정 방법에 논란이 있기는 하지만, 2000년 이래로 지상의 기온은 안정을 유지하는 것으로 나타났다. 어떤 일이 일어날 수 있는지에 관한 복합적인 과학적 설명은 무시한 채 언론은 애초의 공포가 사실은 근거가 없었다는 식으로 보도했다. 더욱이 애초에 선정적인 제목으로 공포를 부추겼던 바로 그 신문과 뉴스 프로그램들이 그런 식으로 보도하는 것을 쉽게 볼 수 있었다.

언론 매체의 보도는 변덕이 심하고 일관성이 없다. 언론은 '피를 흘리는 기사일수록 주목을 받는다'는 경험상의 원칙에 따라 기꺼이 공포를 부추긴다. 2006년 IPCC의 보고서에 관한 언론 기사를 연구한 결과에 따르면, 기사에서는 '비극적인', '충격적인', '오싹한', '황폐한' 등과 같은 형용사가 빈번하게 사용되었으나, 이 중 그 어떤 단어도 원래 보고서에는 존재하지 않았다고 한다. 미국인의 40퍼센트가 언론이 기후변화의 위협을 과장한다고 믿는 것도 무리는 아니다.

기후 과학자 마이클 만은 이 같은 과장이 부정을 부추기는 미디어 순환의 일부라고 본다. "기후변화가 정말 심각하다는 말은 이제 진부해졌습니다. 그러자 기자들은 아이러니하게도 아무래도 과학이 과장됐다는 새로운 담론을 찾아야겠다고 느꼈겠죠."

그런데 과학자들과 이야기를 나누면서, 나는 그들이 데이터의 왜곡을 걱정할 뿐만 아니라 재난 담론을 구성하는 그 자체에 대단히 불편함을 느낀다는 사실을 감지했다. 그들이 생각하는 직업윤리에 따르면, 과학자는 모든 감정적인 과장을 제거한 균형 잡힌 결과물을 내놓아야 한다. 그리고 과학자들에게 그런 식으로 과학을 재구성하는 일은 마치 요리에 핫 소스를 끼얹는 모습을 보고 총주방장이 느끼는 감정만큼이나 모욕적이다.

과학자들의 직업적 자부심과는 상관없이, 과학이 증명하는 심각한 위협을 사람들이 존중하고 이해하고 주의를 기울일 방식으로 소통할 수 있는 가장 좋은 방법이 무엇인가라는 질문에 쉬운 답은 없다. 늘 그렇듯이 해결책은 다양한 전달자가 다양한 청중에게 다양한 방식으로 다가가는 다각적인 접근 방법에 있을 가능성이 높다. 댄 카한이 주장하는 대로 사람들은 이 같은 경고를 자신들의 가치와 문화라는 렌즈를 통해 이해한다. 10개의 코스로 이루어진 정찬을 원하는 사람이 있는가하면 핫소스를 잔뜩 뿌린 타코를 원하는 사람도 있다.

문제는 기후 침묵이 만연한 탓에 사람들은 좀처럼 그 어떤 선택지도 제공받고 있지 못하다는 사실이다. 우리 같은 환경 운동가들은 모두가 기후변화에 대해 이야기한다고 가정한다. 오스트레일리아 심리학자 세 명이 쓴 한 논문은 이렇게 적고 있다. "끊임없이 기후변화 위협을 다루는 언론 보도에 주로 나타나는 종말론적 묘사와 흔히 볼 수 있는 이미지가 기후변화의 위협에 아주 견고하고 실질적이며 심리적인 실체를 부여해 왔다."

진짜로 언론 보도가 끊임없이 이어졌다면 저 말은 사실이었을 수 있다. 그러나 블로거 조 롬^{Joe Romm}이 지적하듯이 미국의 대중문화에는 기후변화에 관련된 그 어떤 논의도 사실상 존재하지 않으며 주류 언론에서 아주 드물게 보도되는 기사마저도 수백만 달러짜리 화석연료 광고와 잡다한 뉴스 사이에 끼여서 나온다.

예를 들어 2011년 5월 주요 방송 3사는 북극 빙하의 기록적 붕괴 대신 한 작은 섬의 왕세자 결혼식을 대대적으로 보도했다(내가 직접 목격했다). 기후변화는 여전히 경제나 테러리즘을 비롯한 다른 어떤 긴급한 관심사에 비해 두각을 나타내지 못한다. 게다가 사실 사람들 대부분은 그마저도 보지 않는다. 퀴즈 프로그램, 드라마, 쇼핑 채널을 돌려가며 보거나, 물에 빠진 동물이 아니라 웃기는 동물을 보고 있다.

27

긍정주의

**긍정적인
꿈에 담긴
위험**

종말론적 기후 담론과 짝을 이루는 긍정적이고 낙관적이며 활기 넘치는 쌍둥이 형제가 있다. 바로 '긍정주의'다. 긍정적 담론은 종말론에 비해 훨씬 더 일관성 있는 논리를 펼치므로 다음과 같이 한 문단으로 요약할 수 있다.

기후변화는 어려운 문제이지만 동시에 커다란 기회이기도 하다. 인간은 언제나 역경과 싸워 이겨왔고 그 과정에서 더욱 강해졌다. 우리의 독창성과 기술, 자본주의는 믿을 수 없는 진보를 일궈왔으며 이는 앞으로도 계속될 것이다. 우리는 원한다면 무엇이든 될 수 있으며 진짜 적은 부정적인 생각과 좌절이다. 이런 적이 우리의 긍정적인 비전을 해치게 놔둬선 안 된다.

인지적 측면에서 긍정주의는 감정적 뇌에 직접적으로 호소하며 그 편향을 아주 잘 빠져나간다. 긍정주의는 불확실성을 자신감으로 대체한다. 단기적 희생에는 즉시 부와 지위라는 보상을 제공한다. 또한 기후변화를 둘러싼 실패와 자신감 상실의 흔적을 기술과 경제 성장의 과장된 자신감으로 상쇄한다.

미국인들은 특히 긍정주의에 치우치기 쉽다. 긍정주의라는 말이 널리 알려지는 데 기여한 언론인 바버라 에런라이크Barbara Ehrenreich는 "긍정주의는 우리의 마음을 개인적·국가적 성공과 결부시키는 미국적 행동 양식의 정수이지만, 그것을 움직이는 동력은 기분 나쁜 가능성과 '부정적인' 생각을 억누르거나 차단하기 위한 끊임없는 노력을 요구하는 무시무시한 불안감이다."라고 주장한다.

긍정주의는 기업가와 정치인들을 위한 선택의 담론이며, 위험을 감수하고 낙관론에 치우치기 쉬운 그들의 성향을 반영한다. 버락 오바마는 2008년 대통령 선거 토론회에서 "이것은 도전일 뿐만 아니라 기회이기도 합니다."라고 말했다.

긍정주의자들은 이 같은 도전과 기회 사이의 균형을 중국어 '危機(위기)'로 멋지게 표현한다. 그들은 이 단어가 재난을 뜻하는 글자 '危'와 기회를 뜻하는 글자 '機'가 결합된 단어라는 점을 강조한다. 그리고 이를 솜씨 좋게 엮어서 모든 위기에는 재난과 기회가 동시에 따라온다고 주장한다.

1960년 대통령 연설에서 그 글자를 사용했던 존 F. 케네디John F. Kennedy에게 영감을 얻은 앨 고어는 미국 상원에서의 기후변화 증언과 저서 《불편한 진실》에서 '위기'를 중심 주제로 활용했다. 최첨단연구소가 환경보호운동을 수정주의적 입장에서 비판한 보고서 〈환경보호 운동의 종말The Death of Environmentalism〉 표지에는 '危機'라는 글자가 커다랗게 쓰였다. 보고서의 중심 주제는 당연하게도 환경 종말론의 무익함이었다.

그러나 곤란하게도 사실 '機'라는 글자는 전혀 '기회'를 의미하지 않는다. 그것은 단순히 '시기'를 의미하며, 맥락에 따라서는 '비행기'나 '무기 화학'을 의미하기도 한다. 차라리 '비행기'나 '무기 화학'이 기후변화를 위한 비유로는 훨씬 나은 듯하다.

이처럼 특히 긍정주의자들은 일종의 선택적 인용을 하는 경향이 있다. 사우디아라비아의 석유 장관 알리 알 나이미Ali Al-Naimi는 기후변화 우려에 대해 긍정주의의 아이콘 윈스턴 처칠이 한 "비관주의자는 모든 기회에서 난관을 본다. 긍정주의자는 모든 난관에서 기회를 본다."라는 말로 대응한다. 마틴 루터 킹Martin Luther King Jr.은 카리스마 있는 리더십을 상징하는 또 다른 인물이다. 사람들은 미국인의 양심에 호소한 그의 연설이 "나는 악몽에 시달립니다"가 아닌, "나에겐 꿈이 있습니다"라는 긍정적인 말로 시작한다는 점을 언급하곤 한다.

따라서 긍정주의는 단지 대안적 관점이 아니다. 긍정주의는 종말론의 부정적인 면을 해소하는 담론이며, 그러한 담론에서 진짜 문제는 비관주의 그 자체다. 인용구와 강한 리더십을 좋아하는 긍정주의자들은 프랭클린 루즈벨트의 1933년 대통령 취임 연설에 나오는 구절 "우리가 두려워해야 할 유일한 대상은 두려움 그 자체이다."라는 말을 자주 인용한다.

그런 말을 전혀 인정하지 않는 원로 환경 운동가 데이비드 오어David Orr는 이렇게 반박한다. "진주만 공습 사건이 발생한 후 암울한 현실에 직면했을 때 프랭클린 루즈벨트는 낙관적인 말로 국민에게 다가가지 않았습니다. 런던 기습이 절정에 이르렀을 때 윈스턴 처칠이 영국 국민들에게 보낸 메시지도 낙관적이지 않았죠." 오어에 따르면, 지도자들은 그렇게 하는 대신에 확신을 갖고 감동적으로 진실을 솔직하게 이야기했다.

코펜하겐에 기반을 둔 단체인 서스테이니아Sustainia는 기후 긍정주의자들에게는 고향과도 같은 곳이다. 그곳은 '우울한 종말론 시나리오로 사람들을 겁주는 대신 영감과 동기를 부여하고자 낙관주의와 희망이라는 새로운 담론'에 근거하여 지속 가능한 미래를 그리는 것을 목표로 한다. 이 단체의 유인물에 '나에게는 꿈이 있습니다'가 자주 인용되는 것은 놀랍지도 않다.

심지어 서스테이니아에는 자체 언어인 서스테이니아어도 있다. 그들은 서스테이니아어로 '흥미진진한 가능성, 총명한 사람들, 긍정적인 이미지가 가득한 땅'을 묘사한다. 서스테이니아는 단순한 개념에 그치지 않는다. 그것은 '당신이 살아가는데 반드시 필요한 매우 기분 좋고 바람직한 생활양식'이다.

홍보용 애니메이션 동영상을 보면 거부할 수 없는 서스테이니아의 호화로운 가상 세계를 들여다 볼 수 있다. 늦여름 오후 햇살에 태양열 전지판과 회전하는 풍력 발전기가 빛나고 있고 경전철이 담쟁이덩굴로 뒤덮인 아파트 옆을 조용히 미끄러지듯 지나간다. 근육이 잘 잡혀 있고 이상하리만치 팔다리가 긴 멋진 사람들(떼쓰는 아이들은 보이지 않는다)이 야외 발코니에서 식사를 하거나 무성한 잔디밭에서 즐겁게 수다를 떨고 있다.

나는 이름이 아주 멋진 서스테이니아의 사무총장 로라 스톰Laura Storm과 이야기를 나눴다. 스톰은 일주일 후 첫 번째 아이를 출산할 예정이었고 이를 가리켜 스톰은 유창한 서스테이니아어로 "내 인생의 흥미진진한 새로운 장"이라고 표현했다. 스톰은 서스테이니아가 기업과 그 직원들에게 영감을 줄 수 있는 서스테이니아만의 기후변화 담론을 기업에 제공하기 위해 탄생했다고 말했다. 스톰은 "환경 단체가 기후변화 인식을 높이는 데 커다란 역할을 담당해 왔는데, 서스테이니아는 실현 가능한 담론을 통해 여기에 새로운 활력을 불어 넣고자 합니다."라고 언급하면서, 서스테이니아를 '일종의 번역기'라고 묘사했다. 이는 실질적인 해결책을 마련하기 위해 직접 기업과 함께 일하겠다는 의미이다.

이런 정신에 따라 매년 서스테이니아는 최고의 긍정주의자 아놀드 슈왈제네거Arnold Schwarzenegger가 사회를 보는 시상식을 열어 각종 해결책에 상을 수여한다. 슈왈제네거는 서스테이니아 가상 세계의 신기한 아바타처럼 생긴 지구의 몇 안 되는 인물 중 하나일 것이다. 2012년 슈왈제네거는 '녹색 해결책 액션 영웅의 새로운 혈통'에게 서스테이니아 상을 수여한 뒤, "보디빌딩이나 영화계, 정치계에서 최고가 되기 위해 싸우면서 나는 모든 사람이 문제의 일부가 아닌 해결책의 일부가 되도록 동기와 영감을 부여하는 일이야말로 성공의 비결임을 배웠습니다."라고 말했다.

서스테이니아가 발행하는 화려한 홍보물에는 미래의 액션 영웅 프라부Prabhu에 대한 이야기가 실려 있다. 시애틀에서 일하는 태양열 전지판 벤처 투자자 프라부는 비즈니스 회의에 참석할 때 '경량의 태양열 전지판을 날개에 부착'한 태양광 비행기를 이용한다. 서스테이니아에서 우리는 "에너지를 사용한다는 사실에 더 이상 죄책감을 느낄 필요가 없습니다. 이 에너지는 공해를 발생시키기 않으니까요. 아, 공기가 상쾌하네요."라는 말을 듣는다. '상쾌하다'는 '깨끗하다', '밝다'와 함께 서스테이니아어와 긍정주의 어휘에서 핵심을 차지하는 단어이다.

서스테이니아의 협력 파트너들 중에는 '더 영리하고 더 좋고 더 융성한 저탄소 미래'를 홍보하는 재계와 정부 지도자들로 구성된 국제 네트워크인 기후 그룹Climate Group이 있다. 특히 기후 그룹은 끊임없이 깨끗한 혁명을 이야기한다. 계급 갈등, 사회 정의, 땀에 절고 면도도 하지 않은 채 머리에 띠를 두른 폭도들로 상징되는 케케묵은 '더러운' 혁명이 아니다. 이것은 깔끔한 셔츠를 입은 임원들이 공항 환승 라운지에서 노트북으로 일하며 일궈내는 '깨끗한' 혁명이다.

자카리 카라벨Zachary Karabell도 이 중 한 명이다. 카라벨은 직접 자기 입으로 '만사에 낙관적'인 태도로 경력을 쌓았다고 하는 재무 관리자 겸 전문가이다. 세계경제포럼이 카라벨을 가리켜 '내일을 위한 글로벌 지도자'라고 부르는 이유도 바로 이 때문이다. 카라벨은 우리가 "혁신적인 진로 대신 비관적인 진로를 선택"해 왔다고 주장한다. 그는 기후변화가 우리가 두려워할 재난이 아니라 "인간이 만날 수 있는 또 하나의 장애물, 혁신과 창조성에 박차를 가할 수 있는 장애물"이라고 말한다. 또한 이것이 "우리를 강하게 만들 것"이라고 주장한다.

이런 활기찬 비전은 이미 생활에 어려움을 겪고 있는 수십억에 달하는 사람들과 '또 하나의 장애물'로 삶이 파괴될 수도 있는 사람들을 편리하게도 무시한다.

그러나 기술적 해결과 긍정주의에 젖은 엘리트들의 주도라는 담론은 전 지구적 규모의 공학적 해결책(보통은 지구공학, 좀 더 오싹한 말로는 '기후 교정'이라는 분야로 알려져 있다)을 통해 대기 중에서 탄소를 제거하거나 햇빛을 반사해 지구 밖으로 내보내는 암울한 미래상을 너무 손쉽게 수용할 수 있다.

이런 기술들은 스카이프의 공동 창업자인 니클라스 젠스트롬Niklas Zennström, 그리고 《포춘Fortune》지가 '지구공학 연구에 자금을 지원하는 세계적 인물'로 표현하는 빌 게이츠Bill Gates 같은 억만장자 기업가들을 매료시키고 있다.

2007년 앨 고어와 버진 항공 창립자인 억만장자 리처드 브랜슨 경Sir Richard Branson은 '대기에서 온실가스를 영구히 제거하는 상용화 가능한 방법을 찾는' 사람에게 2,500만 달러를 주는 소위 '버진 어스 챌린지Virgin Earth Challenge' 경연대회를 연다고 발표했다. 기묘하게도 11명의 결승 진출자를 발표한 곳은 캐나다 타르샌드 업계의 본고장인 앨버타 주 캘거리였다.

긍정주의는 기술적 해결에 대한 낙관의 목소리는 높이고 위협의 목소리는 낮춘다. 여기서 목소리를 조금 더 키우면 전면 부정의 늪에 빠지게 된다. 자유주의 싱크탱크 카토연구소와 하트랜드연구소는 기후변화의 존재를 강력하게 부정하면서도, 지구공학을 "비용 면에서 더 효율적"이며 "완전한 효과를 보려면 몇 십 년 혹은 몇 세기가 걸릴지 모를 온실가스 감축에 비해 몇 주 안에 효과를 볼 수 있는" 해결책이라고 아무런 거리낌 없이 홍보하고 있다.

부정론자들이 부정적 문제가 존재한다는 사실은 인정하지 않으면서도 긍정적 해결책은 지지할 수 있다는 사실은 흥미로운 동시에 중요한 의미를 지닌다. 낙관주의는 궁극적으로 기존의 위계질서를 인정하는 퇴행적 담론이다. 낙관주의는 소비 지향적인 생활양식을 장려하는 한편, 그런 생활양식을 뒷받침하는 뿌리 깊은 불평등, 오염, 낭비는 무시한다. 그리고 낙관적 목소리에도 불구하고 평범한 사람들 대부분이 종말론만큼이나 낙관주의에도 매력을 느끼지 못하는 이유가 바로 거기에 있다.

28

논쟁에서 이기기

과학적 담론은
어떻게 토론 대회로
변질됐는가

나는 워싱턴 D.C. 유니언 역의 카페에 앉아 마크 모라노가 굴 한 접시를 해치우는 모습을 보고 있다. 대니얼 카너먼은 거의 도교 명상 수행하듯 토마토 수프를 먹은 반면, 모라노는 마치 상어처럼 계속 말을 하면서도 굴을 소화시키는 방법을 터득한 모양이었다. 게다가 모라노는 정말 말을 잘했다. 모라노는 스스로 자기 입에 모터가 달렸다고 했다. 시끄러웠고, 절대 자신의 의견을 굽히지 않았다. 그는 상당히 재미있으면서도 그에 못지않게 소름도 끼쳤다.

모라노는 지구온난화를 부정하는 주요 전달자 중 한 명으로 텔레비전을 비롯한 여러 언론 매체에 계속해서 출연 요청을 받고 있으며, 다른 부정론자들과의 편안한 만남을 주선하는 역할도 하고 있다. 그런 측면에서 나는 활동가라기보다는 의사소통 전문가로서 그가 이야기를 좀 더 흥미롭게 만드는 방식에 관해 어떤 시각을 지니고 있는지 알고 싶었다.

그는 일단 상대방이 어떤 증거와 담론을 제시하는지 지켜본 다음 반격을 가해 완전히 '때려 부수는' 전략을 쓴다. 거의 모든 직업적 반대론자들을 인터뷰했던 기자 로스 겔브스팬은 반대론자들이 "부정하는 것의 실체로부터 심적으로 거리를 두며, 마치 체스 게임을 하듯 자신이 얼마나 똑똑한지를 보여주고 싶은 욕구에 따라 움직인다"고 결론 내렸다. 하지만 모라노의 경우 좀 더 공격적인 신체 스포츠를 떠올리게 한다.

모라노는 텔레비전 생방송이 선호하는 짧은 토론 형식을 통해 명성을 얻었으며, 그가 몸담고 있는 '건설적인 내일을 위한 위원회Committee for a Constructive Tomorrow'는 모라노를 '생생하고 공정하며 균형 잡힌 토론을 하는 신뢰할 수 있는 논객'이라고 언론에 홍보하고 있다.

확실히 그는 엄청난 기억력을 발휘하여 폭풍처럼 인용 자료를 언급하며 상대방을 제압하는 훌륭한 텔레비전 토론을 펼친다. 이스트앵글리아 대학교 기후연구소의 앤드루 왓슨Andrew Watson은 모라노와 텔레비전 생방송 토론을 하고나서 너무나 흥분한 나머지 마이크가 켜져 있다는 사실도 잊고 아주 잘 들리게 "세상에, 뭐 저런 재수 없는 놈이 다 있어."라고 말했다. 모라노는 좋아하면서 이렇게 말했다. "확실히 모라노는 재수 없는 놈이지!"

모라노는 일단 기후 과학자의 말을 옮긴 다음 그 말의 신뢰를 떨어뜨리는 전략을 주로 사용한다. 그는 재미를 즐기고, 특히 바보같거나 우스꽝스러운 말을 하는 사람을 몰아붙이고 조롱하기를 좋아한다고 말한다. 그러나 그가 자신의 블로그에 쓴 "과학자들이 넘어지고 있을 때 걷어차야 한다. 그들을 공개 태형에 처해야 마땅하다."라는 말은 그리 웃기지 않다. 모라노는 웃어 넘기려고 한다. "이봐요, 그냥 웃자고 하는 말이에요."

과학자들, 특히 모라노의 블로그에 이름이 언급된 이후 욕설과 협박이 난무하는 이메일 폭탄에 시달린 과학자들은 모라노가 괴롭힘과 협박을 부추긴다고 말한다. 내가 어떤 과학자에게 모라노를 만났다고 이야기하자 그는 "그를 만난 다음 샤워는 했겠죠?"라고 말했다. 다른 한 과학자는 모라노를 가리켜 '사악하고 고약'하며 '나치 선전원'이 되고도 남을 인간이라고 말했다. 두 사람 모두 자기 이름을 공개하지 말라고 신신당부했다.

펜실베이니아 주립대학교 지구계통과학센터의 소장 마이클 만은 하도 욕을 많이 먹어서 이제는 완전히 단련이 됐는지 이름을 밝히든 말든 더 이상 상관하지 않는다. 만은 모라노를 가리켜 '과학자에 대한 악의적인 거짓말을 퍼트리고, 과학자를 사람들의 적으로 돌리며, 과학자를 마치 목숨의 위협을 받고 다치거나 살해당해 마땅한 인간처럼 묘사하는 살인청부업자'라고 말한다.

모라노는 사과를 할 생각이 없다. 그는 자기는 그저 과학자들의 공식 웹사이트에서 찾은 연락처를 게재하고 자기 추종자들에게 생각하는 바를 과학자들에게 얘기하라고 제안했을 뿐이라고 말한다. 모라노는 자기가 공공에 봉사하고 있다고 생각한다. "과학자들은 격리된 채 살고 있습니다. 이제야 처음으로 일반인들이 어떻게 생각하는지 듣게 됐죠. 이는 신선하고 건전한 일입니다. 공개 토론에 유익한 일이죠."

과학자는 동료들과 함께하는 토론, 특히 컨퍼런스에서 전문가들끼리 정중하게 서로의 견해를 나누고 상호 심사한 논문에 꼼꼼하게 참조사항을 표시하는 식으로 토론하기를 좋아한다. 그들은 싸움에 능한 전달자가 이기는 과시용 토론을 싫어한다. 모라노 같은 활동가가 그 무엇보다 텔레비전 토론을 선호하는 것은 바로 이런 이유 때문이다. 텔레비전 토론회는 복합적이고 '사악한' 기후변화 문제를 단순한 편들기 싸움으로 변질시킨다. 모라노가 익히 알고 있듯이, 토론을 벌인다는 그 자체만으로도 기후변화는 여전히 논란의 여지가 있는 문제라고 사람들을 설득할 수 있다.

그러나 토론은 싸움이 아니다. 토론은 기후변화에 대한 견해를 형성하게 되는 과정, 즉 전달자의 신뢰도, 사회적 단서, '이야기의 충실성'을 가늠하고 마지막으로 어느 편을 들지 선택하게 되는 과정의 축소판이다.

2007년 3월 23일, 내셔널퍼블릭라디오(NPR)^{National Public Radio}는 미국 전역의 50개 계열 라디오 방송사와 함께 저명한 과학자들과 회의론자들이 '지구온 난화는 위기가 아니다'라는 주제를 놓고 벌이는 토론을 방송했다. 이 토론 은 청취자들이 토론 전후의 투표를 통해서 다소 조잡하기는 하지만 다양한 발표 양식과 담론을 평가하는 실험에 참여한다는 점에서 색달랐다.

토론 전에 실시한 투표 결과, 주류 과학을 옹호하는 사람들이 압도적으로 많았다. 그러나 토론 후에는 주류 과학을 옹호하는 사람들이 3분의 1 줄었다. 과학자들은 최고의 자격을 갖춘 팀이었고 세계 곳곳의 과학 기관 및 정부의 후원을 받는 입장이었다. 하지만 어찌된 일인지 그들이 졌다.

회의론자들이 토론에서 이기게 된 결정적 요인은 유머를 가미한 이야기와 사회적 단서를 적절히 사용한데 있었던 듯하다. 런던 대학교의 지리학과 교수를 역임하고 은퇴한 회의론자 필립 스탓^{Philip Stott}은 단순히 기후가 복합적이라고 얘기하지 않았다. 그는 기후가 토요일 밤의 글래스고(스코틀랜드의 항구도시―옮긴이)만큼이나 혼돈 상태이며, 기후를 이해하기란 "모차르트가 작곡한 멋진 신포니아 콘체르탄테 쾨헬 번호 364를 비올라 파트는 없고 바이올린 파트 중 4분의 1만 있는 상태에서 연주하려는 것"과 같다고 말했다.

스탓이 영국 신사인 척하는 동안 같은 편 동료인 소설가 마이클 크라이튼은 상대편을 위선자로 몰았다. 크라이튼은 "과연 지구의 청지기인 우리가 행동에 나서야 할 만큼 정말로 기온을 높여왔을까?"라는 질문을 던진 다음, 아무런 망설임 없이 "이건 제 친구들이 별장에 가려고 전용기에 올라타면서 즐겨 하는 질문입니다."라고 덧붙였다. 청중들은 폭소를 터트렸다. 크라이튼은 다시 이 위선적인 환경 운동가 얘기로 돌아와 그가 프리우스(토요타가 만든 하이브리드 자동차―옮긴이)를 사서 한동안 타고 다니다가 가정부에게 줬다고 말했다.

주류 과학을 옹호하는 사람들은 열심히 비유를 들었다. 미국항공우주국의 개빈 슈미트Gavin Schmidt는 과학자는 살인범을 쫓는 능숙한 과학 수사 요원과 같다고 얘기했다. 캘리포니아 대학교 샌디에이고 캠퍼스의 기상학 교수 리처드 C. J. 서머빌Richard C. J. Somerville은 지구온난화에 맞서 싸우지 않겠다고 선택하는 것은 높은 연체 이자가 붙은 신용카드 대금을 지불하지 않겠다는 것만큼이나 무책임하다고 주장했다.

이미 사회적 단서는 명확하게 드러났다. 주류 과학의 옹호론자들은 단정 짓기 좋아하는 엘리트주의자이자 위선자들이다. 회의론자들은 느긋하고 인생을 즐길 줄 알며 유머를 즐기는 사람들이다. 선거에서 나왔던 유명한 질문이 떠오른다. "누구와 함께 맥주를 마시고 싶은가?" 글래스고에 술을 마시러 가고 모차르트를 듣고 싶어 하는 사람인가? 아니면 신용카드 한도액이 초과되지 않길 바라는 사람인가?

과학의 옹호론자들은 좌절감을 느끼며 과학적 전문지식을 주장하기 시작했다. 스탓이 우주선cosmic ray(지구 외부에서 지구로 날아오는 방사선―옮긴이)이 기후에 영향을 미치고 있다고 주장하자, 슈미트는 "이는 완전히 거짓입니다. 당신은 그 말이 거짓인 걸 모르겠지만 나는 거짓이라는 걸 알고 있어요."라고 응수했다. 슈미트는 회의론자들이 "여기에 모인 사람들이 이해할 수 있을만한 이야기를 하고 있지 않다"며 불만을 토로했다. 이로써 슈미트는 상대편뿐 아니라 청중의 기분까지 상하게 했고, 이때 청중의 일부는 항의를 하거나 야유를 보내기 시작했다.

나는 브로드웨이가 내려다보이는 뉴욕 어퍼웨스트사이드의 좁고 복잡한 사무실에서 슈미트를 만났다. 흥미롭게도 그의 사무실은 시트콤 〈사인필드 Seinfeld〉에 자주 등장했던 탐스 레스토랑 바로 위에 있었다. 〈사인필드〉가 풍기던 살벌한 기운이 통풍 통로를 타고 위로 퍼졌는지 슈미트는 내가 이 책을 위해 인터뷰한 사람들 중 단연 가장 따지기 좋아하는 사람이었다. 내가 비교적 평범한 첫 번째 질문을 채 마치기도 전에 슈미트는 마치 배심원에게 깊은 인상을 주려고 작정한 거물 변호사처럼 내가 사용한 용어와 가정에 이의를 제기하며 달려들었다.

슈미트는 라디오 토론회에 괜히 나갔다고 후회했다. "돌이켜 생각해 보면 그 토론회는 자존심 싸움이었어요. 내가 분명히 옳으니까 확실히 틀린 사람에게 당연히 이길 수 있다고 생각했죠." 슈미트는 다시 토론을 한다고 해도 똑같이 하겠지만 먼저 입을 연 것만큼은 후회하고 있었다. "정치극은 내게 어울리지 않아요. 이성적인 논쟁에 적절한 환경이 결코 아니죠."

어느 날 저녁 한가하게 케이블 채널을 돌리다가 폭스채널의 존 스토셀John Stossel이 자신의 방송에 고정 출연하는 기후 회의론자와 토론을 하려는 과학자를 찾기가 어렵다고 불평하는 모습을 보면서도 나는 계속해서 슈미트가 한 말을 생각했다. 이어서 스토셀은 "토론 형태가 아니라는 전제하에 이 주제에 대해 이야기하겠다는 과학자를 찾기는 했습니다. 미국항공우주국 소속의 과학자 개빈 슈미트 씨를 모시죠."라고 말했다. 나는 생각했다. '이런 세상에, 그렇게 정치극을 혐오한다면서 슈미트는 미국의 텔레비전 방송 중 가장 정치적인 프로그램에 나올 생각을 했다니.'

슈미트는 아주 훌륭했다. 전달자로서의 신뢰를 쌓는데 필수 요소인 자신감 있는 태도로 과학의 핵심 내용을 명확하고 알기 쉽게 설명했다. 스토셀은 슈미트에게 전화 토론에 참여하지 않으려는 이유를 물었다. 슈미트는 이렇게 답했다. "저는 정치인이 아니니까요. 제가 과학을 논의하길 바라시면 언제라도 전화 하세요. 기꺼이 하겠습니다. 하지만 단지 재밌는 방송을 만들기 위해 논쟁을 벌이는 일에는 관심 없습니다."

타협하지 않고 따지기 좋아하는 슈미트의 태도는 작은 사무실에서 볼 때는 오만하게 보였지만 이 방송에서 보니 아주 적절하게 느껴졌다. 정치적 토론에 참여하기를 그토록 피했던 그는 텔레비전에서 가장 정치적인 현장에 들어와 '환경 독재'라고 쓴 제목 밑에 앉아 자신만의 용어로 자신의 과학을 설명할 준비를 했다. 아마 이제는 싸울 태세를 조금은 갖춰야 할지도 모르겠다.

29

20억 명의 방관자

라이브 어스는
어떻게
실패했나

케빈 월^{Kevin Wall}은 비벌리힐스에 있는 '제어실'이라는 딱 맞는 이름의 사무실에서 월드컵 개회식이나 밥 딜런, 마이클 잭슨, 프린스, 엘튼 존 콘서트와 같이 지구 곳곳에서 진행될 대형 행사를 기획한다. 월은 믿기 어려울 만큼 대규모의 인원을 상대한다. 그는 내게 "저기, 앨 고어가 만든 다큐멘터리 〈불편한 진실〉을 본 사람이 몇 명이나 될까요? 200만 명? 1,000만 명? 그 정도면 대단한 성공이죠. 역사상 가장 성공한 다큐멘터리예요. 나는 〈불편한 진실〉에 나오는 모든 요소를 다루는 24시간짜리 공연을 만들어 10억이나 20억 정도 되는 사람들이 보게 할 수 있으리라 생각했죠."라고 말했다.

이렇게 해서 7개 대륙(남극 대륙 포함) 11개 도시에서 동시에 진행되는 콘서트, 기후변화를 주제로 대규모 관중을 동원하는 역사상 최대이자 가장 야심찬 시도인 '라이브 어스^{Live Earth}'가 탄생했다.

월은 앨 고어의 프레젠테이션을 처음 봤을 때 너무 암울해서 중간에 나오고 말았다고 거리낌 없이 인정했다. 〈불편한 진실〉이 나왔을 때 월이 처음으로 한 생각은 "젠장, 그 슬라이드 쇼랑 똑같잖아."였다. 월은 앨 고어의 프레젠테이션을 보고 기후변화에 관심을 갖게 됐지만, 여전히 그 슬라이드 쇼가 마음에 들지 않았다. 월은 영향을 미치고 싶었고 이는 거대한 생각을 의미했다. 유명 인사를 초대하고 넓은 장소를 빌리고 큰 포부를 펼치고 싶었고 자기 회사가 그 일을 맡고 싶었다. "돈과 명성을 잃을 수도 있었지만 다른 무엇보다 나는 열정이 있었고 끝을 보고 싶었습니다."

월은 콘서트 형식을 통하면 방송 전파를 특별하게 이용할 수 있다고 주장한다. "황금 시간대에 세 시간 동안 방송내용을 온전히 장악하는 게 가능할까요? 불가능해요! 하지만 메시지를 담은 대규모 자선 콘서트를 열면 가능하죠."

그러나 어떤 메시지였을까? 라이브 어스는 출연자들의 예술적 진정성을 존중하면서도 기후변화 문제를 정확하게 부각시킬 수 있는 통일된 담론을 찾으려 애를 썼다. 결국 공연 사이사이에 정보와 연설을 짧게 내보내는 불편한 타협에 머물렀다. 정작 이런 정보와 연설은 마치 세금처럼 느껴졌다. 이산화탄소 배출 감소를 주제로 한 진심어린 연설이 끝난 뒤 영국의 DJ 크리스 모일스^{Chris Moyles}는 "심각한 내용이 끝났군요! 다시 쇼로 돌아가 볼까요?"라고 외쳤다

흔한 환경 담론들이 총집합했다. 런던 웸블리 스타디움에서 대단원의 막을 올리기 전에는 상징적인 전등끄기 행사도 했다. 조명이 다시 켜졌을 때 검은색 새틴 레오타드를 입은 마돈나^{Madonna}가 교복 차림의 어린이들(《뉴욕타임스》는 이를 가리켜 빈정거리듯이 '호그와트 학교 합창단'이라고 불렀다)과 함께 무대 위로 등장하더니 관중을 향해 욕을 했다. "지구를 지키고 싶다면

다들 뛰어. 자, 이 개자식들아, 뛰라고!" 150건에 이르는 불만이 접수됐다.

마돈나가 부른 노래는 딱히 뛰기에 적합한 곡은 아니었지만 긍정적이고 희망적인 내용으로 시작했다. "이봐 당신, 포기하지 마/그렇게 나쁘진 않아/아직 우리에겐 기회가 있어." 2절에서는 좀 더 적나라한 이기주의로 주의를 돌린다. "이봐 당신, 자신을 아껴/다른 누구에게도 의지하지 마/먼저 스스로를 사랑해." 이는 유감스럽게도 한 세대 전에 기아에 허덕이는 에티오피아 난민을 도울 기금을 마련하기 위해 열렸던 라이브 에이드Live Aid의 주제가를 연상시켰다. 그 노래는 "당신이 아니라 그들이라는 걸 오늘밤 신에게 감사해."라는 잔인한 가사를 담고 있었다.

마돈나 뒤의 화면에서는 굴뚝, 교통 체증, 홍수, 허리케인, 굶어 죽어가는 검은 피부의 어린이, 컨베이어벨트 위를 지나는 닭, 빙산 위에 앉은 북극곰, 불타는 열대우림, 녹아내리는 빙하, 석유 굴착기, 마틴 루터 킹 등 기후변화의 환경주의 버전에 기초한 이미지들이 보였다. 화면 상단에는 노래방에서처럼 노래 가사가 나타났는데, "ONE DAY IT WILL MAKE \$EN\$E(언젠가는 그 뜻이 통할 거야)"처럼 가사 중 'S' 부분을 달러 표시로 기괴하게 바꾼 것도 있었다.

언젠가는 그 뜻이 통할 거라고? 라이브 에이드와 라이브 8Live 8 콘서트처럼 이전에 월이 기획했던 세계적 행사들은 그 당시에 이미 그 뜻이 잘 통하고 있었다. 그 행사들은 에티오피아의 기아 난민과 부채 경감이라는 이미 잘 알려진 사안에 관심을 모으는 일이었다. 그러나 라이브 어스는 아직 사람들 대부분이 멀게만 느끼는 사안에 관심을 모아야 하는 행사였다.

월은 자신이 추진의 동력을 제공했지만 후속 조치가 제대로 이루어지지 않아 '대단히 실망'했고 환경 운동가들이 "제대로 협조해주지 않았다"고 불평했다. 라이브 에이드 콘서트를 기획했던 밥 겔도프Bob Geldof는 구체적인 조치가 따르지 않는다면 라이브 어스는 결국 '거대한 팝 콘서트에 그치게 될 것'이라고 이미 경고한 바 있다. 이에 대해 라이브 어스 대변인은 "사람들은 지구온난화를 알면서도 자신들의 생활양식을 바꾸는 데는 완전히 무관심합니다."라는 말로 대응했다.

결국 변화의 분위기 조성이 아닌 사소한 생활양식을 바꾸는데 초점이 맞춰졌다. 록 스타들은 자신들도 작은 일을 실천하고 있음을 보여주었다. 도쿄 공연에서는 일본 가수 아야카Ayaka가 관중들에게 "저는 시장 볼 때 비닐봉투 사용을 자제하기 위해 에코백을 가지고 다니기 시작했어요. 그리고 일회용 젓가락 대신 제 젓가락을 사용합니다."라고 말했다. 80년대에 인기를 얻었던 밴드 듀란 듀란Duran Duran은 아이러니한 실생활 팁을 제안하며 무대를 열었다. 리드 싱어 사이먼 르 봉Simon Le Bon은 "여기 올 때 전용기 이용하지 않은 사람 손들어 보세요."라고 말하며 자기 손도 들어 보였다. 이는 넉 달 전에 마이클 크라이튼이 라디오 생방송 토론에서 환경 운동가인 자기 친구들이 별장에 갈 때 전용기를 탄다고 빈정대듯이 한 말을 어설프게 받아친 것이었다.

어쩌면 이는 마돈나에게는 해당되는 말일지도 모르겠다. 콘서트가 열리기 몇 주 전 마돈나는 18개의 침실이 딸린 런던의 본인 소유 임시 숙소에서 영국 총리와 함께 자연식 저녁을 먹으며 환경을 논의했다. 마돈나는 비벌리힐스에 있는 1,200만 달러짜리 저택이나 뉴욕에 있는 400만 달러짜리 아파트에 있지 않을 때면 이곳에 머무른다. BBC 방송이 접촉한 한 전문가는 마돈나가 연간 배출하는 배기가스가 이산화탄소 1,000톤은 넘을 것이라고 추정했다.

기후변화는 담론을 모색하는 어려운 문제이며, 연예인들은 단순한 인간이 아니라 그들의 존재 자체가 담론이다. 연예인에 의해 규정되는 담론(부,

세계적 명성, 과시적 소비)이 환경 담론(단순함, 지역성, 소비 감소)과 충돌하게 될 때 문제가 발생한다. 라이브 어스를 본 한 시청자는 온라인에 "구운 돼지 고기를 먹으면서 채식주의를 홍보하는 꼴이네."라는 항의 글을 올렸다.

앨 고어의 대변인으로 일했던 칼리 크라이더Kalee Kreider는 라이브 어스에 참여한 연예인들에게 찬사를 보내며 그들이 참석하지 않았다면 그렇게 사람들의 관심을 끌지는 못했을 것이라고 말한다. "'와, 다이애나 왕세자비는 정말 지뢰 문제 해결에 방해만 되네.'라고 말하는 사람이 있나요? 그런 유명인들은 한 인간으로서 자신이 할 수 있는 최선을 다하고 있는 거예요. 그리고 그거 아세요? 하나님은 그들을 사랑하세요."

그러나 궁극적으로 연예인들이 그 행사의 성공 여부를 가늠하는 척도는 결코 아니었을 것이다. 정보를 알려주면 변화가 일어날 것이라는 가정 하에 그들은 사람들이 더 알고자 하도록 흥미를 불러일으키는 역할을 할뿐이다. 고어는 콘서트 준비 중에 언론에 이렇게 말했다. "사람들이 자신들이 초래한 위기와 그 해결책에 대해 충분히 알게 되면, 그때 바로 정치적 변화가 일어날 것입니다."

결국 이 행사는 충분히 많은 사람을 무장시키기 위한 숫자 게임이었고, 20억 명의 시청자를 목표로 했으니 정말 그럴듯한 도전이었다. 그렇게 많은 사람들을 한데 모으면 그것만으로도 역사적인 순간을 만들어 낼 수 있으리라 희망했다. 마치 콘서트를 여는 것만으로도 사람들을 행동에 나서게 할 사회 규범을 만들 수 있다는 듯이 말이다. 그러나 명확한 목표와 청중을 행동에 나서도록 자극할 동력이 없었던 탓에 그 행사는 20억 명이 한 발 비켜서서 다른 사람이 뭘 하는지 구경하는 전 지구적 방관자 효과만 낳고 말았다.

30

호펜하겐에서 온 엽서

**기후 협상은
어떻게 다가올 드라마를
준비만 하고 있는가**

2009년 코펜하겐은 유엔기후변화회의를 앞두고 한껏 기대에 부풀어 있었다. 실제로 코펜하겐의 모든 지하철역과 버스 정류장에는 지멘스와 코카콜라의 후원으로 '호펜하겐Hopenhagen'이라는 구호가 걸렸다. 코펜하겐 도시 전체가 지역 예술가들이 만든 유리 섬유 지구본, 토착민 얼굴을 크게 확대한 사진, 북극곰 얼음 조각, '사라지기 전에 기억해야 할 장소 100곳' 사진 등 환경 예술 작품을 전시하는 거대한 테마 파크로 변했다.

코펜하겐 시청광장 중심은 에너지를 절약하는 방법과 후원기업의 로고가 번갈아 나타나는 지름 15미터 크기의 지구본이 차지했다. 콘겐스 뉘토르브 광장 한쪽에는 골조와 펄럭이는 침대 시트로 만든 구조물이 있었다. 가까이 다가가서 살펴보니 거기엔 정치 활동을 촉구하는 탄원이 휘갈기듯 쓰여 있었다. 코펜하겐 항구에는 인어공주 동상 옆에 덴마크 조각가 옌스 갈쉬어트

Jens Galschiøt가 만든 〈뚱보가 살아남는 법Survival of the Fattest〉이라는 제목의 조각상이 새로 설치되었다. 이 조각상은 작디작은 양팔 저울을 든 백인 고도비만 정의의 여신이 물속으로 가라앉는 가냘픈 아프리카인의 어깨 위에 앉아 있는 모습을 담았다.

협상은 코펜하겐 외곽의 좁은 회의장에서 열렸다. 이곳에 가려면 자동차로 가거나, 반짝이는 단조로운 아파트 건물과 지멘스가 쓸데없이 회의장 옆에 세운 모형 풍력 발전기를 지나가는 지상 전차를 이용해야 한다. 늦은 오후 햇살이 비치는 이곳 풍경은 서스테이니아의 시원한 생태 환경과 불안할 정도로 닮아 있었다.

회의장 내부는 훨씬 덜 시원했다. 땀을 흘리는 참관인 1만 명과 언론인 5,000명이 서성거리며 서로 회의와 언론 행사를 하거나, 얼음 조각 앞에서 사진을 찍거나, 북극곰 의상을 입은 채 '인간을 구하자'라는 플래카드를 들고 걸어 다니는 환경 운동가들을 보고 있었다.

정치 연설에서는 거창한 말들이 등장했지만, 대부분 그렇듯 '우리'라는 애매한 표현을 담고 있었다. 오바마 대통령은 "우리는 이 공동의 위협에 직면하여 대담하고 단호하게 행동할 수 있습니다."라고 말했다. 중국 원자바오 총리는 "우리는 우리의 말을 실제 행동으로 보여줄 것입니다."라고 말했다.

익숙한 비유가 넘쳐났다. 미국 특사 토드 스턴Todd Stern은 "지구를 위협하는 공동의 위험에 직면해 함께 힘을 합치는, 옛날 만화책에서 보았던 그런 감수성이 필요합니다. 유성이나 우주 침략자는 아니지만 우리 아이들에게는 그와 다르지 않은 커다란 피해를 입힐 것입니다."라고 말했다. 덴마크 에너지 장관은 개회사(대본에는 십대 소녀의 페이스북만큼이나 느낌표가 넘쳐흘렀다)에서 이렇게 호소했다. "지금이 우리에게 기회입니다. 이 기회를 놓치면 새롭고 더 좋은 기회를 얻기까지 몇 년이 더 걸릴 수 있습니다. 기회가 안

올지도 모릅니다! 저탄소 시대로 가는 문을 엽시다! 해 냅시다! 바로 지금!"

그런 다음 참석자들은 다 함께 개회식 공식 영화 '지구를 도와주세요Please Help the World'를 보았다. 어린 소녀가 갈라진 땅 틈 사이로 떨어진 새끼 북극곰 인형을 잡으려고 애절하게 손을 뻗는데 갑자기 홍수가 밀려와 어린 소녀와 인형 모두를 집어삼키는 내용의 4분짜리 지구 종말 영화였다. 전등을 끄지 않으면 곰 인형이 벌을 받는다.

일 년 전 유엔기후변화협약의 사무총장 이보 드 보어Yvo de Boer는 그 회의에서 기한을 정하지 못하면 "기한을 계속 미루게 될 테고, 그럼 우리는 영화 〈타이타닉〉에 나오는 작은 악단의 신세를 면치 못할 것"이라고 경고했다. 기한은 정하지 못했고, 작은 악단은 연주를 계속해야 했다.

협상과정 자체를 아예 그만두는 게 낫지 않겠느냐는 말은 금기시된다. 환경 잡지 《에콜로지스트》의 편집장 올리버 티켈Oliver Tickell은 협상과정을 개혁하자는 제안에 사람들의 관심을 모으려 애쓰고 있다. 티켈은 그들이 정말로 구하고 싶어 하는 오직 한 가지는 바로 연례 회의라고 말한다. "그들은 하룻밤 동안 협상을 한 다음 토요일 날 단상 위로 올라가 모두 똑같은 말을 하죠. 우리가 합의하지 못하는 부분들에 대해서 미래의 어느 시점까지는 합의를 이뤄내기로 합의를 하였으니 역사적인 돌파구가 마련되었다고요. 그들은 언쟁을 벌이기도 하지만 이 행사를 존속시키고 딱 회의를 계속 개최할 만큼만 성과를 내고자 하는 계급이익을 공유합니다."

예상대로 유엔 집행위원회 위원장 조제 마누엘 바호주José Manuel Barroso는 실망스럽기는 하지만 그래도 미래의 더 큰 진전을 위한 긍정적인 발걸음이었다고 인정했다. 반기문 유엔 사무총장은 코펜하겐 회의가 '대단히 중요한 시작'이었다며 반겼다.

기후 협상은 항상 시작 단계에 있다. 그들의 상투적 표현을 빌자면, 앞으로 닥쳐올 드라마를 위한 '장을 마련'하는 단계에 있다. 유엔은 2007년 빈 기후 회담이 '발리에서 열릴 기후변화회의를 위한 장을 마련'했다고 공표했다. 미국 외교관계위원회는 2009년 코펜하겐 회의가 '야심찬 행동을 위한 장을 마련'했다고 설명했다. 유엔 기후변화 집행위원 코니 헤데고르Connie Hedegaard에 따르면, 더반 기후변화회의에서는 '2015년에 중대한 결정을 내리기 위한 장을 마련'하는 합의에 도달했다.

'장을 마련'한다는 말은 단순한 외교적 상투어에 그치지 않는다. 이는 담론의 프레임이기도 하다. 그 말은 회의가 실제로 아무런 성과를 내놓지 못하더라도 여전히 앞으로 다가올 거대한 드라마를 준비하고 있다는 것을 의미한다. 이는 마치 부유한 손님들이 저녁 만찬을 위해 계속 만나기는 하지만 결코 실제로 먹지는 않는 루이스 부뉴엘Luis Buñuel 감독의 초현실주의 영화 같다.

이처럼 돌고 도는 얼버무리기 말은 이제 기후협상과 관련한 모든 공식 연설의 수사적 양식이 되었다. "'우리의 목표는' '확고한 의지'를 가지고 '미래 협상 로드맵'의 '기초를 다지기 위한' '담대한 계획을 촉구하는 것이다.'"와 같은 말에서 볼 수 있듯이 동일한 구절이 반복해서 등장하며 새로운 패턴으로 재배열된다.

영국의 코미디언 마커스 브리그스톡Marcus Brigstocke은 〈더나우쇼The Now Show〉(BBC 라디오에서 방송하는 풍자 코미디 프로그램—옮긴이)의 '코펜하겐에 간 닥터 수스Dr. Seuss at Copenhagen'에 출연해 이렇게 풍자했다.

그렇게 그들은 망치고 절호의 기회를 날렸어.
그 대신 그들은 모두 외교 댄스를 추며 뛰놀았지.
그리고 바로 거기에서 그때 단호하게 결정했어.

최고의 해결 방법은 다시 만나는 것이라고.

그리고 더 푸르고 더 훌륭한 미래를 결정하자고.

지금 당장 행동에 나서지는 말고 나중에 어떻게든 해보자고.

31

선례와
대통령

**기후 정책은
어떻게 오리무중에
빠졌나**

국제적 협력을 성공적으로 이끌어낸 가장 최근의 세 가지 선례로 인해 흔치
않은 낙관적 분위기가 형성된 이때에 기후변화 문제가 부각되었다는 사실은
다행스러운 일이다. 돌이켜 생각해보면, 이러한 선례들이 대단히 비슷한 은유
를 담고 있는 탓에 정책 입안자들이 확연하고도 중대한 차이점을 알아차리지
못했다는 사실은 매우 유감스럽다.

첫 번째 선례는 1982년에서 1991년 사이에 미국과 소련이 협의한 전략
무기 감축협상(START)Strategic Arms Reduction Treaty이었다. START에서는 상호 입증
가능한 감축 목표와 일정이 수립되었고, 이러한 선례는 온실가스 배출 감소
협상에도 직접적인 영향을 미쳤다. 당시 상원의원이었던 앨 고어는 START
에 임하는 로널드 레이건Ronald Reagan 대통령에게 온건한 태도를 취하도록 압
력을 가한 초당파 의원들 중에서도 가장 적극적인 인물이었다. 고어는 기후

변화에 대한 단호한 정치적 행동을 촉구하는 비유로 이 협상을 자주 언급하곤 한다.

1980년대 중반 고어는 민주당 소속 콜로라도 주 하원의원 팀 워스[Tim Wirth]와 함께 미국이 오존층을 파괴하는 화학물질의 생산을 통제하도록 촉구하는 의회 차원의 활동을 이끌기도 했다. 이러한 노력은 두 번째 선례로 이어졌으며, 기후변화에 맞서는 정신적 모델을 제시했다.

오존 문제는 1970년대 중반 위성에서 살펴본 결과 남극 대륙 상공 성층권의 오존층 밀도가 지나치게 낮아졌다는 사실이 밝혀지면서 처음 대두되었다. 기후변화가 그렇듯, 오존층을 파괴하지만 그 외에는 별다른 해를 끼치지 않고 눈에도 보이지 않는 대기 가스들은 현대 기술과 생활 양식의 부산물이었다. 기후변화가 그렇듯, 이런 가스는 지구의 생명 유지 체계를 파괴하였으며 그 현상은 극지방에서 특히 심하게 나타났다. 그리고 기후변화가 그렇듯, 유일한 정보원은 과학 전문가와 컴퓨터 모델(환경 운동가들은 즉시 신뢰하고 대기업과 자유주의 싱크탱크는 늘 의심하는)이었다. 게다가 오존층 파괴의 주범인 프레온 가스는 강력한 온실가스이기도 하다.

이 모든 요인과 원인들은 기후변화의 경우와 놀라울 정도로 유사했으며 이전의 국제적 위협과는 전혀 달랐다. 그러니 기후변화와 오존 문제가 어떻게 서로 긴밀하게 연결되지 않을 수 있겠는가?

과학자들은 첫 교훈을 얻었다. 1992년 초 북극의 오존층 파괴는 미국항공우주국의 과학자들이 예측했던 수준보다 훨씬 덜한 것으로 판명되었다. 보수 언론은 정치적으로 환경 쟁점을 조장했다는 이유로 과학자들을 신랄하게 비난했다. 이 일로 크게 데인 과학계는 이후의 기후 문제에 대해서는 확신에 찬 예측을 극도로 꺼리게 되었다.

앞서 소개한 TV 광고의 어린 소녀가 아빠를 올려다보며 물었던 것처럼,

오존 이야기는 행복한 결말을 맞이했을까? 실제로 이 문제의 결말은 행복했고, 이후 다가오는 기후 문제에 상당한 영향력을 미치게 되었다. 다양한 참여자들이 맡은 바 역할을 수행했다. 다윗과 골리앗의 싸움이 있었고, 모든 훌륭한 신화에서처럼 현재의 상황을 회복시킬 해결책이 있었다.

오존 문제의 해결책으로 등장한 모델은 기업의 주도로 기술을 혁신하고 법적 구속력이 있는 국제법인 1987년 몬트리올 의정서에 의거하여 시장 기반의 배출 허용 시스템을 이행하는 것이었다. 당시 전체 과정을 주도했던 유엔은 이를 '역사상 가장 성공적인 환경보호 협약'으로 평가한다. 이러한 각각의 요소들은 아무런 문제제기 없이 새로 등장한 기후변화 문제에 반영되었다.

그렇게 오랜 시간동안 오존 담론과 온난화 담론은 엇비슷해졌고, 사람들은 뭐가 뭔지 완전히 헷갈리게 되었다. 1999년의 한 연구에 따르면, 미국인의 4분의 1은 오존층 파괴가 지구온난화를 유발하는 주요 원인이라고 생각하고 있었다. 그리고 프레온 가스를 에어로졸에 사용하지 못하도록 금지한 지 30년이 흘렀음에도 미국인의 4분의 3은 여전히 에어로졸이 지구온난화를 유발한다고 믿고 있었다.

기후변화에 대처하는 성공적인 모델이 될 법한 세 번째 선례도 있다. 바로 미국 내 이산화황 공해를 감축하는데 시장에 기초한 정책을 사용하여 성공한 사례였다. 이 문제 역시 기후변화와 기이할 정도로 유사점이 많다. 화석연료 연소의 부산물인 기체(이 경우 이산화황과 질소산화물)가 심각한 건강 문제를 유발하는 동시에 산성비 형태로 미국 전역에 환경 피해를 야기하고 있었다.

환경보호기금의 활기차고 젊은 회장 프레드 크룹Fred Krupp은 《월스트리트 저널Wall Street Journal》의 한 사설에서 '성장, 일자리, 납세자, 주주이익을 존중'하는 환경보호주의의 '세 번째 시기'가 도래하고 있다고 선언했다. 크룹은 기업이 오염 배출권을 경쟁 시장에서 매입하고 거래할 수 있는 시장 주도형 산성비 오염 해결책을 정식으로 옹호했다. 이러한 배출권 거래 모델은 자유시장을 신봉하는 공화당 정권의 보수주의와 완벽하게 통했고 '환경 정책 법안의 성배'로 일컬어졌다. 신화에 등장하는 인공물에 비유하는 것 자체가 이런 호소가 상당 부분 문화적으로 만들어진 담론이라는 사실을 강력하게 암시한다.

배출권 거래는 혁신에 보상을 주고 강력한 경제적 이익을 보호하는 자유시장에 근거한 수단이었다. 기술과 공학(이 경우 굴뚝에 부착하는 집진기)이 문제의 해결책이었다. 화석연료를 포기하거나 성장을 제한할 필요가 없었으며, 그 후 10년 동안 전력 수요는 거의 3분의 1 정도 증가했다. 문제는 해결됐고 파티는 계속될 수 있었다.

5년 후 세계 주요국들은 온실가스 배출을 줄이기로 한 약속을 지킬 방법을 논의하기 위해 베를린에서 만났다. 몬트리올 의정서 체결 이후 세계 주요국들은 유엔 주도의 구속력 있는 국제 조약을 기대했고 이번에는 온실가스 배출 감축을 위해 모였다. 미국의 주장(그리고 부통령 고어의 강력한 지지)에 따라, 산성비 법률에서 그대로 가져온 온실가스 감축 방안이 논의되었다. 탄소를 거래 가능한 상품으로 만들어 시장 가격이 형성되도록 함으로써 국가들이 배출권을 교환할 수 있게 한다는 방안이었다. 지금까지도 유엔은 '온실가스 감축을 위한 주요 수단'은 국제 탄소 시장을 구축하는 것이라고 단언한다.

탄소배출권 거래제도에 대한 의견은 크게 대립되었다. 환경 운동가들은 그것을 '탄소 카지노carbon casino'로 규정하고 협상이 열리는 동안 시위를 벌이며 지폐를 복사해 공중에 뿌렸다. 놀랍게도 자유시장을 지지하는 자유주의자들 역시 '시장 메커니즘'이라는 말을 '시장 사회주의'로 해석하며 똑같이 혐오를 드러냈다.

또한 배출권 거래는 책임을 분산하고 개인의 행동과 도덕적 책임 사이의 연결을 단절시키는 매우 복잡하게 얽힌 메커니즘이라는 사실이 밝혀졌다. 비행기나 차를 이용하든, 전기를 풍력 발전소에서 사든 아니면 화력 발전소에서 사든, 거래에는 아무런 차이가 없었다. 탄소 배출 허용량이 이미 정해져 할당되어 있기 때문이었다.

심지어 효과조차 없었다. 배출 허용량이 과다하게 할당되고 가스 상쇄gas offsets(배출한 온실가스 양만큼 감축활동을 하거나 환경 기금에 투자하는 것―옮긴이)에서 러시아와 우크라이나가 속임수를 쓰는 일이 횡행함에 따라, 선도적인 리서치 회사 톰슨 로이터 포인트 카본Thomson Reuters Point Carbon의 말을 빌리자면, 유럽의 거래 제도는 '시장 붕괴'에 이르렀다. 2013년 공해 유발 기업들이 할인된 가격으로 대량 확보해놓은 배출권의 양은 유럽 전체가 재생 가능 에너지와 에너지 효율 제고 노력을 통해 절약한 양을 능가하게 되었다.

새로 선출된 대통령이 기후변화 문제에 관심을 표명하면서 2010년엔 미국 내에서 기후변화 법안 마련을 위한 결연한 움직임이 일었다. 이번에도 환경보호기금의 프레드 크룹이 주도적인 역할을 했고, 다시 한 번 배출권 거래제도가 배기가스 감축을 위한 유일한 대안으로 제시되었다.

유엔과 유럽에서 이미 드러났듯이, 단순하고 효율적이라 여겨졌던 시장 메커니즘에 사실은 광대하고 장황한 기술적 지침이 필요했다. 오랜 시간을 끌다 마침내 하원 에너지 상업 위원회를 통과했을 때, 미국 청정에너지안보 법안은 감시와 평가, 할당 절차를 포함해 1,428쪽에 이르는 엄청난 분량으로 늘어나 있었다. 석유 및 석탄 대기업의 저항을 무마하려고 대단히 넉넉하게 할당량을 정했음에도 불구하고 법안은 실패할 운명에 처했다.

국제적 차원에서 유엔은 개발도상국들이 남는 배출권을 선진국의 오염 유발 기업과 거래할 수 있도록 지원하는 청정개발체제(CDM)Clean Development

Mechanism 프로젝트를 계획했다. 《이코노미스트Economist》는 이를 가리켜 광범위한 사기행위로 의심되는 '난장판'이라고 묘사했다. 남는 배출권의 절반 이상이 몇 안 되는 아시아 기업들에서 나왔는데, 그들은 아주 강력하지만 잘 알려지지 않은 온실가스 HFC-23을 주로 생산하는 기업들이기 때문에 그것을 감축했다는 그들의 주장이 그대로 먹힐 수밖에 없었다.

2012년 청정개발체제 이사회는 개발도상국들이 석탄 화력 발전소의 효율성을 증진시킨다면 배출권을 부여할 수 있다고 발표했다. 이제 유럽의 새로운 석탄 화력 발전소는 인도의 새로운 석탄 화력 발전소에서 탄소 배출권을 구매하여 배기가스를 '상쇄'할 수 있다. 이것은 이쪽에서 돈을 뜯어 저쪽에 주는 행위라기보다는 모두에게 돈을 뜯어 양쪽 모두에게 나눠주는 행위에 가깝다.

이런 안타까운 역사를 살펴본 옥스퍼드 대학교 스티브 레이너Steve Rayner 교수와 런던 정치경제대학 귄 프린스Gwyn Prins 교수는 애초에 군비 축소, 오존층 파괴, 이산화황에 적용했던 방식을 기후변화 대처를 위한 모델로 삼지 말았어야 했다고 결론 내렸다. 두 사람은 군비 축소, 오존층 파괴, 이산화황과 같은 문제들은 달성 가능한 명확한 목표가 존재하는 '온순한' 문제라고 말한다. 반면에 기후변화는 전반적으로 훨씬 더 규모가 크고 복합적이며 불확실한 '사악한' 문제이다. 두 사람은 "경험에만 의존하면 돌이킬 수 없는 상황이 벌어질 수 있다"고 말했다.

정말로 치명적이다. 안타깝게도 그 과정에서 지금까지 이 책에서 말해왔던 모든 심리적 결함을 압축한 인지 오류가 광범위하게 발생했다. 의사결정자들과 정책 전략가들은 일반인들과 전혀 다르지 않으며 똑같은 인지적 한계에 얽매인다. 매 단계마다 그들은 손쉽게 이용할 수 있는 선례에 의존했고 지나치게 단순하고 비유적인 유사성에 근거하여 추정했다. 그 어느 때보다도 활발한 확증 편향을 통해 그들은 사회 규범을 주변 사람들에게 홍보했고, 그로 인해 그들은 계속해서 같은 실수를 반복하게 됐다.

앞서 소개했던 선례들은 기후변화에 비하면 훨씬 감당하기 쉬운 규모였다. 선례들에서 관련 당사자의 수는 극히 소수였다. 산성비 프로그램의 관련 당사자는 전력 설비업체 25곳과 발전소 110곳에 불과했다. 12개 기업과 그 자회사가 오존층을 파괴하는 화학물질 대부분을 생산하고 있었고 듀폰 사의 생산량이 세계 생산량의 4분의 1을 차지했다. 이 모든 기업의 CEO들을 같은 칵테일파티에 불러 모아도 여유롭게 참석할 수 있는 정도다.

나아가 오존층 파괴와 산성비로 인해 발생하는 피해는 오염을 통제하고 나면 한 세대 안에 복구할 수 있다. 따라서 이런 문제들은 낙관적인 해결과 회복이라는 담론을 형성하지만, 기후변화처럼 되돌릴 수 없고 그 끝을 알 수 없는 문제에는 지극히 부적절하다.

프레임은 그저 관심을 모으는데 그치지 않는다. 관심을 배제하는 영역도 규정한다. 앞선 선례들은 기후변화에 제한된 의미만을 부여함으로써 다른 접근방식을 적극적으로 배제했다. 그 선례들은 기후변화를 환경 쟁점으로만 규정했고, 자원, 에너지, 경제, 건강, 사회권 문제가 될 기회를 배제했다. 그 선례들은 배출권 거래를 통해 기후변화를 가장 잘 관리할 수 있다고 단정했으며, 규제, 과세, 할당을 통해 관리할 생각을 배제했다. 그리고 오존층 파괴를 예방하는 과정에서 성공을 거두고 우쭐했던 유엔은 지역적 혹은 다자간 협정이 아닌 국제 의정서를 통해 기후변화를 가장 잘 통제할 수 있다고 단정했다.

그러나 오존층 파괴와 산성비의 선례에서 찾아볼 수 있는 가장 큰 프레임 실수는 기후변화를 오로지 가스 문제로 규정할 수 있다는 생각이었다.

이는 분명 우리의 치명적인 실수가 될 것이다.

32

유정과 배기관

**우리는
왜 끄고 싶은 불에
부채질을 하는가**

사실 어떻게 보면 기후변화는 무척 단순하다. 우리는 화석연료를 찾는다. 화석연료를 땅에서 파낸다. 이를 처리해서 판매한다. 그 다음에는 이를 태운다. 배기가스 중에는 이산화탄소가 있고 이는 대기 중에 열을 가둬서 지구온난화를 유발한다. 물론 실제로는 다른 가스, 원천, 흡수량도 관계하겠지만, 이것이 기본적인 탄소 순환이고 문제의 대부분을 대표하며 각종 교과서에 등장하고 모든 정책의 기초를 이룬다.

즉 이 문제에는 사슬, 다른 말로 표현하면 경로가 존재한다. 한쪽 끝에는 탐사, 개발, 생산이 존재하며, 나는 이것을 '유정油井'(탄광을 포함하는 용어로 사용한다)이라고 부를 것이다. 그리고 다른 한쪽 끝에는 판매와 가스 배출로 이어지는 연소가 존재하며, 나는 이것을 '배기관'이라고 부를 것이다. 따라서 기후변화에 대처하려면 양쪽 끝을 포함해 그 사이에 존재하는 모든 단계에 개입할 정책을 고려해야 마땅하다.

그러나 실제로는 그렇지 않다. 모든 정부가 내세우는 정책을 보면 배기관에서 나오는 배기가스에만 초점을 맞추고 유정에서 생산되는 연료는 무시하는 프레임이 두드러지게 나타난다. 주류 전문가들은 두 부분이 서로 완전히 독립된 영역이라고 생각했지만, 급진적인 환경 운동가들은 그 두 부분을 연결하고자 노력해 왔다. 이것은 그 자체만으로는 우리가 기후변화의 위험을 무시하는 이유를 설명해주지는 못하지만, 기후변화 담론과 정책 전반에서 근본적인 단절이 나타나는 이유를 설명해준다.

이런 상황은 기후 과학 연구를 지원하는 단체가 어떻게 석유·가스 회사의 탐사 작업에도 보조금을 지원할 수 있는지, 그리고 런던 과학박물관이 어떻게 셸오일로부터 받은 기금으로 기후변화 전시관을 열 수 있는지를 설명해준다. 또한 세계 제8위 석유 수출국인 노르웨이가 어떻게 기후변화를 위한 행동의 대표자로 자처할 수 있는지도 설명해준다. 그리고 오바마 대통령이 2012년 대통령 선거 토론회에서 언제나처럼 1인칭 복수형을 사용하여 "우리가 더 많은 석탄을 생산하고 있기는 하지만 더 깨끗하고 똑똑하게 생산하고 있고 석유나 천연가스의 경우도 마찬가지입니다."라고 말해 놓고 어떻게 몇 달 지나지 않아 "우리는 행동에 나서야 합니다. 하지만 석유를 계속 파내면서 에너지와 기후 문제를 해결할 수는 없습니다."라고 말할 수 있었는지 그 이유를 설명해준다.

또한 기후 위기를 가리켜 '21세기의 주요한 위협'이라고 한 힐러리 클린턴이 어떻게 2012년 6월 900조 달러 규모의 북극 석유자원 개발을 따내기 위해 노르웨이를 방문할 수 있었는지를 설명해준다. 힐러리 클린턴의 내면의 충돌은 6월 2일 정점에 이르렀다. 클린턴은 과학 탐사선을 타고 녹아내리는 북극을 관찰하는 일정으로 하루를 시작했다. 클린턴은 이를 가리켜

'정신이 번쩍 드는' 경험이라고 표현했다. 배에서 내린 뒤 점심식사로 현지 해산물 별미를 즐긴 다음, 곧바로 북극의 석유 생산량 확대 계획을 논의하기 위해 노르웨이 스타토일Statoil(노르웨이의 다국적 석유가스 기업—옮긴이)의 CEO와 엑슨모빌의 노르웨이 지사장이 참석하는 회의장으로 향했다.

영국의 경우 에너지와 기후변화를 동일한 정부 기관에서 관장하면서 배기가스를 감축하고 석유 생산을 후원하는 활동을 동시에 하고 있다. 어떤 달에는 '에너지' 및 기후변화부 장관이 영국 연안에서 200억 배럴의 석유를 시추하기 위한 신규 면허 입찰을 하겠다고 자랑한다. 그 다음 달에는 에너지 및 '기후변화'부 장관이 배기가스를 10퍼센트 감축하겠다는 야심찬 정부 계획을 발표한다.

많은 활동가들은 이 같은 모순을 석유 기업이 비밀리에 영향력을 행사하는 증거로 간주하겠지만, 다른 국제적인 문제를 다루는 정책의 경우 설사 강력한 기득권이 작용하더라도 이런 식으로 생산 부분을 무시하는 경우는 없다. 어업의 경우 어업권과 생산량 할당을 통해 관리한다. 불법 벌목은 허가권과 삼림 관리를 통해 차단한다. 악명 높고 사악한 문제인 마약의 경우 생산 부분을 무시하는 정책은 생각도 할 수 없을 것이고 이것이 바로 미국 정부가 국제차원의 억제정책에 연간 20억 달러를 쏟아 붓는 이유이다. 조지 W. 부시가 말했듯이, 만약 우리가 석유에 중독돼 있다면 화석연료 생산을 무시한 기후변화 정책은 마치 양귀비 밭, 코카인 제조 시설, 밀수 조직, 마약 판매상을 무시한 채 마약 중독자에게만 초점을 맞추는 정책과 같다.

이처럼 다른 사례와 비교해 볼 때 기후변화 정책은 생산 부분의 규제에 한층 더 초점을 맞춰야 마땅하다. 세계 석유 생산량의 3분의 2는 단 10개의 석유 기업, 혹은 다른 각도에서 보면 단 10개국에 의해 생산되고 있다. 대표자들이 전부 참석하더라도 회의 탁자 하나에 여유롭게 둘러앉을 수 있는 정도다. 세계 석탄 생산량의 3분의 2를 차지하는 중국과 미국의 대표가 앉을 자리도 충분히 남을 것이다. 협상이론 연구로 노벨상을 수상한 토머스 셸링이 보기에 문제는 자명했다. 셸링은 기후변화 정책이 '지독하게 복잡한 잡동사니'같다고 생각한다. 셸링에 따르면, 해결책은 무척 단순하다. "이 문제를 단순화할 수 있는 방법은 화석연료 생산량의 상한을 정하는 것입니다. 유정에서 파내는 석유와 가스 생산량의 상한을 정하고 탄광에서 파내는 석탄 생산량의 상한을 정하면 되죠." 내가 그런 방법을 제안했던 사람이 아무도 없는 이유가 무엇이라고 생각하는지 묻자, 셸링은 "미국의 유력 정치인 중 그 누구도 기후변화라는 주제에 대해 진실하고 솔직하게 말하려고 하는 이가 거의 없다는 말 외에는 그럴듯한 이유가 떠오르지 않네요."라고 말했다.

하버드 대학교의 정부경제학 교수 로버트 N. 스태빈스[Robert N. Stavins]도 그 말에 동의한다. 스태빈스는 배출권 거래 모델을 지지하지만, 그 선례로 배기가스(배기관 출력량)가 아니라 휘발유에 함유된 납 성분(연료 투입량)에 초점을 맞췄던 1980년대 유연 휘발유 단계적 폐지 시의 거래 모델을 적용해야 했다고 주장한다. 스태빈스는 가장 저렴하면서도 시행 가능한 제도는 연료에 포함된 탄소량에 세금을 부과하는 방법이라고 말한다.

이쯤에서 나는 궁금해졌다. 정책을 결정하는 정부와 전문가들이 다양한 정책적 대안을 분석하고 나서 배기가스의 원인인 화석연료는 무시한 채 배기가스만을 규제하고 거래하는 방법이 최선의 정책이라고 결정한 것은 과연 언제였을까?

답은 그런 논의를 한 번도 한 적이 없다는 것이다.

기후변화 과학은 그동안 온실가스와 온실가스가 유발할 수 있는 잠재적인 영향에만 관심을 가져왔다. 1990년 정부 간 기후변화협의체(IPCC)는 처음으로 국가별 온실가스 배출 일람표를 작성했고, 이는 이후 국제 협상의 기초가 되었다. 그러나 IPCC에 국가별 화석연료 생산 일람표를 작성할 권한은 없었다. 초대 의장이었던 존 휴턴 경은 생산되는 화석연료와 이후에 발생하는 온실가스 사이에 아무런 차이가 없다고 본다. 휴턴 경은 이렇게 말했다. "당연히 그 둘은 본질적으로 똑같습니다. 문제는 화석연료 생산에 관한 논의는 과학의 영역이 아닌 정책의 영역이라는 점입니다. 우리는 압력을 받고 있었기 때문에 정책에 관해서는 입을 다물어야 했습니다. 정도가 지나쳤을지 모르지만 그렇게 할 수밖에 없었습니다."

IPCC 의장직을 14년 동안 맡으면서 휴턴 경은 유정 단계에서부터 생산을 통제하자는 제안이나 논의를 단 한 번도 들은 적이 없다고 회상했다. "그 문제를 한 번도 다루지 못했다는 사실은 유감이지만, 이는 과학의 문제가 아닙니다. 정책의 문제죠."

하지만 정책 집단에서도 이 문제를 다룬 적은 없었다. 석유업계의 지질학자로 일하다가 나중에 그린피스를 위해 활동했던 원로 기후운동가 제레미 레깃Jeremy Leggett은 1990년 이후 국제 기후 협상의 모든 주요 정책 토론에 참여해왔다. 그렇지만 레깃은 누군가가 공식적으로 석유, 가스, 석탄의 신규 탐사 및 개발을 제한하자고 제안한 적은 단 한 번도 없었다고 기억했다. 그는 "돌이켜 생각해 보면 우리는 이런 논의를 좀 더 일찍 할 수 있는 기회를 놓쳤던 것 같습니다."라고 말했다.

그러면서 레깃은 이렇게 덧붙였다. "그렇다고 딱히 석유 회사나 생산자가 적극적으로 생산 통제를 하지 못하도록 나선 적도 없었습니다. 어쩌다보니 시대 분위기에 따라 배기가스를 규제하는 접근법을 채택했고 그 속에서 석유 기업이 이익을 취하게 됐을 뿐이죠."

레깃의 의견은 중요하다. 화석연료 생산을 보호하려는 대단히 강력한 국가적·상업적 이해관계는 물론 존재한다. 석유 생산을 제한하려는 시도는 극심한 반발에 부딪히게 될 것이다. 그러나 싸움도, 투쟁도, 막후 거래도 없었다. 이 문제를 단 한 번도 논의한 적이 없었으니 굳이 그럴 필요도 없었다.

제니퍼 모건Jennifer Morgan은 일을 시작한 이래 거의 줄곧 기후 협상에 헌신해 왔다. 모건은 교토의정서 협상 기간 내내 세계자연기금 대표단장을 맡았고, 1994년 이래 모든 협상에서 활동 팀을 이끌어왔다. 레깃과 마찬가지로 모건은 배기관에서 나오는 배기가스에 초점을 맞추는 결정이 언제 정해졌는지 말하지 못했다. 모건은 내게 "그저 아주 오랫동안 당연시되어왔어요." 라고 말했다. 모건과 레깃은 운동가와 협상가들은 모두 똑같이 그들이 처한 조건 하에서 최대한 바람직한 협상결과를 이끌어내고자 노력해 왔으며 오직 배기관만 걱정했다는 사실에 동의한다.

그리하여 모두들 배기관에서 나오는 배기가스를 나누고 통제하고 거래하는 메커니즘을 두고 맹렬하게 싸웠다. 과학계는 배기가스에만 관심을 기울였다. 정책 협의 과정에서는 배기가스의 통제와 거래를 위한 이전 정책의 선례를 모두 고려했다. 처음부터 화석연료 생산은 논의의 프레임 밖에 있었고, 다른 사회적 침묵과 마찬가지로 협상가와 정책 전문가들 사이에서 사회적 규범은 그런 식으로 유지됐다.

결과적으로 화석연료가 환경에 미치는 영향을 둘러싼 담론은 분리되고 단절됐다. 석유, 가스, 석탄 생산을 둘러싼 담론은 건강, 안전, 국지적인 환경 피해에 대한 보상 문제와 관련이 된다. 반면 기후변화를 둘러싼 담론은 배기가스, 에너지 수요, 효율성, 소비자 생활양식, 세계 기후 영향과 관련이 된다.

2010년 봄, 이렇게 표류하는 두 담론을 다시 이어 붙일 완벽한 기회가 있었다. 상원의원 존 케리와 바버라 복서Barbara Boxer는 상원에서 표결에 붙일 기후 법안 마련을 위해 끈질긴 협상을 벌이고 있었다. 정치적 추진력을 유지하기 위해 주류 환경 단체들은 많은 비용을 투여하여 역사상 가장 대규모로 기후변화 관련 공공 지원 활동을 펼치고 있었다. 그러던 중 4월 20일 BP사의 석유 시추 시설 딥워터 호라이즌이 폭발해 400만 배럴에 달하는 원유가 멕시코 만에 유출되는 사고가 발생했다.

결과적으로 그것은 하늘이 기후변화 옹호론자들에게 준 선물이어야 했다. 국회에서 화석연료가 유발하는 공해에 대한 위기의식이 고조되던 바로 그 때에 화석연료에 대한 분노가 언론을 중심으로 터져 나왔으니 말이다. 이런 일이 동시에 발생하는 기회는 환경 운동가의 일생에 단 한 번 뿐이다.

그러나 미국의 기후 법안은 이산화황 배출권 거래의 선례와 국제 협상의 결과를 따르면서 오로지 배기관에서 나오는 배기가스에만 초점을 맞췄으므로, 두 가지 담론이 이어질 여지는 없었다. 석유, 가스, 석탄 회사들은 법안을 지지하는 대가로 관대한 배출 허용량과 탐사 권리 확대를 보장받았다. 딥워터 호라이즌의 폭발 사고가 발생하기 3주 전 오바마 대통령은 상원에서 기후 법안을 일괄 타결시키기 위해 675,825제곱킬로미터에 이르는 대서양 해안 지역에서의 석유 시추 허용 계획을 발표했다.

따라서 시에라클럽 같은 풀뿌리 단체들이 용감하게 시도했음에도 불구하고 두 가지 담론을 연결할 방도는 없었다. 딥워터 호라이즌 사고 처리과정에서 BP의 CEO 토니 헤이워드Tony Hayward가 보여준 모호하고 미덥지 못한 태도를 비난하는 여론과 함께 지역에 미칠 영향, 지역 주민의 건강과 안전에만 관심이 쏟아졌다.

비교적 급진적인 환경 운동가들은 언제나 유정과 배기관을 연결시키려는 시도를 해 왔다. 오클랜드를 중심으로 활동하는 이야기 기반 전략센터 패트릭 레인즈보로는 이 문제를 좀 더 넓은 차원에서 사회 정의 실현의 일환으로 본다. 그는 이렇게 말했다. "지금 새로운 정치적 공간이 열리고 있습니다.

거기서 우리는 문제는 바로 화석연료라는 사실을 봅니다. 그리고 화석연료와의 싸움에서 최전선에 서왔던 사람들이 해결책을 위한 싸움에서도 최전선에 서야 합니다."

키스톤 XL 송유관 사업을 둘러싼 투쟁과 화석연료 회사에 대한 투자 회수를 촉구하는 운동 역시 기후변화 문제를 유정의 측면에서 새롭게 프레임화하려는 결연한 시도이다. 송유관은 눈에 보이기 때문에 가깝게 느껴질 뿐만 아니라, 원유가 저장설비에서 배기가스로 나오기까지 탄소의 변환·이동 경로를 실감할 수 있는 대상이기도 하다.

그러나 문제는 여전하다. 기후변화와 관련한 언어 및 이미지의 문제에서 보았듯이, 급진적인 운동가들만이 유정과 배기관을 연결하려는 유일한 주체로 남아있는 한 그들의 주장은 소외되고 묵살될지 모른다.

내가 생각하기에, 유정과 배기관의 분리는 순전히 기업의 로비나 강대국의 정치력에서 나온 결과물은 아니다. 물론 영향은 있었겠지만 말이다. 오히려 그것은 인지 오류와 잘못된 범주화가 빚어낸 극단적인 판단 오류로 이해할 수 있다. 과학자들은 생산은 자신들의 영역 밖에 있는 정치적 사안이라고 간주하며 기후변화를 배기관의 문제로 분류했다. 정책 입안자들은 배기관의 영역에서 실행 가능한 해결책을 찾았던 최근의 경험에 의지하여 기후변화를 배기관의 문제로 분류했다. 확증 편향과 사회적 무관심이 거기에 마침표를 찍었다.

기후변화는 다면적이고 사악하기 때문에 다양한 해석이 가능함에도 불구하고, 사람들이 선택한 한 가지 유형으로만 존재한다. 바꿔 말하면, 사람들이 무시하기로 결정한 유형으로는 존재하지 않는다는 의미이다. 생산에 대한 통제는 아예 논의 대상에도 들어가지 않기 때문에 논의조차 되지 않는다.

20년 동안 배기가스를 중심으로 협상이 이루어진 결과, 우리는 지금 기이한 상황에 처해 있다. 서구 국가의 대부분은 재생 가능한 에너지, 바이오연료, 그리고 덜 성공적이기는 하지만 원자력 에너지의 생산을 촉진하기 위한 보조금 지원 프로그램을 확립해 왔다. 그러는 동시에 그 어느 때보다도 대규모로 새로운 화석연료 탐사 및 개발 투자를 장려하며 대개의 경우 보조금까지 지급하고 있다.

2012년 세계가 재생 가능 에너지에 투자한 금액은 2,440억 달러에 달했다. 한편 2012년 석유·가스 산업이 신규 매장지를 탐사하고 개발하는 데 투자한 금액은 사상 최초로 1조 달러 벽을 깼다. 재생 가능 에너지 산업이 배기관에서 나오는 배기가스를 감축하기 위해 노력하는 동안, 석유·가스 업계는 그 어느 때보다도 더 많은 화석연료를 유정에서 퍼 올리려 애쓰고 있다.

그러나 행진은 계속되어야 하고 시종들은 실제로는 잡을 옷자락이 없음에도 불구하고 옷자락을 붙들고 있는 듯이 보이기 위해 그 어느 때보다도 심혈을 기울이고 있다.

33

까맣고 끈적이는 물질

석유 기업들에게 정말로 변할 마음이 있기는 한 걸까

셸오일은 내 안전을 무척이나 걱정했다. 런던 사우스뱅크에 있는 셸오일 본사 접수처 옆에 설치된 대형 화면에서는 방문객을 대상으로 한 안내 방송이 나오고 있었다. "저희 회사는 여러분의 안전을 최우선으로 생각하며, 무사고를 목표로 하고 있습니다. 모든 사고는 미연에 방지할 수 있습니다. 모든 안전 주의사항에 따라 주십시오. 통로에서 뛰어서는 안 됩니다. 안전하지 못한 상황을 목격하셨다면 꼭 말씀해주십시오. 즐겁고 편안하고 안전한 방문되시길 바랍니다."

내가 이 안내 영상을 보고 있을 때 접수 담당 여직원이 말을 걸었다.

"선생님, 신발이요."

"뭐라고 하셨죠?"

"선생님 신발이요. 신발 끈이요, 신발 끈." 이때쯤에는 접수처에 있던 모두가 나서서 가리켰다. "신발 끈이 풀렸어요, 선생님. 발에 걸려서 사고가 날 수 있거든요." 나는 "아, 나는 위험한 생활을 즐깁니다."라고 대답했다.

회의실로 이어지는 나선 계단을 따라 멋진 케이크 가게에서나 볼 법한 카드 꽂이가 놓여 있었고 거기에는 웃고 있는 셸 직원들의 사진이 담겨 있었다. 얼굴 사진과 함께 '정말 신이 나요', '지루할 순간이 없어요', '활기가 넘쳐요', '흥미진진해요', '우리는 같은 비전을 공유하고 있어요', '우리는 무엇이 되고 싶은지 알고 있죠'와 같은 문구가 적혀 있었다. 홍보부장은 이렇게 말했다. "기후변화에 대해 셸이 정말로 심각하게 생각한다는 사실을 영국 국민들에게 보여드리는 것이야말로 저희의 큰 도전입니다." 정말로 큰 도전이다. 하지만 셸은 도전을 좋아한다.

카드 글귀를 읽으며 계단을 오르고 있자니 접수대의 직원들이 또 한 번 주의를 줬다. 직원들은 한층 더 불안한 목소리였고, 확실히 나를 위험한 모험가이자 무사고 목표를 위협하는 인물로 생각하는 듯했다.

"선생님. 선생님! 제발 계단 난간을 잡아 주세요."

"뭘 잡으라고요?"

"난간이요. 발을 헛디뎌서 사고가 날 수 있어요."

그제야 나는 계단을 따라 붙어있는 미끄럼에 주의하라거나 넘어지지 않도록 난간을 잡으라는 경고 표지판을 보았다. 마침내 내가 셸의 기후변화 책임자 데이비드 혼David Hone과 마주 앉았을 때 그의 얼굴에는 근심이 스쳤다.

"마셜 씨, 펜이요." 혼이 말했다.

"네?"

"당신 펜 말이에요, 마셜 씨. 펜이 새고 있어요. 잉크가 쏟아져서 옷을 버릴 것 같아요."

이때 나는 "당신네 석유요, 혼 씨. 당신네 석유. 그 석유가 생물권을 불태우고 파괴할 수 있어요."라고 말하고 싶었다. "안전하지 못한 상황을 목격하셨다면 꼭 말씀해주십시오."라는 안내방송을 그대로 따랐다면, 매년 대기권에 3억 8,000만 톤에 달하는 이산화탄소를 내뿜는 제품을 판매하는 행위의 안전성에 대해 많은 말을 할 수 있었을 것이다.

셸이 개인의 안전에 강박적으로 집착하는 모습은 기이하게 보일 수밖에 없다. 인류 역사상 가장 위험한 활동에 관여하는 기관 내에서 그런 강박이 확연하게 나타난다는 사실은 석유 대기업 역시 일반 개인 혹은 사회 집단만큼이나 비이성적인 회피 기제와 기이한 자기 합리화 담론을 만들어내는 경향이 있음을 보여준다. 왜 아니겠는가? 석유 대기업 역시 결국에는 그 나름의 정체성과 내부 문화, 사회 규범을 지닌 일종의 사회적 네트워크이니 말이다.

그런 면에서, 다른 모든 석유 대기업과 마찬가지로 셸 역시 기후변화를 건강, 안전, 환경을 총괄하는 한 부서에서 다루고 있다는 사실은 분명 생각해볼만한 일이다.

유니버시티 칼리지 런던의 존 애덤스John Adams 교수는 내가 셸 이야기를 하자 배를 잡고 웃었다. 위험의 사회적 구성을 다룬 가장 인기 있는 교과서의 저자이기도 한 애덤스는 건강 및 안전 정책을 '강박적인 위험 평가 정신병'이라고 부르며 특히 혐오한다. 애덤스는 아마도 제임스 본드가 일했을 법한 비밀정보국 MI6에서 강의를 했을 때의 기억을 떠올렸다. 산전수전 다겪은 한 보안 요원이 본부 건물의 계단에서 위험하게 걸었다는 이유로 엄청난 꾸지람을 들었다고 불만을 토로하더란다.

애덤스는 주로 우리의 통제 인식이 위험 인식에 미치는 역할을 연구한다. 애덤스에 따르면, 건강과 안전에 집착하는 모습은 자원을 채굴하는 산업에서 전반적으로 나타나며, 이는 위험을 관리하고 통제할 수 있는 대상으로 보는 문화에서 유래한다고 한다. 애덤스는 셸이 보이는 안전에 대한 걱정의 이면에는 영향력과 통제의 개념 정의에서 비롯된 편향이 존재한다고 말한다. "어디에든 문화적 편향이 있어요. 나에게도 문화적 편향이 있는데, 그건 바로 세계를 문화적 편향 이론을 통해 보는 것이죠." 그가 말했다. 그 정도면 편향의 최고봉이라 할 수 있겠다.

셸이 마련한 풍성한 간식 뷔페에서 쿠키를 집어 먹으며 혼과 함께 안전하게 앉아 있는 동안 친숙한 문화적 편향이 우리의 대화를 누비고 지나갔다. 내집단, 외집단, 사회적 규범, 방관자 효과, 자기를 정당화하는 적대적 담론이 등장했고 언제나처럼 유정과 배기관은 완전히 분리돼 있었다.

혼은 직설적인 화법을 구사하는 오스트레일리아 출신의 화학공학 기술자로 평생을 셸오일에서 일해 왔다. 계단을 오르면서 본 카드에 등장한 사람들처럼 혼은 셸처럼 영향력 있는 기업에서 일하는 것이 무척 흥미진진하다고 말했다. 그는 얼마 전 캐나다 앨버타 주에서 돌아왔고 셸이 캐나다 타르 샌드 사업에 품고 있는 원대한 포부에 감탄을 금치 못했다. 다시 한 번 나는 누군가에게는 환경의 재앙인 것이 다른 누군가에게는 공학이 일군 성취가 된다는 사실을 떠올렸다.

혼은 그가 지극히 '불편한 진실'이라고 솔직하게 인정하는 문제에서 셸의 역할을 방어해야 하는 골치 아픈 업무를 맡고 있음에도 불구하고 대단히 애사심이 강했다. 신중하게 공들여 만든 홍보 문구를 듣게 될 것으로 기대했던 나는 혼이 예의 바르고 솔직한 사람이라는 것을 알고는 뜻밖의 유쾌함을 느꼈다. 그는 "골칫거리죠."라고 말했다.

2009년에 혼은 아버지로서 자신의 신념을 피력한 영상을 찍은 적이 있었다. "우리가 탄소 문제와 관련하여 새로운 길을 찾으리라는 데에는 의심의 여지가 없으며" 그의 회사에서 일어나고 있는 변화를 매우 흥미진진(또 이 말이다)하게 지켜보고 있다는 내용의 영상이었다. 그로부터 몇 주 뒤 셸은 재생 가능 에너지에 대한 투자를 전면 중단했다.

기후변화 활동가 빌 맥키번은 "이것은 근본적으로 도덕적 문제입니다. 우리는 적과 마주쳤고 그 적은 바로 셸입니다."라고 말한다. 자, 나는 지금 적을 만나 그들이 어떻게 움직이는지를 이해하고자 나섰다. 아무런 생각도 없어 보이는 셸은 매장된 석유와 가스의 생산에 사상 최고의 금액(현재 연간 300억 달러 이상)을 투입하기로 이미 결정한 바 있는데, 나는 혼이 기후변화에 대한 자신의 염려와 회사에 대한 애사심을 어떻게 서로 끼워 맞출지 매우 궁금했다.

당연하게도 혼은 배기관 담론을 강력하게 고수했다. 즉 화석연료를 쓰기 위해 셸이 그것을 추출하도록 '승인'해준 배기가스 배출자들에게 책임이 있다고 주장했다. 혼에게 있어서 '승인'은 중요한 단어였고 인터뷰 전반에서 불쑥불쑥 등장했다. 혼은 "우리는 사회가 우리에게 부여하는 승인을 필요로 합니다."라고 말하면서, 하지만 석유 산업은 "화석연료에서 벗어나 변화를 모색하라는 승인을 받지 않은 상태"라고 했다. 그리고 그 주요 이유는 "이 문제의 해결과는 무관한 정치적 사안을 중요시 하는 사람들이 국제적 안건을 좌지우지하기 때문"이라고 말했다.

그는 이처럼 주의를 분산시키는 정치적 사안들 중에는 개발, 사회권, 빈곤 퇴치 운동도 있지만 그 중에서도 특히 기후변화를 일종의 케케묵은 사회주의자 대 자본주의자의 싸움으로 만든 환경 운동가들이 문제라고 말했다.

혼은 이런 익숙한 적대 담론이 회사의 입장이 아닌 자신의 개인적 입장이라는 사실을 확실히 해 두려고 했다. 하지만 그것은 셸 내부에서 작성한 미래 시나리오에 스며들어있는 언어를 직설적인 오스트레일리아 사람 식으로 표현한 것에 불과하다. 미래 디스토피아를 경고한 가장 최근의 시나리오를 보면, '강력한 기후 로비'가 '파괴적일 만큼 과민하고 무분별하며 정치적으로 휘둘리는 자동 반사적 대응'을 강요하리라 전망하고 있으며, 그러한 대응에는 셸로서는 충격적인 화석연료 자원의 신규 개발 금지도 들어간다. 그리고 이런 시나리오는 대단히 복잡한 이기적인 논리를 거친 후에 배기가스가 끊임없이 증가할 것이라는 결론으로 이어진다.

당연하게도 셸은 사업 확장을 막는 그 어떤 제한에도 예민하게 반응한다. 영국의 비영리 단체 탄소 추적자 이니셔티브Carbon Tracker Initiative는 기관 투자자들에게 현재 탄소 감축 목표(그나마도 아마 불충분하겠지만)를 달성하려면 현재 알려진 석유·가스 매장량의 60~80퍼센트는 개발하지 않고 남겨두어야 한다고 경고해 왔다. 이는 결국 매장량 전체를 반영하는 셸의 현재 주식 가치가 극도로 부풀려진 가치라는 사실을 의미한다. 셸의 임원들이 미끄러질 위험에 그토록 집착하는 것도 놀랄 일은 아니다.

이렇게 기후변화는 불편한 도전 과제를 모아놓은 골칫거리이다. 셸은 계속해서 화석연료를 찾아내어 파 올리고 싶어 한다. 우리는 에너지에 중독됐기 때문에 계속해서 더 많은 연료를 태운다. 그리고 모두는 기후변화로 인한 위협을 받고 있다. 늘 그렇듯이 셸은 이런 곤경에 대처할 해결책을 모색하라는 '승인'을 받지는 않았지만, 이산화탄소 포집 저장(CCS)carbon capture and storage 기술이라는 해결책을 마련했다.

CCS는 연기 통로로 배출되는 가스에서 이산화탄소를 제거한 다음 이를 지하 대수층에 주입하여 영구히 저장할 수 있는 기술이다. 냉소적인 사람들은 그 위험한 탄소는 애초에 매우 안전하게 땅속에 묻혀있었던 것 아니냐고 빈정댄다.

현재 8개의 대규모 CCS 프로젝트가 진행 중이며 추가로 8개를 더 건설

하고 있다. 이 시설들은 곧 연간 3,600만 톤에 달하는 이산화탄소를 저장하게 된다. 이것은 꽤 전도유망해보이지만 사실 현재의 탄소 배출량에 대처하려면 이런 규모의 시설이 1만 6,000개 더 필요하다. 배출량이 대단히 빠르게 증가하고 있기 때문에 연간 증가분을 계속 따라잡으려면 매년 1,000개의 추가 시설이 필요하다. 게다가 한층 빠르게 증가하는 운송수단의 배기가스는 그 어떤 기술로도 포집할 수 없다.

이런 기술이 경제적으로 타당한 대안이 될 수 있는지, 이산화탄소를 정말로 영구히 저장할 수 있는지, 저장하기 충분한 공간이 있는지에 대해 진지한 논의가 계속되고 있다. CCS의 비용 타당성은 극도로 불확실하다. 현재 이산화탄소 1 미터톤당 150달러 정도인데, 미터톤당 25달러의 처리 비용으로 이산화탄소를 포집할 수 있어야만 실용화가 가능하다. 아직 갈 길이 멀다.

케임브리지 대학교의 교수이자 CCS 전문가인 데이비드 라이너David Reiner는 경제적 압박과 정치적 의지가 있다면 CCS는 기술적으로 가능하다고 확신한다. 라이너는 내게 CCS 그 자체만으로는 어떠한 경제적 타당성도 없다고 말했다. 그는 CCS가 전적으로 기후변화에 대한 염려와 맞물려 있으며 "CCS의 개발은 기후변화에 대한 많은 관심 혹은 염려가 있어야만 앞으로 나아갈 수 있습니다."라고 말했다.

물론 그렇다. CCS는 모두를 원치 않는 상황에서 해방시켜 줄 카드다. CCS는 정부가 끊임없이 기후변화에 대해 거창하게 떠들면서도 석유·가스 생산을 계속 확대할 수 있도록 해 준다. 석유·가스 기업이 사업을 계속할 수 있는 이유도 제공한다. 또한 공학을 이용한 해결책이라는 그 업계의 세계관과도 완벽하게 맞아 떨어진다. 엑슨모빌의 CEO 렉스 틸러슨은 "나 자신이 기술자이기 때문에 편향이 있을지 모르지만, 어쨌든 나는 지금까지 그래왔던 것처럼 해결책을 찾는 우리의 기술적 능력을 무한히 신뢰합니다."라고 말했다. 틸러슨의 지적은 정확했다. 명백하게 편향이 있다.

어쩌면 CCS가 작동할 수도 있다. 그러길 바란다. CCS는 화석연료에서 벗어나는 과정에 정말로 공헌할 수도 있을 공학 기술이다. 그러나 나는 CCS가 진짜 해결책이라기보다는 불안정하고 불완전한 이야기의 빈곳을 채워주는 말장난인 것 같아서 우려스럽다. 이야기를 채우는 게 목적이라면 CCS는 대규모로 작동할 필요가 없다. CCS는 경제적 타당성을 지닐 필요도 없고 재생 가능 에너지와 경쟁할 필요도 없다. 애초에 작동해야 할 필요도 거의 없다. 그저 유정에 대한 알리바이를 제공하기에 충분할 만큼 눈에 보이게 존재하기만 하면 된다. 몇 군데 시범적으로 설치하고 두툼한 보고서를 마련한 다음 인간의 창의력에 관한 독창적인 이야기를 실컷 하면 족하다.

예를 들어 셸은 CCS와 원자력에 미래의 배기가스 문제가 전적으로 달려있다고 말한다. BP는 CCS가 '배기가스 감축을 위한 핵심 기술'이라고 주장한다. 2007년 매사추세츠 공과대학에서 석탄의 미래를 연구하던 수준 높은 실무진 역시 CCS는 '가능한 핵심 기술'이라고 결론 내렸다. 셸은 2030년까지는 CCS가 광범위하게 배치될 것이라고 기대하지 않는다면서도, 20년 이내에 선진국들이 석탄 및 가스 연소 공장의 90퍼센트를 CCS로 전환할 것이라고 예측했다. 지나친 가치 폄하와 낙관주의 편향이 함께 나타나는 전형적인 예이다.

환경 운동 단체인 국제석유변화Oil Change International의 창립자 스티브 크레츠만Steve Kretzmann은 이렇게 말한다. "석유 산업이 인간이 발명한 가장 놀라운 부富의 창출 수단이라는 사실을 절대로, 결코 잊어서는 안 됩니다. 석유 산업은 그런 목적을 위해 만들어졌고 그 역할을 아주 잘하고 있죠. 석유 산업이 석유에서 벗어나 동일한 수익성을 유지할 수 있는 다른 방안을 진지하게 모색하는 모습은 단 한 번도 본 적이 없습니다."

크레츠만은 20년 동안 석유 기업에 맞서는 운동을 펼쳐왔고 같은 상황이 계속해서 반복되는 걸 지켜봐왔다. "종종 석유 기업들은 분위기가 심상치 않다는 생각이 들면, 풍력이나 태양 에너지, 해조류 에너지, CCS 등 무엇에든 잔뜩 투자합니다. 그런 다음 이들의 로비 조직이 할 일을 하고 위협이 사라지면 '아뇨, 우리는 이 일을 하지 않을 겁니다.'라고 말하죠."

기자 로스 겔브스팬은 《압력은 시작됐다The Heat Is On》라는 책을 쓰기 위해 미국의 에너지·석유 기업 6곳의 사장과 인터뷰를 했다. 그 중 한 명을 제외한 모두가 기후변화에 동의했다. 그들은 모두 데이비드 혼과 똑같은 이야기를 했다. 정부가 기후변화를 규제하면 그 즉시 그들은 '에너지 회사'로 변신할 것이라는 이야기 말이다. 겔브스팬에 따르면, 그러면서도 그들은 경쟁적인 환경 때문에 기후변화에 대한 진실을 숨길 수밖에 없으며 규제가 발생하지 않도록 모든 수단을 강구하고 있다는 사실을 비공개를 전제로 인정했다고 한다.

겔브스팬은 "이런 사람들이 어떻게 다정한 할아버지인 동시에 그토록 냉정한 중역일 수 있는지 깊은 생각에 빠질 수밖에 없었다"고 내게 말했다. 겔브스팬은 그들이 삶을 여러 영역으로 구분 짓고 그것을 가르는 경계를 넘을 수 없도록 모든 연관성도 차단하는 데 매우 능한 사람들이라는 결론을 내릴 수밖에 없었다.

석유 기업의 직원들에 대해 이야기할 때면 크레츠만은 놀라울 정도로 공감하는 모습을 보였으며, 많은 직원들이 이러한 모순 때문에 힘들어한다는 사실을 알게 되었고, "내부에서 변화가 시작될 가능성을 진심으로 믿는다"고 말했다.

그렇긴 해도 여론전에 관한 한 인정사정없다. 국제석유변화가 제작한 TV 광고 중 하나를 보면, 미소를 띤 '임원들'이 여느 기업 광고에 나올법한 친근한 말투로 카메라를 향해 이렇게 한마디씩 하는 모습을 담고 있다. "거액의 보조금을 구걸하고 여러분 자녀의 미래를 파괴하는 일. 엑슨에서는 이를 가리켜 좋은 돈벌이라고 합니다. 우리 엑슨은 여러분의 자녀를 미워합니다."

크레츠만은 "썩 마음에 들어 하지는 않더라고요."라고 말하며 싱긋 웃었다. 그는 여론 싸움이 정책과 기후 데이터보다는 적을 규정하고 석유에 대한 프레임을 재구성하는 데에만 치중한다는 사실에 개의치 않았다. "석유 업계는 그들이 얼마나 유익한지를 말하고 싶을 때마다 에너지에 대해 이야기합니다. 우리는 그들이 어떤 영향을 미치는지를 말하고 싶을 때마다 그 까맣고 끈적이는 물질을 이야기하죠."

34

도덕적
의무

우리는
어떻게 기후변화의 책임을
분산시키는가

전 미국 부통령 딕 체니가 의도치 않게 친구 해리 휘팅턴^{Harry Whittington}의 얼굴을 총으로 쐈을 때, 그는 정치계와 석유업계에서 쌓은 40년 경력을 활용하여 그 과정을 네 단계에 걸쳐 설명했다. "결국, 해리를 맞춘 그 탄환을 발사시킨 방아쇠를 당긴 사람이 바로 접니다." 당시 대통령이었던 조지 W. 부시는 여기에 한층 더 무심함을 추가했다. "체니는 새가 날아오르는 소리를 듣고 돌아서서 방아쇠를 당긴 후 부상을 입은 친구를 발견했다."

보아하니 정치인은 친구를 쐈을 때에도 자기 자신과 책임 사이에 다단계 장벽을 만들려고 최선을 다하는 듯하다. 기이하게도 영어라는 언어는 의도한 사건과 우연한 사건을 구별하지 않는다. 많은 언어권에서 "나는 내 팔을 분질렀어."라는 말은 진짜 정신이 나가서 자기 팔을 부러뜨린 경우만을 의미한다. 그러나 영어는 기발한 수동태로 이런 약점을 보완한다. 수동태는

'내 팔이 부러졌어', '내 친구가 부상을 입었어', '기후가 뜨거워졌어'에서처럼 문장에서 의도성을 제거한다.

이는 기후변화에서도 마찬가지이다. 우리는 다단계에 걸쳐 책임을 분산시키고 단계마다 수동태를 이용해 비호한다. 석유가 생산된다. 석유는 차에서 연소된다. 기후가 바뀐다. 누군가의 생활이 천재지변으로 파괴됐다는 보도가 텔레비전에 나온다. 《월스트리트저널》은 "기후 문제는 무시될 수 없고 무시되어서도 안 된다."라고 말한다. 덧붙여 말하자면 이는 캐나다의 타르 샌드 생산에 찬성론을 펼치는 기사에서 인용한 구절이다.

그렇다면 이런 일련의 단계에서 기후변화의 책임은 과연 어디에 있을까? 워싱턴 대학교의 철학과 교수 스티븐 가디너는 기후변화에 대해 행동에 나설지 혹은 나서지 않을지를 가르는 '모든' 결정은 윤리적 문제, 특히 세대 간 권리와 관련된 윤리적 문제라고 주장한다.

이 부분에서 가디너는 흥미로운 문제제기를 한다. 기후변화 윤리에 관한 논의가 그토록 적은 이유는 무엇일까? 답은 기후변화 윤리가 사람들이 논의를 피하고 싶어 하는 영역에 속한 문제이기 때문이다. 확실히 기후정책 논의에 윤리학자를 초대하고 싶어 하는 사람은 없다. 2010년 유엔은 기후변화에 관한 보편적인 윤리 원칙 선언문을 만들 것을 고려했다. 열 차례에 걸친 국제 자문 회의 후 특별위원회 실무진은 "선언문 초안 준비의 적정성을 검토할 기회가 유엔에 주어져야 한다."라고 결론 내렸다. 나는 유엔의 기준으로 보더라도 이것이 찬성을 의미한다고는 생각하지 않는다.

이것이 바로 가디너가 '매우 불쾌한 생각'이라고 부르는 일종의 불명료화 不明瞭化이다. 그는 정치인들이 뭔가 조치를 취해야 할 필요에서 주의를 돌리기 위해 의도적으로 불필요하고 복잡한 조약과 실행 불가능한 절차를 만들어낸다고 말한다. 이런 의견은 다른 평론가들에게서도 찾아볼 수 있다. 《가디언》의 기자 조지 몬비오^{George Monbiot}는 "정부 정책은 정부가 의뢰한 보고서와 검토서에 담겨 있지 않다. 정부 정책이 바로 보고서와 검토서다."라고 주장하면서 이렇게 덧붙인다. "정부는 뭔가 일이 진행되고 있다는 인상을 만드는 동시에 그 어떤 일도 일어나지 않도록 막고 있다.".

도덕적 책임을 결정하는 주요한 요인은 의도성이다. 인간은 타인이 어떤 의도를 지니고 있는지 파악하기 위해 몹시 민감하게 주의를 기울인다. 심지어 세 살짜리 아이조차 똑같이 해로운 행동이라도 의도성 여부에 따라 다르게 반응한다.

적대 담론이 감정적 뇌를 움직이는 이유는 적이 우리를 해치려는 명백한 의도를 지니고 있기 때문이다. 만약 과학자들이 북한이 세계 기후를 불안정하게 만들려는 의도로 대기 중에 온실가스를 뿜어내고 있다는 사실을 발견했다면, 비용이 얼마가 들던 간에 조치를 취하자는 정치적 합의가 즉각 이루어질 것이다. 물론 정말로 그런 문제가 생기면 큰일이겠지만, 결정적으로 이것은 '유순한' 문제에 속하며 훨씬 쉽게 해결할 수 있을 것이다.

이처럼 기후변화는 의도성과 싸우고 있다. 기후변화가 발생하길 바라는 사람은 아무도 없다. 기후변화를 일으켜 누군가를 고의로 해치려고 하는 사람은 아무도 없다. 저널리스트 귄 다이어^{Gwynne Dyer}는 그의 저서 《기후 대전》에서 이렇게 말한다. "머리에서 떨쳐낼 수 없는 그 위기를 책임질 사람이 아무도 없다. 다섯 자녀를 둔 우리 어머니도 아니고, 현대식 교외 지역을 만든 윌리엄 레빗도 아니며, 헨리 포드도 아니다."

그러나 그것은 과거의 일이다. 자신의 행동이 해가 된다는 사실을 '알고'도 무죄를 주장하기란 훨씬 더 어렵다. 자신들이 기후변화를 일으키고 있다는 사실을 알 때에만 기후변화가 의도적으로 해가 된다면, 대부분의 사람들이 기후변화에 대해 알려 하지 않거나 그것이 존재한다는 사실을 받아들이지 않으려고 기를 쓰는 것이 과연 놀랄 일일까?

다른 많은 회의론자들처럼 캘리포니아 대학교 버클리 캠퍼스의 물리학과 교수 리처드 뮬러도 도덕성에 관한 논의가 아예 없었다면 무척이나 행복했을 것이다. 그는 책임을 논하는 것 자체가 비난에 불과하다고 말한다. 뮬러는 미국 아니면 책임질 국가가 없는 듯 스스로를 비난하다니 너무 오만한 것 아니냐고 미국인을 비난했던 어떤 프랑스인 이야기를 했다. 우리는 둘 다 이를 듣고 웃었다. 나는 스스로를 비난한다는 이유로 누군가를 비난한다면, 그건 아마도 비난의 최고봉이 아닐까 생각했다. 뮬러는 이 문제에 필요한 사람은 "책임을 추궁할 사람이 아니라 문제를 해결할 사람"이라고 말했다.

그러나 문제를 해결할 사람이 되려면 그 문제가 정확히 어디에 있는지를 판단해야 한다. 유정에 관심을 갖든, 배기관에 관심을 갖든, 아니면 둘 다에 관심을 갖든, 여전히 우리는 누가 변화를 만들어갈 것인지에 대해 합의해야 한다. 이는 곧장 공정성의 문제로 이어지고 다시 윤리의 문제로 되돌아간다. 윤리는 피할 수 없다.

누구나 공정성의 원칙을 강력하게 지지한다. 문제는 모두가 공정성을 자기에게 이익이 되는 방향으로 규정한다는 점이다. 이는 터무니없는 극단으로 치달을 수 있다. 교토의정서에 대한 논의를 할 때, 공화당 소속 하원 의장 데이비드 M. 매킨토시David M. McIntosh는 교토의정서가 "값싼 노동력, 낮은 생산비, 낮은 환경·보건·안전 기준이라는 경쟁 우위"를 이미 확보한 나라들에 의무를 면제해 줬기 때문에 '명백하게 불공정'하다고 주장했다. 설사 불공정하다 한들, 그것은 극심한 빈곤에 따른 경제적 우위일 뿐이다.

심리학 연구에 따르면, 공정한 감축을 규정하기가 그토록 어려운 이유는 크게 두 가지다. 첫 번째는 현상 유지에 집착하는 인간의 습성이 이미 소유한 것에 지나친 가치를 부여하기 때문이다. 우리는 그것을 우리의 기술과 재능, 근면함으로 손에 넣었으며 따라서 정당한 보상이라고 믿게 되었다.

두 번째 이유는 인간은 손실에 민감한 동시에 손실의 공정한 분배에는 훨씬 더 민감하기 때문이다. 실험에 따르면, 사람들은 문제의 조속한 해결을 위해 이득이 불공정하게 분배되는 상황은 감내할 수 있지만, 손실이 불공평하게 배분되는 경우에는 합의가 지연되어 훨씬 더 큰 대가를 치르는 일이 발생하더라도 완강하게 저항한다.

이런 문제는 모두가 개발에 따른 이득은 원하지만 아무도 제한에 따른 손실은 원치 않는 영역인 공공 환경 자원 관리를 둘러싸고 계속해서 반복된다. 생태학자 가렛 하딘Garrett Hardin은 1968년 《사이언스Science》지 발표 이래 엄청난 파급력과 논란을 불러일으킨 논문에서, 우리 모두는 공유자원에서 얻는 개인적 이익을 극대화하고자 하는 진화적 힘의 지배를 받고 있으며, 그것이 결국 공유 자원의 파괴로 이어진다는 사실을 알고 있을 때조차도 그렇게 한다고 주장했다. 하딘은 이런 현상을 가리켜 '공유자원의 비극tragedy of the commons'이라고 불렀다.

놀랄 것도 없이 기후변화는 지구 공유자원의 '최종적' 비극으로 불려왔다. 하지만 늘 그렇듯이 이 문구를 사용하는 사람들은 예외 없이 화석연료 매장지라는 공유자원보다는 대기로 가스를 배출하는 배기관에만 초점을 맞춘다.

논문의 명성 때문에 사람들은 하딘의 논문이 증거에 바탕을 둔 논리적 주장이 아니라 편견에서 비롯된 이념적 논쟁이라는 사실을 잊기 쉽다. 하딘이 '공유자원의 비극'이라는 논문을 발표한 주요 목적은 '진보의 금기'에 맞서 복지국가의 정책이 빈곤층의 '지나친 출산'을 부추긴다고 주장하기 위한 것이었다. 인구 과잉을 그렇게 걱정하면서도 하딘은 타고난 이기주의를 거스르지 못하고 자녀를 네 명이나 낳았다.

인간의 본성을 결정론적인 시각으로 보는 하딘의 주장은 권위주의 및 경제적 엘리트들의 이해관계와 완벽하게 융합된다. 따라서 하딘은 대기 공유자원에 대해 이렇게 이야기한다. "우리는 공기와 물 없이 살아갈 수 없으며, 따라서 공기와 물의 오염이라는 공유자원의 비극은 다양한 수단을 통해, 즉 오염을 유발한 주체가 오염물질을 방치하는 것보다는 처리하는 것이 비용 면에서 더 낫도록 만드는 강제적 법률이나 과세 조치를 통해 막아야 한다."

만약 기후변화가 공유자원의 비극이라면, 당연히 책임과 양심에 호소하는 방식은 시간 낭비이며, 하딘의 말을 빌리자면 오직 '상호 합의에 의한 상호 강제'만이 인간의 이기주의를 억제하는 효과를 발휘할 것이다.

그러나 이를 바라보는 다른 시각도 많다. 정치학자 엘리너 오스트롬Elinor Ostrom은 사람들이 집단으로 자원을 관리하는 무수히 많은 방식을 연구하여 노벨 경제학상을 수상했다. 그녀는 하딘의 주장에 정면으로 도전하여 자유로운 의사소통, 비전의 공유, 높은 신뢰 수준, 상향식 참여공동체의 활성화가 가능하다면 인간은 공유자원을 유지할 뿐만 아니라 개선해 나갈 것이라고 주장했다.

스티븐 가디너의 표현대로 만약 기후변화가 미래세대의 희생을 통해 우리들의 이익을 도모하는 집단적인 도덕적 해이의 문제라면, 우리가 공유하는 가치에 근거하여 일련의 원칙에 대한 합의를 이뤄냄으로써 상향식 비전을 확립해 가는 일이 필요하다. 문제는 우리가 어떤 형태로든 기후변화에 대한 생각을 떨쳐버리려고 기를 쓰고 있다는 사실이다.

35

아빠는
세계 기후 대전 때
뭘 하셨어요?

**우리는 왜 우리의 자녀가
무슨 생각을 할지
상관하지 않는가**

1915년 런던의 인쇄업자 아서 건$^{Arthur\ Gunn}$은 입대 여부를 두고 의논 중이었다. 그는 아내에게 이렇게 말했다. "내가 참전하지 않으면 나중에 폴이 커서 '아빠는 세계대전 때 뭘 하셨어요?'라고 물었을 때 어떤 말을 할 수 있겠어?" 건은 문득 이 말이 모병 포스터에 쓰기 매우 좋은 구호임을 깨닫고 같이 일하던 선전 포스터 화가 새빌 럼리$^{Savile\ Lumley}$에게 초안을 넘겼다. 럼리는 어린 딸이 아빠에게 질문을 하는 형태로 괜찮은 포스터를 만들었다. 무릎 위에 역사책을 가지고 아버지 무릎 위에 앉은 어린 딸이 이 날카로운 질문을 던지고 아버지는 생각에 잠겨 허공을 응시하는 그림의 포스터다.

이 상징적인 벽보에 영감을 준 도덕적 딜레마는 기후변화 소통에서 반복해서 나타나는 윤리적 주제 중 하나다. 자녀가 잘 살기를 바라는 마음은 인간이 지닌 가장 강력한 진화적 동력 중 하나이며, 늘 이기심을 압도해온 몇 안 되는 관심사 중 하나다. 언뜻 생각해보면, 자녀에게 우리의 결정을 알려주는 일, 특히 미래에 자녀들이 우리에게 맞설 수도 있음을 상상하는 일은 분명 행동에 나서도록 하는 강력한 자극제가 될 수 있다.

1972년 발표된 유명한 보고서 《성장의 한계》의 저자 중 한 명인 베테랑 환경 운동가 외르겐 랜더스Jørgen Randers는 "우리가 최우선으로 삼아야 할 일은 '2000년대 초 온실가스 배출량이 걷잡을 수 없이 증가하고 있을 때 (할)아버지는 뭘 하셨어요?'라는 질문에 자신 있게 대답할 수 있도록 그 토대를 마련하는 것이어야 한다"고 말했다.

강연에서 앨 고어는 청중들에게 다음 중에 어떤 말을 미래 세대에게서 듣고 싶으냐고 묻곤 한다. "대체 무슨 생각을 하고 계셨던 거예요? 북극이 녹아내리는 모습을 눈으로 보셨을 거 아니에요?"라는 말과 "그런 위기를 해결할 마음의 용기를 어떻게 내셨어요?"라는 말 중에서.

이런 이야기는 사업가들에게도 적용된다. 바클레이스은행 그룹의 전 최고경영자 존 발리John Varley는 "나는 무엇보다도 내 자녀들이 나의 눈을 똑바로 보고 확신에 차서 '아버지는 아버지의 본분을 다하셨어요'라고 말할 수 있기를 바랍니다."라고 말했다. 바라건대, 그의 자녀들이 잠시 인터넷 검색을 한 다음 그에게 석탄을 캐거나 석탄으로 전력을 생산하는 회사에 60억 달러에 달하는 자금을 대출해 준 이유도 물어보길 바란다.

충실한 아버지로서 자주 어린이 복지에 대해 이야기해왔던 오바마 대통령이 "그때부터 해수면의 상승속도가 줄어들고 지구가 낫기 시작했단다"라고 자랑스럽게 대답할 수 있기를 바란다고 말했던 것도 놀랄 일은 아니다.

오바마 행정부의 에너지부 장관이었던 스티븐 추Steven Chu는 전 직원에게 보내는 이임 인사에서 "우리는 우리의 자녀들이 '우리 부모들은 대체 무슨 생각을 하고 있었나요? 우리에게는 관심도 없었나요?'라고 묻게 되지 않길 바랍니다."라고 썼다. 그리고는 "우리는 지구를 선조들에게서 물려받은 것이 아닙니다. 자녀들에게서 빌린 것입니다."라는 말을 인용했다. 기후 문제에 언급되는 많은 인용문들이 그렇듯 이 인용문 역시 아미시 사람들이나 북아메리카 원주민 시애틀 추장이 했던 말이라고 대개들 알고 있지만, 사실은 전혀 그렇지 않다. 그 말은 오스트레일리아의 환경부 장관이었던 모스 카스 Moss Cass가 1974년 연설에서 했던 말이지만 아무도 그가 했던 말로 기억하지 않고 있다.

이러한 세대 간 도전은 몇 가지 유사한 인지적 주제를 하나로 묶는 역할을 한다. 세대 간 도전은 어떻게 현재의 선택이 미래의 결과를 낳는지를 보여주고 책임 추궁을 받게 될 구체적인 순간을 상상하게 함으로써 기후변화를 피부로 느끼도록 만든다. 또 세대 간 도전은 우리 자신과 미래 세대 사이에 직접적인 연결을 만듦으로써 책임 회피와 방관자 효과 문제가 발생하는 것을 막아준다. 세대 간 도전은 자녀를 보살피려는 타고난 본능에서 비롯되며, 전시 동원이나 낭만적인 '부족' 설화처럼 기후변화 바깥에서 비유를 가져온다.

세대 간 도전은 원하는 결과를 얻기 위한 모든 요소를 갖춘 듯하다. 하지만 과연 정말로 효과가 있을까?

태도 연구에 따르면, 자녀가 있는 사람들이라고 해서 다른 사람들에 비해 기후변화에 더 관심을 나타내지는 않았으며 오히려 관심이 더 없을 가능성까지 보였다고 한다. 미국과 캐나다, 영국에서 실시한 한 조사를 보면, 자녀가 있는 사람들은 기후변화를 심각한 위협으로 인식할 확률이 낮고, 그것에 관해 더 적게 이야기하며, 대처 방안에 대한 의견을 지닐 가능성도 더 낮은 일관된 결과를 보였다고 한다. 캐나다에서 실시한 조사에서는 자녀가 있는 사람들이 기후변화는 없다고 대답할 가능성이 다른 사람들에 비해 60퍼센트 더 높게 나타났다.

영국의 다른 연구에서는 자녀가 있다는 사실은 거의 혹은 전혀 영향을 미치지 못하며 사람들의 태도를 결정하는 주요 요인은 예상대로 가치관과 정치 성향이라는 결과가 나왔다. 기후변화를 걱정하는 가치관과 정치 성향을 지닌 사람들은 자녀의 미래에 대해서도 우려의 목소리를 높일 가능성이 크지만, 그렇다고 이러한 경향이 모든 분야에 적용되리라 가정해서도 안 된다.

또한 자녀가 있으면 각종 편향과 회피 기제를 총동원하게 되리라 의심할 만한 충분한 이유가 있다. 아이를 갖는다는 것은 대개 능동적인 선택이며, 이때 우리는 상당히 의도적으로 아이를 갖는 이유는 부각시키는 한편 아이들이 살아갈 세상에 대한 진실은 은폐하는 결정을 한다. 우리가 언제나 자녀들이 잘 되기를 바란다고 가정하면(논란을 일으키기 좋아했던 지그문트 프로이트는 나이 든 사람들이 무의식적으로 젊은이들을 불쾌하게 여긴다고 주장하기도 했다), 이러한 바람은 우리가 기후변화와 자녀들의 장래에 대해 낙관적 편향을 갖도록 만든다.

기후 과학자와 (나를 포함한) 환경 운동가들은 그들이 지닌 특권 때문에 자녀들이 최악의 충격으로부터 안전할 수 있으리라 생각한다. 예를 들어 컬럼비아 대학교 지구환경과학과의 교수 피터 켈레멘Peter Kelemen은 자신의 자녀들이 "재능 있고 강건하고 좋은 교육을 받은 상위 3퍼센트에 들어가서 다행"이라고 안도감을 표하면서, "파괴와 해고, 절망을 피할 아무런 방도가 없는 운 나쁜 사람들"이 피해를 입게 될 것이라고 말했다.

또한 우리 부모들은 아이를 갖는 것 자체가 기후변화에 크게 일조하는 일이라는 사실도 모른 척하려 한다. 산업화된 경제에서 한 명의 자녀는 9,441톤의 이산화탄소를 배출하는데 이는 부모세대의 세 배에 달하는 양이다. 아이가 없는 한 친구(우연히도 이전에 주요 환경 단체에서 활동 책임자로 일했다)는 이러한 사실을 들먹이며 매년 뉴질랜드로 가는 비행기 여행을 정당화했다.

이처럼 자녀를 갖게 되면 우리는 기후변화에 대해서 대개 좀 더 긍정적인 전망을 하게 되고, 자신이 배출하는 배기가스의 영향은 과소평가하면서 인간이 기후변화를 이겨낼 수 있으리라 말하며, 자신들의 편에서 유리하다면 지극히 불평등한 미래의 세계도 받아들이는 쪽으로 기후변화를 이야기하게 된다.

물론 자녀가 있는 사람들은 그저 울고 웃으며 없어진 신발 한 짝을 찾느라 바쁜 일상에 빠져 기후변화 따위는 별로 이야기하고 싶지 않은 곤란한 일로 치부해버릴 수도 있다.

도덕적 책임을 인정하는 건 고사하고, 우리는 미래의 비난으로부터 스스로를 보호하기 위해 '나는 몰랐어, 나는 아무것도 할 수 없었어, 원래 세상사가 다 그런 거야, 나는 내가 할 수 있는 최선을 다했어' 등과 같은 알리바이를 만들고 있다.

아니면 사과를 하는 방법도 있다. 최근 이미지 개선용 사과가 의례처럼 되어버렸다. 빌 클린턴은 하와이 원주민과 아프리카계 미국인, 일본계 미국인에게 사과했다. 영국의 문화에는 가식적인 사과가 밑바탕에 깔려 있으며, 최근 엘리자베스 2세는 시크교도와 마오리족에 유감을 표명한 바 있지만 그걸로 앙금이 사라질 리는 없다. 반면에 나바투실라Navatusila 마을의 피지 사람들은 140년 전 영국인 선교사를 죽여 '부츠만 빼고 전부' 먹은 일을 진심을 담아 사과했다. 심리치료사 로즈마리 랜들Rosemary Randall은 이러한 정치적 사과의 유행을 종말론적 기후 담론과 연결하여 생각했다. 랜들은 두 가지 모두 사람이나 자연이 복수를 할지 모른다는 두려움의 표출이며, 사과는 죄책감과 상실에서 비롯된 배상이라는 문제와 직접 관련이 있다고 주장했다.

그러나 미래 세대가 우리를 전혀 비난하지 않을 가능성도 있다. 우리가 이끄는 대로 순순히 따라와 무기력이나 무관심이라는 똑같은 전략을 취할 수도 있다. 도덕철학자 스티븐 가디너는 기후변화를 도덕적으로 위험하게 만드는 것은 바로 이와 같은 세대 간 요소라고 지적한다. 가디너는 이렇게 말한다. "각 세대는 이전 세대가 행동하지 않았기 때문에 생겨난 짐을 떠안아야 하는 반면, 자신들이 행동에 나서도 아무런 혜택을 누리지 못하게 될 것이다."

이것은 세대 간 권리에 근거한 도덕적 호소가 효과가 없다는 뜻이 아니라, 다양한 가치와 문화에 신중하게 맞출 필요가 있다는 뜻이다. 포커스 그룹에서 공화당 지지자들은 기후변화를 규제하자는 도덕적 요구는 매우 싫어하지만, 우리 자녀와 손주들에게 더 좋은 세상을 물려주기 위해 화석연료 사용을 줄이자고 말하면 훨씬 더 긍정적으로 반응한다.

그렇다고 그들이 그 두 가지 메시지를 합치면 언제나 잘 반응한다는 의미는 아니다. 사실 우리 세대가 자녀들의 미래를 해치고 있다고 말하면 그들은 자신들을 비난하는 것으로 여겨 크게 화를 낼지도 모른다. 영국의 기후변화 부정론자이자 블로거인 제임스 델링폴James Delingpole은 "아이들이 탄소 괴물이 애완동물을 물에 빠뜨릴까봐 걱정이 되어 잠도 제대로 못 잡니다."라고 말한다. 그 물에 빠진 강아지가 다시 수면 위로 올라왔다. 당연하게도, 델링폴이 언급한 그 끔찍한 옛날이야기 광고는 "아빠는 세계대전 때 뭘 하셨어요?" 식의 풍자를 사용하고 있다.

얘기가 나왔으니 말이지만, 처음에 언급했던 모병 포스터는 디자인 측면에서는 그 시대의 관심을 끌긴 했어도 선전의 측면에서는 성공적이라는 평가를 받지 못했고, 들리는 바에 따르면 최전선의 병사들은 그 포스터를 엄청나게 혐오해서 그것을 그렸던 화가 럼리는 나중에 자기가 그렸다는 사실조차 부인했다고 한다. 실제로 사람들의 마음을 움직였던 모병 캠페인은 육군 원수 키치너 경Lord Kitchener이 친구들이 같이 입대하여 운명도 함께 하자고 했던 '친구 부대' 캠페인이었다. 기후변화의 옹호론자들은 모병이라는 목숨이 걸린 사회 실험에서 사람들을 입대하도록 설득할 수 있었던 방식은 도덕에 호소하는 구호(제아무리 재치 있는 구호라 해도)가 아니라, 또래 압력, 신뢰할 수 있는 전달자, 사회 규범, 내집단 충성도가 결합된 방식이었다는 사실을 잊지 말아야 한다.

36

하나의 힘

**기후변화는
어쩌다 당신의 잘못이
되었나**

기후변화가 다른 모든 국제 문제와 다른 점은 각 개인이 기후변화를 일으키는 데 얼마나 책임이 있는지 정확하게 측정할 수 있다는 사실이다. 빈곤이나 테러리즘, 약물 중독과 같은 다른 사악한 문제의 경우 우리 책임의 수량화는 차치하고라도 책임 여부조차 확인하기 어렵다. 그러나 기후변화의 경우 우리의 책임이 증가하고 있는지 감소하고 있는지, 다른 사람과 비교할 때 어떠한지, 그것을 줄이기 위해 어떤 변화가 필요한지를 확실하게 말할 수 있다. 우리가 직접 자동차를 만들지는 않는다 하더라도, 어디로 자동차를 타고 갈지는 여전히 우리의 선택이다. 우리가 직접 소나 아스파라거스를 키우지는 않는다 하더라도, 언제 어디서 그것을 살지는 여전히 우리의 선택이다.

기후변화를 일으키는 배기가스는 시장을 통해 협의된 여러 단계의 결정에서 나온 결과물이다. 유정 생산을 무시하는 것은 어리석은 실수이지만,

소비자 결정의 역할을 무시하는 것 역시 어리석다. 사람들은 기후변화에 직면하여 무력함을 느끼는 경우가 많지만, 사실 기후변화처럼 개인의 통제나 참여가 가능한 문제도 흔치 않다. 각 개인이 기후변화의 원인을 능동적으로 감소시킬 수 있으며 감소시켜야 마땅하다고 답한 비율은 미국과 영국의 경우 3분의 2에 달했고, 오스트레일리아의 경우 그보다 더 높았다.

나아가 이러한 개인의 행동 변화는 태도를 바꾸는 실마리가 될 수 있다. '자기지각이론self-perception theory'에 따르면 행동은 자아상 형성의 중요한 단서가 된다. 따라서 누군가에게 환경친화적 행동을 하도록 설득할 수 있다면, 시간이 지나면서 그는 스스로를 환경친화적 세계관을 지닌 사람이라고 생각하게 된다. 환경친화적인 행동이 환경친화적인 사람을 만들고, 환경친화적인 사람이 환경친화적인 행동을 한다.

이를 근거로 2000년대 초 환경 단체들은 점차 기후변화에 대해 소비자 개인의 책임에 초점을 맞추기 시작했다. 환경 단체들에게 이것은 그들의 오래된 관심사를 소비자 보호, 개인의 책임, 윤리적인 생활 방식에 결합하는 자연스러운 행보였다.

이의 실천을 위해 그들은 생활의 지혜라 할 수 있는 개인의 행동 목록을 만들었다. 개중에는 의미 있는 행동들(통근 축소, 단열재와 효율적 난방 기기 설치)도 있었고, 별로 중요하지 않은 행동들(자동차 공회전하지 않기, 가전제품 대기전력 차단)도 있었으며, 사실상 의미 없는 행동들(비닐봉투 사용하지 않기, 휴대전화 충전기 코드 뽑기)도 있었다. 이처럼 사소한 변화를 포함시킨 배경에는 전문용어로 가득한 길고 장황한 학술 논문이 있었다. 논문은 이런 '쉬운' 조치들이 좀 더 큰 행동으로 '번져갈' 수 있으며, '작은 부탁으로 사람들을 이끌어내면' 일단 '첫 발을 떼게' 되어 그들을 '바람직한 경로'로 안내할 수 있다고 주장했다.

사람들에게 자신의 탄소 발자국을 측정하고, 저탄소 제품을 구매하며, 환경친화적으로 생활하고, 5파운드 지폐 한 장으로 지구를 구하고, 발걸음으로 지구를 느끼고, 화석연료 습관을 버리고, 기후 다이어트를 시작하라고 권하는 책들이 급증했다. 탄소 해독을 시작하라는 책도 있었다. 이는 잠시 유행하다가 금세 떨이로 처분된, 환경 분야 하위 목록에 내가 보탰던 책의 제목이다.

　어쩌면 우리는 너무 멀리 와버렸고, 사람들을 사로잡을 메시지를 찾는데 열중한 나머지 우리가 제안한 해결책들이 오히려 기후변화를 한정지어버리는 사악한 덫에 빠졌는지도 모르겠다. 〈불편한 진실〉은 기후변화를 실존적인 위협으로 규정하고는, 뒤로 가서 전구 바꾸기, 타이어에 바람 넣기, 차량 사용 줄이기와 같은 사소한 해결책들을 내놓았다. 2007년에 열린 라이브 어스 콘서트는 전 지구적인 운동이 펼쳐지길 의도했으나 결국 유용한 생활의 지혜를 홍보하는데 그쳤다. 콘서트가 끝나고 여섯 달이 지났을 때 나는 라이브 어스 팀에게서 발랄한 이메일을 받았다. 그 메일에는 "밸런타인데이에 받은 하트 모양의 사탕 상자를 사진 액자나 귀걸이 보관 용기, 인형용 배낭으로 재사용"하는 방법이 담겨 있었다.

　오래지않아 정부도 이런 방식을 따라 하기 시작했다. 미국의 환경보호국, 연방고속도로국, 주 정부에서는 '시원한 캘리포니아Cool California'와 같은 정책 프로그램과 학교 교과과정을 통해 기후변화를 막기 위한 간단한 실천 사항을 홍보했다.《뉴욕 타임스》는 학교 환경 프로그램에 자극을 받은 아이들이 "뒷좌석의 작은 양심"이 되어 부모의 행동에 잔소리를 하며 "매일이 지구의 날"이라고 외치고 있다고 보도했다.

　아이러니하게도 캐나다나 아일랜드, 오스트레일리아처럼 철저하게 환경을 무시해온 정부들이 이런 홍보에 가장 열을 올렸다. 2000년대 초 이들 세

정부는 도로, 공항, 화석연료 개발을 토대로 한 경제 호황에 취해 있었다. 이들은 정식으로 교토의정서를 탈퇴했으며, 오스트레일리아의 경우 애초에 비준을 거부했다. 그럼에도 불구하고 기묘하게도 이들 세 국가는 기후변화라는 전 지구적 위협에 맞서 각자 개인이 행동을 취하도록 자국의 국민들을 독려하는 대대적인 전국적 규모의 운동을 벌였다.

아일랜드에서는 '하나의 힘Power of One'이라는 캠페인을 통해 각 개인의 힘이 모이면 '차이를 만들어낼' 수 있다는 '놀랄 만큼 단순한 생각'을 홍보했다. 오스트레일리아에서는 2,000만 달러를 들여 전국의 모든 가정을 대상으로 '기후 제대로 알기Climate Clever' 캠페인을 실시했다. 캐나다 정부는 '1톤 도전' 캠페인 홍보를 위해 전국 규모의 텔레비전 광고에 4,500만 달러를 쏟아 부었다. 광고에서는 코미디언 릭 머서Rick Mercer가 출연해 "자! 우리는 캐나다인입니다! 우리는 도전을 두려워하지 않습니다!"라고 외치며 시민들에게 이산화탄소 배출량을 줄이라고 열변을 토했다.

언뜻 보기에 이런 작은 조치들은 기후변화를 괴롭히는 정치적 당파성을 피하기 위한 수단처럼 보였다. 정치적 행동은 성가시고 참여를 요구하는 반면, 이런 작은 조치들은 소비자가 충분한 정보에 근거해 결정을 내리도록 해주고 국민 단결이라는 가치에도 호소하는 훨씬 더 온화한 방식처럼 보인다.

그렇다고 해서 정부가 개인의 책임에 초점을 맞추고 있을 때 그들이 정치와 무관한 행동을 하고 있다는 의미는 아니다. 정부는 사유재산권과 자유시장을 옹호하는 폭넓은 신자유주의 이념 안에서 기후변화의 프레임을 짜는 지극히 정치적인 행동을 하고 있는 것이다. 좌파 사회학자 울리히 벡Ulrich Beck은 "우리 모두는 개인적인 책임은 지면서도 실제 결정에는 참여하지 못하는 도덕적 기업가이다."라고 말했다.

설상가상으로 그런 운동들은 별 효과도 없었다. 국민들은 전혀 도전에 나서지 않았고 바람직한 경로에서 아주 멀찍이 떨어져 있었다. 이제는 기록 보관소 한구석에 묻혀 있는 평가 보고서에 따르면, '하나의 힘' 캠페인은 "이미 관심이 있던 사람들만 끌어들였을 뿐이며", '1톤 도전'은 전체 에너지 사용량에 아무런 변화도 일으키지 못했다. 오스트레일리아 국민들은 오히려 기후에 대해 더 잘 모르게 되었고, 기후변화가 가장 중요한 사안이라고 생각하는 사람의 수는 캠페인 실시 이전에 비해 3분의 1 감소했다.

이 같은 혹독한 평가에 주목하는 사람은 아무도 없었다. 애초에 이러한 캠페인들이 배기가스 감축에는 그리 관심이 없었기 때문이다. 사실 그것들은 그저 기후변화를 개인의 구매 결정에 따라 배기관 끝에서 발생하는 문제로 규정하려는 담론 책략에 불과했다. 활기찬 구호, 그리고 국민의 단결을 호소하는 목소리의 이면에는 "기후변화는 당신의 잘못"이라는 진짜 의도가 숨어 있다.

그리고 여기에 문제가 있다. 책임소재를 밝히면 그 즉시 비난이 따르기 마련이다. 비난은 억울함을 낳고, 가정에 책임을 돌리면 결국 억울함은 개인의 몫이 된다. 그러한 온건한 메시지가 얼마나 손쉽게 사람들의 당파적 편견을 부채질하는데 동원될지 당시에는 그 누구도 제대로 인식하지 못했다.

특히 보수주의자들은 정부나 진보적 환경 운동가들이 이래라저래라 하는 것을 정말로 듣기 싫어한다. 펜실베이니아 대학교 연구팀이 실시한 흥미로운 실험에서 절전형 전구 포장지에 '환경을 지키자'라는 스티커를 붙였더니 많은 보수주의자들이 구매를 꺼려했다. 내가 텍사스의 티파티 활동가들을 만났을 때, 크레이그는 한 환경 운동가에게 "당신이 지금 쓰고 있는 컴퓨터의 전기는 어디서 나오죠? 당신이 고기를 먹지 말라고 설교했던 바로 그 사람이 땅속에서 파 올린, 당신이 질색하는 바로 그 석탄에서 나와요."라며 도발했던 일을 이야기했다. 크레이그는 이 말로 그 날 가장 큰 환호를 받았다.

여기에는 뿌리 깊은 역설이 존재한다. 다양한 세계관의 도덕적 토대를 연구했던 심리학자 조너선 하이트에 따르면, 개인의 책임을 도덕적으로 가장 강조한 집단은 보수주의자들이었으며, 공동의 목표를 위해 협력하는 일에 가장 적합하지 않은 집단은 지극히 개별화된 가치를 지닌 진보적 환경 운동가들이었다.

보수주의자들뿐만이 아니다. 좌파 노동조합원들 역시 똑같이 몸서리를 쳤다. 영국 최대 노동조합 중 하나에 속한 활동가들과 함께 포커스 그룹을 실시하다가 나는 그들이 그 무엇보다도 '생활양식의 변화'라는 말에 짜증을 느낀다는 사실을 발견했다. 그들이 보기에 이는 중산층의 환경보호주의 및 정부의 책임 전가를 연상시키는 식상한 말이었다. 분명히 뭔가가 잘못됐다. 다른 사람들은 다 제쳐두더라도 노동조합원이라면 공동의 위협에 맞서는 집단행동의 요구에 응해야 하는 것 아닌가?

왠지 모두 뒤죽박죽이다. 사람들에게 개인의 책임을 받아들이고 '지구를 구하는 일'에 협력할 것을 촉구하는 캠페인들은 하나같이 엉뚱한 사람들을 상대로 엉뚱한 말을 하고 있다. 사소한 개인의 생활양식 변화가 사람들의 태도를 바꾸고 사람들을 연결시킬 수 있으리라는 바람은 부질없었다. 오히려 편견을 강화하고 분열을 부추기는 듯하다.

이는 개인적인 희생을 감수하려는 의지가 전적으로 우리의 사회적 정체성과 밀접하게 연관되어 있기 때문이다. 집단에 친밀감을 느끼는 경우 우리는 본인의 충실성을 증명하기 위해 기꺼이 헌신할 것이다. 심지어 전쟁이 발생하면 목숨을 바치기도 한다. 그러나 이러한 강력한 내집단 정체성과 사회적 공정성 의식 때문에 우리는 외부인들이 그들조차도 따르지 않는 듯한 도덕적 원칙을 제시하면 매우 분노하게 된다.

또한 생활양식을 조금 바꾼다고 해서 반드시 더 큰 참여로 이어지는 바람직한 경로로 나아간다는 보장도 없다. 후속 연구에 따르면, 기후변화 위협을 받아들이는 사람들조차도 관심이 있다는 표시로 간단한 행동 하나 정도는 금방 실천하지만 더 이상 나아가지는 않았다. 컬럼비아 대학교 심리학과의 엘케 웨버 교수는 사람들이 문제에 대응할 때 소위 '단일 행동 편향single action bias'을 보인다는 사실을 농업, 건강, 정치 분야의 여러 사례에서 발견했다. 그녀는 이런 편향이 과거에 위협이 지금보다 단순하고 단기적 단일 행동만으로도 위험과 불안에서 안전하게 벗어날 수 있었던 시기에 진화를 거치며 생겨난 편향들 중 하나일 수 있다고 주장했다.

그런 다음 사람들은 그 단일 행동을 한층 더 해로운 행위를 상쇄하는 개인적 정당화(심리학에서는 이를 가리켜 '도덕적 면허moral license'라고 한다)의 수단으로 이용한다. 이는 마치 사람들이 더블 베이컨 치즈버거를 먹는데 대한 마음의 부담을 덜고자 특대 사이즈 다이어트 콜라를 주문하는 것과 같다. 반복된 연구 결과에 따르면, 절전형 전구와 가전제품을 산 사람들은 그것을 더 많이 사용하고, 집에 단열재를 설치한 사람들은 난방기를 더 세게 트는 경향이 있다고 한다.

또한 사람들은 도덕적 면허를 다른 영역으로 이전하기도 한다. 보스턴에 있는 한 아파트 주민들에게 예쁜 나뭇잎 모양의 쪽지에 '환경보호'를 위해 물을 아껴 써 달라는 메시지를 써서 전달하자 물 사용량이 7퍼센트 감소했다. 그런데 전기 사용량은 6퍼센트 증가했다.

토론토 대학교의 연구자들에 따르면, 이러한 도덕적 면허 효과가 너무나 강력해서 환경친화적 제품을 구입한 사람들은 대학에서의 부정행위나 심지어 돈을 훔칠 기회를 더 쉽게 받아들이는 실험 결과를 보였다고 한다.

기후변화 문제에 있어서 사람들은 자신의 책임을 축소시키고자 의도적으로 도덕적 면허를 이용한다. 인터뷰에서 사람들은 자신이 실천하는 작은 행동을 과장하고 이를 거창한 말로 묘사한다. 영국의 포커스 그룹에 참가했던 한 사람은 자신이 재활용할 수 있는 모든 것을 재활용하며 종잇조각 하나도 버리지 않는다고 자랑했다. 그러고는 "그러는 만큼 비행기 탈 때의 죄책감을 덜 수 있다"고 덧붙였다.

결국 기후변화는 그 해결책으로 인해 다시 한 번 사악하게 규정되어 버린다. 기후변화의 위협을 심각하게 받아들인 사람에게 사소한 생활양식의 변화에 근거한 해결책을 제시하면 기후변화가 훨씬 덜 위험한 것으로 인식되고 탄소는 그저 버려서는 안 되는 쓰레기의 일종처럼 느껴지게 된다.

기후변화의 존재를 의심하는 사람들은 생활양식을 바꾸라는 요구를 받게 되면 진짜 위협은 그들의 생활을 통제하려는 환경 진보주의자에게서 나온다는 의심을 사실로 확신하게 된다.

지금 정말로 시급하게 필요한 것은 공동 참여에 나서도록 하는 일관성 있는 정책 체계이다. 자발적 수단을 통해서든, 아니면 현재 많은 운동가들이 요구하는 것처럼 일정한 형태의 세금이나 할당, 배당을 통해서든, 공동 참여를 확보해야 한다. 그 안에서 정부와 기업, 화석연료 회사의 공헌만큼이나 똑같이 중요한 개인의 행동을 인식하고 보상해야 한다. 하나의 힘이 아니라 모두의 힘이 필요하다.

37

말과
행동의
분리

**기후 전문가는
어떻게 내면의 갈등과
타협하는가**

2012년 틴들 기후변화연구센터Tyndall Centre for Climate Change Research 연례 회의에 참석했던 나는 당시 논의의 주제가 섭씨 4도로 옮겨가자 회의장에 뚜렷하게 퍼지던 불안감을 생생하게 기억한다. 모두들 그 주제를 꺼내기를 주저했다. 목소리들은 점점 작아지고 자신감도 줄어들었다. 그럼에도 불구하고 그 자리에 있던 모든 사람은 섭씨 4도의 온도 상승이 불가피한 정도는 아니더라도 충분히 가능성 있는 일이라고 이야기했다.

그날 저녁 환영 연회에서 과학자들은 카나페를 곁들인 화이트 와인을 마시며 둘씩 혹은 여러 명씩 모여 다정하게 담소를 나눴다. 살짝 구김이 간 유행 지난 옷차림과 예의 바르고 진지한 품행을 볼 때 그들은 교육 수준이 높은 여느 전문직 집단과 다름없었다. 내가 보기에는 다소 어려운 실내악 콘서트를 보러 온 관객처럼 느껴졌다.

그러나 그들이 나누는 대화에 귀를 기울이면서 나는 이 집단이 전혀 평범하지 않다는 사실을 다시 떠올렸다. 그 방에는 왜 지구가 2도의 기온 상승을 간신히 견뎌낼 수 있으며, 어째서 4도의 상승이 완전한 참사로 이어질 수 있는가를 잘 이해하는 영국인의 상당수가 모여 있었다. 어쨌든 그들은 평생 동안 그것을 연구해 왔다. 다른 사람들은 몰라도 이 사람들은 4도라는 말이 환경적, 사회적, 경제적 붕괴를 의미하는 약칭이라는 사실을 너무나 잘 알고 있었다. 그리고 이들의 연구에 따르면, 우리는 이 붕괴를 향해 직행하고 있고 어쩌면 60년 안에 그 사태가 닥칠 수도 있다.°

오하이오 주립대학교의 교수이자 기후학자인 로니 톰슨Lonnie Thompson은 자신과 같은 직업에 종사하는 사람들은 대체로 둔감한 편이며 "하늘이 무너진다고 호들갑 떠는" 부류가 아니라고 말한다. 그러나 그런 그들조차도 "이제는 사실상 모든 기후학자들이 지구온난화로 인해 인류 문명이 명백하고 현존하는 위험에 처했다고 확신"하기 때문에 지금 그 위험을 경고해야만 한다는 것을 느낀다고 한다. 이 발언 자체도 예사롭지는 않지만, 그것이 명망 높은 국제과학기구 저널의 냉철한 보고서에 등장했다는 사실은 한층 더 예사롭지 않다.

기후학자들의 경고는 해가 갈수록 더 명확하며 심각해지고 있다. 그리고 해가 갈수록 신뢰를 잃어가는 듯하다. 이 책 처음에 인용했던 구절을 다시 생각하면, 나는 기후학자들이 1942년 유럽의 유태인들에게 무슨 일이 일어날지 알고 있었던 몇 안 되는 사람들, 끔찍한 일이 벌어질 것을 알면서도 그토록 엄청난 범죄의 존재를 그 누구에게도 설득하지 못해 괴로워했던 사람

° 4도의 기온 상승이 내포하는 바는 이 책의 마지막 장에서 논의한다.

들과 불편하리만큼 닮아 있다는 생각에 두렵다.

한 과학자는 내게 최근에 발견한 사실에 너무나 불안해서 몇몇 가까운 친구(그는 세계 유수의 원로 과학자들의 이름을 댔다)에게 편지를 써서 인류의 미래가 여기에 달려 있는데 우리가 틀렸을 가능성이 (제발 아주 조금이라도) 있을지 물었다고 말했다. 그들은 즉시 답장을 보내왔고 자신들도 계속해서 그 사실을 걱정하고 있으며, (회의론자들이 주장하는 것과는 반대로) 자신들이 틀렸을 가능성을 언제든 염두에 두고 있다고 말했다. 그러나 증거를 다시 되짚어 볼 때마다 정말 제대로 이해했다는 불편한 결론을 피할 수 없었다. 그는 내게 "우리는 적극적인 운명론자들입니다."라고 말했다.

활동가와 운동가들 역시 이 같은 불안감과 씨름하면서 불면과 공황 발작에 시달리고 있다. 브랜다이스 대학교의 인류학과 졸업반이자 350.org에서 대학의 투자 중단 캠페인을 주도하는 도리언 윌리엄스^{Dorian Williams}는 "한 번에 몇 시간에서 며칠, 심지어 몇 주에 걸쳐 아주 심각하고 우울한 상태"를 경험한다고 말했다. 윌리엄스는 그런 기분이 결코 사라지지는 않지만 "어떻게든 견뎌서 계속 싸워 나갈 수 있도록 해야죠."라고 말했다.

매일 기후변화를 현실로 생각하며 대처하는 사람들은 기후변화의 심리적·도덕적 도전에 직면할 인류의 대처 방식에 중요한 통찰력을 제공한다. 거의 모든 분석은 기후 과학을 받아들이려 하지 않는 사람들의 심리에 관한 내용을 담고 있고, 당연하게도 사람들은 그것을 불쾌해한다. 그러나 기후변화를 이미 확신하는 사람들은 어떨까? 그들은 선발대이며, 기후변화의 영향이 고조되면 모두가 그들의 뒤를 따를 것이다.

고탄소 생활양식이 미치는 영향을 잘 알고 있는 그들은 고탄소 생활양식이 장려되고 계급의 표시로까지 요구되는 사회에 순응하라는 압력 속에서 그 둘을 어떻게든 조화시켜보려 애쓰지만 도덕적 딜레마는 극에 달한다.

나는 비공식인 사회조사 프로젝트를 진행했다. 어차피 인생 자체가 하나의 긴 실험 아닌가. 나는 기후변화 전문가들을 살살 구슬려서 그들이 휴가 때 무엇을 하는지 이야기를 들어보았다. 세계은행에서 일하는 한 원로 기후 경제학자는 기분 전환을 위해 자주 비행기를 타고 남아프리카 공화국에 간다고 실토했다. 그러면서도 자신이 도입한 탄소 상쇄 제도가 "탄소 시장의 가격 형성에 기여"했으니 결국 공공선에 이바지한 것 아니냐고 강변했다. 한 전국 방송의 환경 특파원은 "그리 희망이 보이지 않아서" 비행기를 타고 스리랑카로 가족여행을 가기로 결정했다. 극지방 연구 전문가인 한 기후 과학자는 "일로 너무 스트레스를 받는" 탓에 스키를 타기위해 매년 몇 차례의 장거리 비행을 했다. 미국의 한 대형 환경 단체에서 기후변화 운동을 이끄는 책임자는 일 때문에 워낙 자주 비행기를 타다보니 마일리지가 많이 쌓여서 장거리 휴가 여행을 할 때면 비즈니스 클래스로 자동 업그레이드를 받을 수 있다고 했다.

이들은 모두 여가를 즐기려고 비행기를 이용하는 이야기를 하면서 불편한 기색이었고, 나는 이런 화제를 둘러싼 침묵의 규범이 존재한다는 사실을 발견했다. 그럼에도 불구하고 그런 이야기를 해야 할 때면 그들은 모두 그런 행동을 정당화하기 위해 자신들은 도덕적 공헌을 하고 있으니 그 정도는 괜찮은 것 아니냐고 하거나, 같은 계층의 전문직 동료들도 다 그렇게 하고 있다는 식으로 둘러댔다. 그들은 하나같이 기꺼이 비행기 이용을 그만둘 용의가 있지만 광범위한 체계적·사회적 변화가 뒷받침되지 않는 한 일개 개인의 희생은 무의미하다고 주장했다. 아이러니하게도 이러한 그들의 주장은 과학적 정보만으로는 사회적으로 깊이 뿌리박힌 행동에 대항할 수 없다는 명확한 증거가 된다.

틴들 센터의 전 소장 케빈 앤더슨Kevin Anderson 교수는 어떤 이유에서든 비행기 이용을 꺼리는 보기 드문 사람이다. 최근 중국에서 열린 한 회의에서 앤더슨 교수가 기차를 이용하여 그곳까지 왔으며 돌아갈 때도 기차를 이용할 것이라고 말했을 때 청중들은 무척이나 놀랐고 감명을 받았다. 앤더슨은 이런 행동이 자신이 주장하는 과학에 정당성을 더하는 일이라고 확신했다.

앤더슨은 기후 정책을 만드는 사람들이 그토록 자주 비행기를 탄다는 말을 들으면 '정말이지 마음이 심란'하다고 말한다. 앤더슨은 영국에서 가장 큰 전력 회사들 중 하나에서 일하는 임원이 무심코 다음 주말에 승마를 위해 자신의 말과 함께 비행기를 타고 중국에 간다는 얘기를 했다고 내게 말했다. 앤더슨은 분노를 터트리며 이렇게 말했다. "우리 두 사람은 기후변화에 관한 정부 공청회에서 증언을 하려던 참이었는데 그가 빌어먹을 말을 데리고 중국에 갈 거라고 하지 않겠습니까! 내가 지적을 했더니 그는 마치 내가 급진 좌파라도 되는 듯한 눈으로 바라봤어요!"

앤더슨은 전문가라는 사람들이 고도 3만 2,000피트 상공의 비행기 퍼스트 클래스에서 받는 주옥같은 지혜가 너무나 중요해서 그들이 내뿜는 배기가스를 능가하는 가치가 있다고 생각하는 모양이라고 내게 말했다. 앤더슨은 그들은 우리가 바로 그들 같은 사람들 때문에 기후변화 문제를 겪고 있다는 사실을 깨닫지 못한다고 말하고는, 다소 유화적인 태도로 "그리고 나 같은 사람"이라고 덧붙였다.

나 역시도 '나' 같은 사람이라고 덧붙여야 한다. 나도 직업상 비행기를 이용하기 때문이다. 나는 좀처럼 비행기를 타지 않지만, 비행기를 탈 때면 항상 이를 정당화하려고 한다. 그러나 '정당화'라는 단어 자체가 말해주듯이 나 역시도 비행기를 탈 때마다 느끼는 내면의 갈등을 해결할 수 있는 변명을 만들어 내려한다. 그때 느끼는 좌절감은 실로 엄청나다. 왜냐하면 나는 정말로 여행을 좋아하며, 기후변화 운동에 몸담기 전에는 자주 비행기를 이용했음을 고백할 수밖에 없기 때문이다. 그래서 비행기를 탄다는 것이 중독성이 있음을 무척 잘 안다.

여행 서적 《러프 가이드Rough Guides》 시리즈를 만든 마크 엘링엄Mark Ellingham은 비행기 타는 것을 니코틴 중독에 비교해서 '비행 탐닉binge flying'이라는 말을 만들었다. 여행을 많이 다니는 사람들과 인터뷰를 나눠 보면 여느 중독자와 똑같은 언어를 사용한다는 사실을 발견하게 된다. 그들은 열광이나 황홀감을 느끼고, 어색함이 사라지며, 인생에서 새로운 의미를 찾게 되고, 돌아올 때면 우울함을 느낀다고 말한다.

어쩌면 이것이 바로 우리 전문가들이 비행기를 타는 행위를 정당화하기 위해 동원하는 이기적인 변명이 중독자들이 늘어놓는 변명과 기분 나쁠 정도로 비슷한 이유인지도 모른다. 즉, 나는 꼭 이것을 해야 하고, 다른 누구에게도 피해를 주지 않으며, 남들도 다 하고 있고, 나름대로 애써왔고, 언제든 그만 둘 수 있고, 다른 사람들은 훨씬 심하다는 변명들 말이다.

텍사스 주의 기후학자 존 닐슨 개먼은 기후 문제를 연구하는 사람들이 똑똑하기는 하겠지만 그들 역시 다른 모든 사람들과 마찬가지로 "다양하게 뒤섞인 야망과 호기심, 완고함, 자신감, 이타주의에 이끌리는" 인간들일 뿐이라는 사실을 기억해야 한다고 말한다.

그러나 기후 전문가는 한 가지 중대한 면에서 다른 사람들과 다르다. 우리 기후 전문가들은 기후변화를 알리는 주요 전달자이며 우리가 하는 행동은 우리의 신뢰성을 가늠하는 척도로써 항상 주목의 대상이 될 수밖에 없다는 사실이다. 다른 분야에서도 의사결정자가 일관성 없는 행동을 하면 확실히 영향을 미친다. 판사가 인종차별을 하거나 정치인이 탈세를 하거나 신부가 성행위를 한 경우 모두 대중의 뜨거운 관심을 받게 된다. 이는 내적 갈등이 이들의 판단을 흐릴 수 있다는 사실을 우리가 본능적으로 알기 때문이다.

우리는 불가피하게 자신의 가치와 모순, 침묵을 우리가 하는 이야기에 투사할 위험을 안고 있다. 이러한 내적 갈등을 생각할 때, 환경 단체나 환경보호국이 홍보하는 개인 실천 사항의 목록에 비행기 이용을 언급하는 경우가 무척이나 드물다는 사실은 과연 놀랄만한 일일까? 실제로 국제 항공 산업과 관련한 내용은 국가별 배기가스 산출이나 교토의정서에 포함되지 않는다는 사실이 정말 놀랄만한 일일까?

포틀랜드 주립대학교의 심리학과 객원 연구원인 르네 러츠만^{Renee Lertzman}은 이러한 모순을 오만이나 위선, 무관심이라고 단정하는 것은 잘못이라고 주장한다. 러츠만은 이런 모순은 전문가들이 불안과 고통의 감정을 유발하는 내적 딜레마에서 스스로를 보호하기 위한 전략이라고 보는 것이 가장 적절하다고 말한다. "우리는 우리 스스로가 공모자라는 사실을 견디지 못합니다. 따라서 우리는 외부에서 원인을 찾고 우리의 염려를 타인에게 투사하죠. 항공 산업, 혹은 그것을 통제하는 정부 정책의 실패를 탓해요."

러츠만은 그녀의 워크숍에서 비행기를 이용하는 사람이 기후변화에 관심이 있다고 말하는 건 '거짓말'이라고 비난했던 한 참석자 이야기를 했다. 러츠만은 "그건 거짓말이 아닙니다. 타협점을 찾으려 애쓰는 것이죠."라고 강조했다. 그녀는 그들의 말과 행동 사이에 간극이 존재하는 것도 아니라고 했다. 러츠만은 그것을 상충하는 욕구들이 얽힌 상태, 이를테면 태피스트리(여러 가지 색실로 그림을 짜 넣은 직물—옮긴이) 같은 걸로 보고자 했다.

많은 기후 과학자들과 함께 일해 온 심리치료사 로즈마리 랜들은 기후 과학자들이 "일반인의 공격이나 무관심에 직면하면 당황하고 우울해 하고 좌절하는 모습"을 자주 본다고 말한다. 랜들에 따르면, 그들은 해결책으로 "더 많은 도표나 더 견고하고 정밀한 주장을 뒷받침하는 근거를 찾는데 열중하는" 방법을 택한다.

영국 대형 연구 기관의 기후 과학자들과 함께 일하는 또 다른 심리치료사 (신원을 밝히지 말아달라고 말했다)는 그녀의 동료 과학자들이 계속해서 비행기를 타면서도 그들이 느끼는 불안이나 일에 미치는 영향에 대해 결코 이야기하지 않는다는 사실에 언제나 혼란스러워했다. 그녀는 결국 그 어느 때보다도 많은 지식을 산출하는 것만이 그들의 목표가 되어버렸다고 확신했다. 그녀는 내게 기후 과학자들이 "전문가들만 다룰 수 있는 거대한 정보 기계를 만들면 전문가들끼리 그 기계를 보강해주고, 그들이 하는 일이라고는 전문위원회에 둘러 앉아 서로에게 전문 지식을 발표하는 것뿐"이라고 말했다.

이처럼 합리주의적 전문가 문화는 그들의 일에 내재된 감정들로부터 과학자들을 보호한다. 러츠만은 1998년 환경보호국 소속 과학자들과 인터뷰를 했을 때 과학자들이 최전선에서 경험하는 감정적인 고뇌를 털어놓을 것이라고 기대했다. 러츠만은 그들이 "나는 과학자이고 감정 따위에 얽매이지 않습니다."라고 하는 말을 듣고 정말로 놀랐다고 내게 말했다.

해양 생물학자 지오반니 베아르치Giovanni Bearzi는 〈황새치 보호 생물학자가 황새치를 먹을 때When Swordfish Conservation Biologists Eat Swordfish〉라는 흥미로운 논문에서 지속 불가능한 어업을 연구하는데 생을 바치는 생물학자들이 음식점에 앉아 가뜩이나 개체수가 줄어들고 있는 황새치나 참치를 주문하는 행태를 지적했다. 베아르치는 이런 모습이 마치 "청빈의 삶을 설법하는 승려가 보석과 값비싼 비단옷을 걸치고 있는 것"과 같다고 말했다.

하지만 러츠만과 랜들이 옳다고 해도 우리는 이를 상당히 다른 시각에서 볼 수 있다. 사람들이 불필요하게 말과 다른 행동을 한다면, 그것은 일반적으로 관습화된 부정을 암시한다. 그들은 일과 여가, 정보와 책임, 이성적 뇌와 감정적 뇌를 엄밀하게 구분함으로써 자신이 느끼는 감정적 불안에 대처한다. 활동가들은 마하트마 간디Mahatma Gandhi가 한 말이라고 하면서(하지만 실제로 간다는 이런 말을 한 적이 없다) '당신이 보고 싶은 바로 그 변화를 실천하라'는 좌우명을 즐겨 인용한다. 어떤 면에서 이런 전문가들은 그들이 보고 싶은 세상을 실천하고 있다. 그 세계에서 그들은 자기 할 일을 하며, 정부도 해야 할 일을 하고, 자원은 지속 가능하게 관리된다. 그런 다음 그들은 비행기를 타고 이탈리아로 휴가를 떠날 수도 있고 열심히 일한 대가로 황새치 스테이크를 당당하게 먹을 수도 있다.

영국 과학박물관의 전 관장이자 영국 최고 원로 기후 과학자 중 한 명인 크리스 래플리 교수는 예상과 달리 정신분석에 입각한 주장을 지지하는 사람이다. 그는 "심리치료는 정확하지 않고 정량적이지도 않다"고 주장하는 과학계의 실증주의적 편견에 기꺼이 맞선다.

래플리는 자기가 알고 있는 사실 때문에 받는 내적 스트레스에 대해 놀랍도록 솔직하고 명확하게 이야기한다. 그는 내게 이렇게 말했다. "아무리 낙관적으로 생각하려 노력해보아도 낙관적이 되기가 너무나 어렵습니다. 나는 내가 아는 사실을 완전히 차단된 정신의 한 영역에 넣어둠으로써 스스로 느끼는 불안에 대처하곤 합니다. 우리 기후 과학자들이 밤에 편안히 잠을 이룬다는 사실은 우리가 무의식적으로 이런 작업을 얼마나 열심히 하고 있는지를 잘 말해 줍니다."

러츠만과 동료 심리치료사들은 우리 모두는 비이성적이고 무의식에 휘둘리는 혼란스러워하는 인간이며 이런 우리의 문제를 이해하기 위해 모두들 분투하고 있다고 주장한다. 러츠만에 따르면, 이것이 바로 우리가 기후변화를 회피하는데 대한 인지적 설명이 '믿기 힘들 정도로 제한되는' 까닭이다. 사람들은 '현명하고 똑똑한 사람들과 비교하며, 무지하고 이기적이고 근시안적인 사람들'에게 책임을 돌린다. 정치적 성향에 초점을 맞추는 것 역시 피상적이다. 왜냐하면 사람들이 어떤 이유로 그런 성향에 그토록 강한 동질감을 갖게 되었는지를 분석하지 않기 때문이다. 러츠만은 증오는 언제나 그 이면에 다른 무언가가 벌어지고 있음을 보여주는 단서라고 말한다.

러츠만은 기후변화가 우리가 다루기에 너무 힘든 문제라는 주장은 "어처구니없는" 소리이며, 우리가 이 문제를 완전히 다른 관점에서 본다면 "우리가 깊은 관심을 가지고 그 문제를 다룰 비범한 능력을 갖추고 있다는 증거가 얼마든지 있다"고 말한다. 그렇다면 문제는 어떻게 해야 그 간극에서 벗어나 태피스트리의 매듭으로 재구성할 수 있는가 하는 것이다. 러츠만은 사람은 자신의 불안을 인정해주는 사람이 있는 곳, "네, 이것이 두려워요. 이일이 힘들어요."라고 말할 수 있는 곳에 있어야 하며, 그제야 비로소 우리는 진정으로 성숙하고 창조적이며 전략적이고 혁신적일 수 있다고 말한다.

38

죽음의 암시

미래는 왜 캄캄해지는가

뉴욕의 제이컵 K. 재비츠 컨벤션 센터는 터질 듯 붐비고 있었다. 미국 동부에서 열리는 최대 만화 컨벤션인 코믹콘Comic-Con 이틀째 날 11만 5,000여 명의 팬이 몰렸다. 나는 "미래가 어떻게 될 것이라고 생각하는가?"라는 간단한 질문을 하러 여기에 왔다.

나는 거기에 모인 사람들이 젊고 똑똑하며 기술과 미래 세계에 대해 호기심이 있는 사람들이라고 생각했다. 사인을 받기 위해 줄을 서서 기다리는 동안 그들이 영국인 사회 연구원이 묻는 몇 가지 질문에 답을 해 줄 것이라 기대했다. 나는 만화 주인공 코스프레를 하고 있지 않았지만, 내가 입은 꾀죄죄한 트렌치코트를 본 한 여성이 "혹시나 해서 물어보는데 가제트 형사로 꾸미신 건가요?"라고 물었다.

그리하여 나는 그들에게 미래가 어떻게 될 것이라고 생각하는지 물었다.

놀랍게도 그들은 아무런 생각도 없었고 심지어 생각하고자 하는 의지도 없었다. 한 여성은 "그렇게 먼 미래는 생각해 본 적 없어요. 현재에 충실하고 싶어요."라고 말했다. 줄의 한참 뒤에 서 있던 남성은 "단색 점프슈트 같은 미래"가 올까봐 걱정스럽다고 했다. 내가 어리둥절한 표정을 지으니 "마치 〈로건의 탈출Logan's Run〉에서처럼요."라고 덧붙였다.

브라이언 페라라는 공상 과학 비디오 게임에 나오는 무기 복제품을 900달러에 팔고 있었다. 그는 "나는 최후심판일을 예언하는 부류의 인간이 아니에요. 현실주의자죠."라고 말했다. 그는 현실을 감안하면 미래를 밝게 보지는 않았지만, 그 자세한 이유에 대해선 막연해보였다. 그는 어쩌면 우리가 영양을 공급하는 관이 달린 의자에 묶여 움직이지 못하게 될지도 모른다고 말했다.

한 커플은 비교적 정치에 관심이 있었고 점거 운동에도 참여한 적이 있었다. 그들은 기업이 지배하는 디스토피아를 예언하면서 다른 문제, 즉 과다 출산 문제에 대해서도 이야기했다. 그것은 생식의 권리에 관한 싸움이다. 여성은 이 문제에 대해 열성적으로 말했다. "정치인들아! 내 자궁에서 나가! 내 여성 생식기를 내버려 두라고!" 라텍스로 만든 캣우먼 의상을 입은 그 여성은 적어도 당장은 상당히 안전해 보였다.

그렇다면 기후변화는? 스무 차례 이상 인터뷰를 하는 동안 내가 유도하기 전까지는 단 한 명도 기후변화를 언급하지 않았다. 일단 말을 꺼내면 여러 의견을 내놓았다. 기후변화가 일어나고 있다는 사실이나 참사가 발생하리라는 사실을 의심하는 이는 아무도 없었다. "대참사로 이어질 거예요." "그 문제에 대처하지 못한다면 우리도 모두 공룡처럼 멸망하겠죠." 하지만 그런 결과가 언제 닥칠 것 같은지 물어보자 그들은 아직은 상당히 먼 미래의 일로 생각했다. 캣우먼으로 변장한 여성은 "아마도 내 증손자는 그 문제에 대비해야겠죠."라고 대답했다.

도대체 미래가 어떻게 되어버린 걸까? 베이비붐 마지막 세대인 내가 자랄 때만 해도 미래가 어떨지를 의심하는 사람은 아무도 없었다. 빛나는 유리 빌딩과 알약 음식, 태양 개발, 모노레일이 기다리고 있었다. 미래상은 어디에나 있었다. 조사에 따르면, 이제 사람들은 미래에 대해 생각조차 하고 싶어 하지 않는다.

녹스빌에 있는 테네시 대학교의 브루스 톤Bruce Tonn은 지난 십 년 간 사람들에게 미래에 어떤 일이 일어날 거라고 생각하는지 물었다. 톤의 연구 결과에 따르면, 사람들 대부분은 '미래'를 15년 후 정도로 해석하며, 20년이 넘어가면 미래를 상상하는 사람들의 능력이 '캄캄해진다'고 한다. 이 단어가 흥미롭다고 생각한 나는 톤에게 그 의미를 설명해 달라고 했다. 톤은 이렇게 설명했다. "사람들은 그냥 그 어떤 종류의 미래도 상상하지 못합니다. 자신의 삶을 상상하지도 못하고, 사회를 상상하지도 못하며, 각종 정책이나 정책의 미비가 미칠 영향도 상상하지 못합니다." 톤의 연구는 사람들의 마음 속 깊이 내재되어 있는 비관주의를 밝혀냈다. 응답자의 절반 이상이 미래에 태어나지 않아서 다행이고, 인류는 멸망할 것이며, 환경의 붕괴로 그렇게 될 가능성이 가장 높다고 답했다.

미국의 10대 초반 아동 500명을 대상으로 실시한 조사에서 절반 이상이 세계가 쇠퇴하고 있다고 느꼈고 3분의 1은 자신이 성인이 됐을 때 세상이 더 이상 존재하지 않을 것이라고 생각한다는 결과가 나왔다. 오스트레일리아 어린이들의 4분의 1은 자신이 성인이 되기 전에 세계가 멸망할 것이라고 생각했다.

멸종은 기후변화와 관련해서 새롭게 등장한 담론이다. 일반적인 의미에서의 멸종이 아닌, 구체적으로 우리 인류의 멸종이다. 앨런 와이즈먼Alan

Weisman이 인간이 사라진 세상에서 환경이 회복되는 과정을 그린 책《인간 없는 세상》은 베스트셀러가 됐다. 프레드 구테를Fred Guterl이 쓴《종의 운명The Fate of the Species》과 클라이브 해밀턴이 쓴《누가 지구를 죽였는가》에서 기후변화 작가들은 멸종이 인류의 궁극적 위험이라고 주장한다.

엘리자베스 콜버트Elizabeth Kolbert의 저서《지구 재앙 보고서》는 "과학기술이 발전한 사회가 결국 자멸을 선택할 수도 있다는 것은 상상조차 할 수 없는 일처럼 생각되지만, 그것이 바로 지금 우리가 하고 있는 일이다."라는 말로 끝난다.

최근 들어 멸종을 연구하는 새로운 분야가 등장했다. 옥스퍼드 대학교의 철학부 산하 인류미래연구소The Future of Humanity Institute는 인류의 미래를 위협하는 대대적인 위험을 전문적으로 연구한다. 경쟁 상대인 케임브리지 대학교는 스카이프의 공동 창업자인 갑부 얀 탈린Jaan Tallinn의 후원으로 실존위험연구센터Center for the Study of Existential Risk를 세웠다. 이는 멋진 일이다.

인류미래연구소는 학계의 전문가들을 대상으로 지구적 위험에 대한 설문 조사를 실시했다. 그들은 인류가 21세기가 끝나기 전에 멸망할 가능성이 19퍼센트라고 추정했다. 스턴 경은 〈기후변화 경제 보고서〉를 만들면서 평가 수치를 계산할 때 다음 세기 안에 인류가 멸망할 가능성을 9.5퍼센트로 가정했다.

멸망론은 대책을 마련하기에는 이미 너무 늦었다는 좀 경박하고 운명론적인 주장에 아주 잘 맞는다. 작고한 코미디언 조지 칼린George Carlin은 그것을 다음과 같이 표현했다.

지구를 구하자고! 뭐? 이 어이없는 사람들이 지금 나를 놀리나? 지구는 어디 가지 않아. 우리가 문제야! 우리가 사라지고 있어. 그러니 여러분, 짐을 꾸려. 우리는 살다간 흔적조차 많이 남기지 않을 거야. 그저 그렇고 그런 실패한 돌연변이, 끝장난 생물학적 실수에 불과하지. 지구는 우리를 지독하게 들끓는 벼룩처럼 털어낼 거야. 표면에 기생하는 골칫거리처럼.

틱낫한Thich Nhat Hanh 스님은 이것과 본질적으로 똑같은 내용을 좀 더 차분하게 전달한다. 그는 지구온난화로 인한 "집단적 분노와 폭력"은 100년 안에 우리를 파괴로 이끌 테지만 "대자연은 스스로를 치유할 능력을 갖췄다는 사실을 알고" 있기 때문에 우리는 이를 받아들일 수 있다고 말한다.

어떤 특정한 하나의 세계관에서만 이런 이야기를 찾아볼 수 있는 건 아니다. 사람들이 이런 이야기를 시험하고 전달하는 사이 그 기세가 확장되고 있다. 이는 이미 널리 퍼져있다. 허무주의에 빠진 칼린의 독백은 유튜브에서 500만 회가 넘는 조회수를 기록했다.

만약 이것이 방어 기제라면, 그것은 우리의 전체적인 도덕적 책임을 피해가는 기제가 된다. 이는 마치 침상에서 밤새 간호를 하다가 실제로 죽음 그 자체는 경험하지도 않은 채 사별 애도 상담으로 넘어가는 것과 같다.

그리고 우리가 멸종될 것이라고 말할 때, 우리는 모든 '우리' 중에서도 가장 애매한 우리이다. 앞서 언급했듯이 사람들은 인류 전체의 운에 비해 자기 자신의 운을 훨씬 더 낙관적으로 보는 일관된 경향이 있다. 멸망을 이야기하는 사람들 중 그 누구도 자기 자신 혹은 자신의 내집단이 직접적인 위협에 처해 있다고 심각하게 생각하지 않는 듯하다. 이런 프레임은 타인의 고통을 피할 수 없는 것으로 여기도록 만든다.

기후변화를 형상화할 때면 기아, 갈라진 땅, 해골, 죽은 나무처럼 죽음을 상징하는 이미지를 자주 사용한다. 기상이변을 보도할 때면 기사 제목에 '살인적 더위'를 강조하며 사망자 수를 두드러지게 언급한다. 불치병, 암,

살인의 비유가 환경 관련 기사에 자주 등장한다. 《시드니 모닝 헤럴드^{Sydney} Morning Herald》에 실린 한 기사는 '지구에 대한 예후: 사망'이라는 제목 하에 기후변화를 불치병으로 표현했다.

원로 환경 과학자 제임스 러브록은 이런 비유들을 심도 있게 분석했다. 러브록은 기후 과학자가 '실종된 아이의 가족에게 아이가 살해당한 채 근처 숲에서 시체로 발견됐다고 전하는 젊은 여경' 같다고 말한다. 과학 연구 센터들은 '병원의 병리 검사실에 해당'하며 지구가 '곧 무서운 열병에 걸려 상태가 악화되어 혼수상태에 빠질 것'이라고 보고하고 있다.

이처럼 기후변화와 죽음 사이에 존재하는 흥미로운 연관성의 이면에는 한층 더 흥미로운 질문이 존재한다. 기후변화는 '본질적'으로 인간이 죽음에 대해 느끼는 두려움을 촉발하며, 우리의 반응은 그 두려움에 의해 형성되는 것일까?

인류학자 어니스트 베커^{Ernest Becker}는 인간의 모든 신념의 핵심에는 죽음의 공포가 있다고 주장한다. 베커에 따르면, 죽음을 부정하는 것은 죽음 이후에도 계속 살아서 영원히 존재한다는 느낌을 얻기 위해 문화적·사회적 집단에 우리의 노력을 쏟도록 만드는 '필수불가결한 거짓말'이다. 따라서 우리는 자신의 죽음을 상기시키는 것을 만나면(베커는 이를 가리켜 '죽음의 돌출^{death} salience'이라고 한다), 그것의 가치와 문화를 옹호하는 방향으로 반응한다.

공포 관리 이론^{terror management theory}이라 부르는 베커의 이론을 뒷받침하는 실험은 300건 이상 존재한다. 이 이론에 따르면, 사람들은 직접적으로 자신의 죽음을 의식하게 되면 마치 흡연자가 "아직은 한참 먼 얘기지. 당장 죽는 건 아닐 테니 말이야."라고 말하는 것처럼 개인의 위험이나 시간의 가까움을 부정함으로써 즉시 그 위협을 합리화하는 경우가 많다고 한다.

코넬 대학교의 신경과학과 교수 재니스 디킨슨^{Janis Dickinson}은 기후변화에 베커의 이론을 적용한다. 디킨슨은 지나친 합리화, 부정, 먼 미래의 일로 치부하기 등 사람들이 기후변화에 대해 일반적으로 나타내는 대부분의 반응은 우리가 죽음의 공포를 대할 때 나타내는 반응과 똑같다고 말한다.

우리는 자기 자녀가 죽는다는 생각을 견디지 못하지만 우리가 죽은 이후에 언젠가는 자녀들도 죽는다는 사실을 알고 있다. 마찬가지로 우리는 기후변화의 영향을 우리가 죽은 이후의 일이라고 생각함으로써 기후변화로 인한 공포를 피할 수 있다. 포커스 그룹에서 사람들은 기후변화는 자기가 죽고 나서도 한참 후에 일어날 일이라고 말하여 공공연하게 자신의 무관심을 정당화한다.

그러나 베커의 공포 관리 이론에는 좀 더 미묘한 측면이 있다. 죽음을 상기시키는 요소가 아주 미묘하거나 잠재의식 수준에서 작용하여 인식하지 못하는 경우, 사람들은 자신이 속한 사회집단의 우월감을 크게 드러내며, 이는 지위와 돈, 자아상 개선에 대한 더 많은 관심으로 이어질 수 있다. 베커는 우리의 에너지를 자신이 속한 사회 집단 및 그 집단의 성취에 투자하는 것은 죽음에 대처하는 우리의 타고난 방식이라고 믿었고, 이를 가리켜 '불멸성 프로젝트immortality project'라고 불렀다.

디킨슨에 따르면, 강력한 영향력을 미치고, 부정하는 사람들과 믿는 사람들의 극단적인 양극화를 부채질하며, 계급이 높을수록 더 많은 탄소를 소비하는 생활양식으로 사람들을 몰고 가는 것은 바로 기후변화와 죽음의 잠재의식 속 연합이다.

그녀는 사람들이 환경 파괴의 이미지를 자기 자신의 죽음이라는 관점에서 해석한다는 강력한 증거를 제시한다. 베커의 공포 관리 이론에서 예견할 수 있듯이, 죽음의 이미지에 노출되면 이미 환경에 관심을 갖고 있던 사람들은 더욱 관심을 갖게 되고 애초에 별로 관심이 없던 사람들은 더욱 관심을 보이지 않게 된다.

이 책에서 나는 강력한 증거가 뒷받침되지 않는 주장은 피해왔지만, 이 경우 어느 정도의 추측이 정당화될 수 있다고 생각한다. 수많은 사려 깊은 인물(빌 맥키번, 밥 잉글리스, 대니얼 카너먼, 조 롬 등)이 나와 인터뷰하는 과정에서 기후변화는 어쩌면 죽음을 대리하는 것일지 모른다고 말했다는 점을 생각하면 특히 그렇다.

환경 작가 캐롤린 베이커Carolyn Baker는 이 관계는 떼려야 뗄 수 없는 관계라고 말한다. "멸망을 알게 되었을 때 우리는 삶의 끝을 향해가는 장례 행렬로 걸어들어 갈 수밖에 없다. 기꺼이 이 행렬에 지원할 이는 누구인가?"

기후변화를 위해 일하는 많은 사람이 깊은 비탄과 씨름한다. 기자 로스 겔브스펜은 자신의 삶을 실현할 꿈에 부풀어 있는 젊은이들의 미래가 사라져 가는 것을 보면 극심한 슬픔과 함께 눈물이 난다고 한다. "거기에서 도망치는 대신에, 나는 크게 심호흡을 하고 눈을 감은 채 그것을 받아들이려 합니다."

환경 운동가 빌 맥키번은 기후변화가 섬뜩할 정도로 우리의 죽음처럼 느껴진다는 데 동의한다. 이 주제에 대해 좀 더 이야기해 달라고 요청했을 때 그는 중요한 경고를 덧붙였다. 맥키번은 기후변화는 자연사自然死와 전혀 비슷하지 않다고 말했다. "우리는 우리가 하고 있는 행동과 그것에 제대로 대처할 수 없는 스스로의 무능력에 한탄하고 있습니다. 우리 모두는 결국 죽을 것이라는 것을 알고 있으며, 전에는 우리의 죽음 이후에도 남아있을 더 큰 무언가에 우리의 삶이 공헌하고 있다는 생각으로 극복할 수 있었죠. 하지만 이제는 그런 생각마저도 빼앗겼습니다." 즉 우리는 우리 자신의 죽음을 상쇄하는 '불멸성 프로젝트'마저도 빼앗겼다.

우리가 무엇을 하든, 점점 더 많은 사람들이 우리에게 과거를 무의미하게 만들어버릴 어떤 불확실한 미래의 재앙을 위해 헌신하고 있다며 비아냥거린다. 사실 재앙을 기다리는 것 말고는 우리가 할 수 있는 게 없다. 어떤 일은 실제로 일어나겠지만, 사실 현실적으로 느껴지기도 하고 비현실적으로 느껴지기도 해서 이론적인 설명은 할 수 있을지 몰라도 완전히 확신하기는 어렵다.

세상이 영원히 지속되지 않을 거라는 이런 낯선 감정이 바로 기후변화에 관해 쓴 맥키번의 독창적인 저서 《자연의 종말》의 중심 주제이다. "우리의 자연 세계가 영원할 것이라는 안이한 생각, 그리고 만약 변하더라도 서서히 알아차릴 수 없을 정도로 변할 것이라는 확신은 미묘하게 뒤틀린 관점에서 생겨난 결과물이다. 우리는 자연의 종말이라는 위기에 처해 있다."

이제 심리치료의 창시자인 지그문트 프로이트의 말로 이 장을 마무리하는 게 좋을 듯싶다. 그의 연구는 인간의 정신에서 죽음이 차지하는 중요성을 자주 다루곤 했다. 프로이트는 단편 에세이 〈덧없음에 관하여On Transience〉에서 미래의 죽음에 대한 우리의 생각이 어떻게 현재에 대한 우리의 견해를 폄하하는지를 탐구했다. 이프르 전투에서 군인 십만 명이 학살당한지 몇 달 후 1915년 여름, 프로이트는 친구와 함께 숲을 거닐고 있었다.

시인은 주변 자연의 아름다움에 감탄했지만 그 아름다움에 기쁨을 느끼지는 못했다. 그는 이 모든 아름다움이 인간의 아름다움을 비롯한 아름답고 고귀한 모든 것들처럼 결국에는 희미해질 것이며 겨울이 지나면 사라질 것이라는 생각에 시달렸다. 그렇지 않았다면 사랑하고 감탄해 마지않았을 모든 것들이 덧없다는 운명 때문에 그에게는 그 가치가 폄하되는 듯했다.

39

머리에서
마음으로

과학과
종교 사이의
가짜 분열

팀 니콜슨Tim Nicholson은 말할 때 겸손하고 온화한 분위기를 풍기지만 사실은 당황스러울 만큼 대담하고 위험을 감수하는 성격의 소유자다. 1995년에 니콜슨과 전 육군 소령이었던 아내 조는 고향인 영국 옥스퍼드에서 뉴질랜드 옥스퍼드까지 눈깔사탕 같은 외형에 잔디 깎는 기계 정도의 위력을 지닌 둥글납작한 영국 자동차 1954년형 모리스 옥스퍼드를 타고 간 후에 지역의 유명인사가 되었다.

2009년 니콜슨은 다시 뉴스에 등장했다. 그것도 이번에는 전 세계 뉴스에 나왔다. 니콜슨은 그의 전 직장이었던 건설 대기업이 기후변화를 확신한다는 이유로 그를 해고했다며 소송을 제기했다. 니콜슨은 '종교적 혹은 철학적 믿음'을 이유로 노동자를 차별하지 못하도록 보호하는 유럽의 법률에 근거하여 법정 소송을 제기했다. 위험한 여정을 마다하지 않는 그가 이번에는 상당히 의도적으로 인류 발생적 기후변화를 반박할 수 없는 과학적 사실로 여기는 사람들과 그것을 이념이 만들어낸 믿음으로 보는 사람들 사이에 놓인 지뢰밭을 통과해가는 또 다른 여정을 시작했다.

회의론자들은 이 소송을 기후변화는 신흥 사이비 종교라는 그들의 오랜 주장을 확증하는 사례로 보았다. 환경 운동가들은 니콜슨의 용기에 갈채를 보냈고 한 신문은 쓸데없이 종교적 색채를 부각시키며 그를 환경 순교자라고 선언했다.

과학자들의 확신은 훨씬 덜했다. 과학 작가 웬디 그로스먼Wendy Grossman은 니콜슨이 자기가 제기한 소송에 '크게 데여' 봐야 한다고 말했다. 그로스먼은 이렇게 썼다. "과학은 신념 체계가 아니라, 진실을 확립하기 위한 최선의 과정이다. 만약 기후변화 문제가 서로 대립되는 종교적 믿음의 하나라면, 종말이 임박했다는 주장은 무시해도 무방할 것이다."

니콜슨은 결코 기후변화가 그 자체로 종교적 믿음과 유사하다는 주장을 하려고 하지 않았다. 그가 주장했던 것, 그리고 결과적으로 그가 소송에서 이길 수 있었던 근거는 이러한 과학적 증거가 삶을 변화시키는 도덕 철학의 근거가 될 수 있으며, 이는 타인에 대한 배려와 책임, 사려 깊음과 같은 원칙에 근거하는 많은 종교와 유사하다는 사실이었다. 니콜슨은 내게 "결국 기후변화는 단순한 사실과 수치에 그치지 않습니다. 결국 머릿속의 생각이 되죠. 그리고 그것이 믿음입니다."라고 말했다.

기후 과학자 대부분은 '믿음belief'에 대한 이야기를 꺼린다. 그들은 믿음을 현실에 근거한 사실과 정반대로 간주한다. 로체스터 대학교 천체물리학과의 교수 애덤 프랭크Adam Frank는 "누군가가 내게 기후변화를 '믿는지' 물어 볼 때면 나는 항상 이상한 기분이 듭니다. 기후변화를 마치 부활절 토끼나 산타클로스처럼 취급하는 느낌이에요."라고 말한다. 오스트레일리아의 과학자 이언 첩Ian Chubb은 이렇게 불평한다. "나는 매일 같이 '믿으십니까?'라는 질문을 받고 때로는 실수로 '예' 혹은 '아니요'라고 답하고 맙니다. 하지만 이는 믿음이 아닙니다. 증거를 이해하고 해석한 결과죠."

기후변화를 둘러싼 수많은 주장과 마찬가지로 여기에서 중요한 것은 사실 '믿음'이라는 단어가 아니라 그 단어가 유발하는 종교적 프레임과 그것이 이성적 뇌와 감정적 뇌 사이에서 암시하는 거짓 양극성이다. 부정론자들과 다투는 과정에서 '믿음'이라는 단어는 폐해가 됐고 많은 과학자들은 이를 상호 심사를 거친 과학의 정반대로 보기에 이르렀다. 이런 이유로 나는 '신념conviction'이라는 단어를 선호한다. 이는 개인이 증거를 평가함으로써 도달하게 된 의견을 굳게 지키는 상태를 나타낸다.

많은 부정론자들은 기후변화를 엮어서 비방하기 위해 모든 종교에 대한 깊은 증오를 드러낸다. 한 비즈니스 칼럼니스트는 기후변화 옹호론자들이 "적그리스도가 다음 화요일에 올 것이라거나, 하나님이 동성애자 소굴을 몰아낼 것이라고 예언하는 미친 미국인 텔레비전 전도사" 같다고 말한다.

이런 비유는 특히 오스트레일리아에서 강하게 나타난다. 은퇴한 석유 지질학자이자 오스트레일리아에서 유명한 부정론자로 벌이가 쏠쏠한 새로운 경력을 쌓아가고 있는 이언 플리머Ian Plimer는 《하늘과 땅Heaven and Earth》이라는 책에서 이 주제를 다루면서 기후변화는 "지옥이라는 공포를 만들어내고, 기후변화를 믿는 사람들에게 면죄부를 팔아 타협을 요구하며, 반대자를 악마로 묘사한다"고 주장한다. 오스트레일리아의 펠Pell 추기경조차도 배기가스 저감을 '종교적 희생'으로 표현하고 탄소 배출권 판매를 '면죄부를 판매하는 종교개혁 이전의 관행'과 비교한다.

그러나 어찌 보면 기후 회의주의 자체가 하나의 거대한 교회라고 할 수 있으며, 그 교회에는 기후변화를 "인간의 타고난 영적 갈망에 호소하고 정신적 속임수를 통해 아이들을 유혹하는" 이단으로 보는 사람들, 특히 미국의 보수적 기독교인들이 있다. 이 말을 한 사람은 콘월 동맹Cornwall Alliance의 창시자 캘빈 바이스너Calvin Beisner이다. 콘월 동맹은 환경보호주의(바이스너는 이를 '녹색 용'으로 부르기도 한다)에 맞서 일어나 이를 쳐부수기 위한 '갑옷'역할을 해 줄 DVD 12편 세트를 판매하고 있다.

2006년 바이스너는 22명의 전도사들과 함께 지구온난화는 자연의 순환이라고 주장하며 '지구온난화에 대한 복음주의 선언'을 발표했다. 이 선언문을 가장 적극적으로 홍보하는 사람들 중 한 명인 미국가족협회American Family Association의 브라이언 피셔Bryan Fischer는 "성경은 '달란트의 비유'를 통해 사악하고 게으른 좋은 자기가 받은 달란트를 땅에 묻고 이를 늘리기 위한 노력을 전혀 하지 않은 종이라고 했기"때문에 우리는 화석연료를 태울 권리와 자격을 하나님께로부터 부여받았다고 주장한다.

그러나 보수적 정치인들처럼 보수적 기독교인들도 기후변화를 보는 입장이 둘로 나뉜다. 한 부류는 기후변화(만약 일어나고 있다면)는 자연의 순환에 기인한 것일 뿐이라고 생각하는 집단이고, 다른 부류는 기후변화가 인간의 행동에서 비롯됐기 때문에 이를 막기 위한 조치를 취하는 것은 아직 태어나지 않은 생명을 보호하고 가족을 지키는 일만큼이나 도덕적으로 중요한 의미를 지닌다고 생각하는 집단이다. 복음주의 환경 네트워크는 콘월 동맹에 대응하는 선언문 '기후변화: 행동을 촉구하는 복음주의 요청'을 발표했다. 복음주의 환경 네트워크는 자동차 운전이 환경에 미치는 영향을 다룬 탁월한 텔레비전 광고로 큰 관심을 모았다. 이 광고는 "예수님이라면 무엇을 운전하실까요?"라는 질문으로 끝을 맺는다. 현재 유태인, 이슬람교도, 가톨릭, 불교도, 힌두교도들도 이와 비슷하게 기후변화를 각자 고유의 담론과 전통에 엮어 넣는 계획을 시도하고 있다.

그럼에도 불구하고 종교계가 기후변화 문제에 그토록 무관심했다는 사실은 참으로 놀랍다. 노예해방 운동에서 시민 평등권 운동, 인종차별 정책 철폐, 부채 반대 운동, 빈곤 퇴치 운동에 이르기까지 이전의 사회정의 운동들은 교회 네트워크를 통해 발생했다.

종교를 믿는 사람들은 기후변화라는 새로운 문제를 그들의 기존 세계관에 통합시키는 것을 어려워한다. 기후변화는 명확하게 규정되지 않고 신학 체계에 대립되는 환경문제로 간주된다. 보수적 기독교인의 입장에서 볼 때 기후변화는 진보적 환경 운동을 연상시키기 때문에 그들의 집단 충성도를 규정하는 문제들의 목록에 올라가게 되었다.

환경 운동가들 역시 종교를 경계하고 종교 집단과의 전략적 제휴를 극구 피하는 듯 보인다. 이는 중대한 작전상의 실수이다. 세계의 주요 종교는 모두 성장하고 있고, 그 중에서도 기독교와 이슬람교가 가장 빠르게 성장하고 있으며, 이런 성장세는 그 중에서도 한층 더 근본적인 교파에서 두드러진다. 미국 내에서 환경 단체에 속한 사람은 5퍼센트에 불과하지만 70퍼센트 이상은 여전히 종교적 믿음을 지니고 있으며, 미국인 중 4분의 1 이상이 거듭난 기독교인이나 복음주의 기독교인을 자처한다.

뉴저지 주 세인트 엘리자베스 대학교의 신학과 교수 에린 로데스 비비아노Erin Lothes Biviano는 기후변화를 염려하는 기독교인들조차 신앙과 기후변화를 '별도의 두 개의 상자'에 두는 경향이 있다고 말한다. 비비아노는 1년 동안 교회에서 기후변화 운동가들을 인터뷰했다. 그녀는 기후변화 운동가들이 "자신들의 종교와 특별한 경험적 관계를 맺고 있으며 기후변화에는 종교와 같은 개인적인 명료한 특성이 있다고 말할 수 없다"는 이유로 기후변화와 종교의 비교를 거부했다고 말한다.

그렇다면 종교와 기후변화는 어떤 관계에 놓여야 적절할까? 어떤 의미에서 이 둘은 확실히 양립할 수 없다. 종교는 고대 문서와 드러난 지식을 근거로 한다. 기후변화는 계속해서 변화하는 신중하게 평가한 과학적 자료를 기반으로 한다. 종교는 탈脫세속, 영혼, 사후 세계를 중시한다. 기후변화는 원인과 해결 모두가 전적으로 세속적이며 영적인 것은 전혀 제시하지 않는다.

그러나 신앙심이 깊은 기후 과학자들은 이런 구분이 잘못됐다고 주장한다. 캐서린 헤이호Katharine Hayhoe는 텍사스테크 대학교의 기후 과학센터 소장이자 목사와 결혼한 복음주의 기독교인이다. 이것은 《타임》지가 헤이호를 세계에서 가장 영향력 있는 인물 100인 중 한 명으로 꼽았을 만큼 특이한 조합이다. 헤이호는 이렇게 말한다. "사실만으로는 충분하지 않습니다. 우리가 지구를 볼 때, 우리가 하나님의 창조물을 볼 때, 그것이 우리에게 말하고 있는 것은 하나님의 의도하심입니다. 그런 의미에서 나는 과학을 연구하고 있다기보다는 하나님이 이 세상을 창조하실 때 무슨 생각을 하고 계셨을까를 연구하는 것 같은 느낌이 듭니다."

정부 간 기후변화협의체를 설립하고 14년 동안 의장을 맡았던 존 휴턴 경 역시 감리교 전도사이다. 2002년 휴턴은 옥스퍼드 대학교에 과학자들과 미국 복음주의 지도자들을 초청해 회의를 열었다(휴턴 경이 "미국인들은 옥스퍼드에 가는 것을 좋아한다"는 말을 들었기 때문이다). 이는 보수적인 청중을 위해 종교적인 언어로 기후변화에 대해 서로 이야기하는 자리를 마련한 첫 번째 시도였다. 회의는 엄청난 성공을 거뒀고 후에 참석자들이 개종이라고 표현했을 만큼 크게 마음을 움직였다. 이 행사는 가장 납득하지 못하는 사람들조차도 그들의 가치를 이해하고 공감의 언어를 말할 수 있는 믿을 만한 동료들에 의해 설득될 수 있다는 강력한 증거를 보여준다.

헤이호와 마찬가지로 휴턴 경은 종교적 믿음과 과학 연구가 완전히 양립할 수 있다고 말한다. 휴턴은 하나님이 법칙을 창조하셨고 과학자로서 자신의 역할은 그 법칙을 발견하는 것이라고 말한다. 그는 과학자들이 믿음이 아니라 신념을 근거로 이야기한다는 사실을 인정하면서도 자기가 보기에는 종교 역시 증거를 근거로 한다고 내게 말했다. "이해할 수 없는 측면이 존재한다고 할지라도, 이는 모두 벗어날 수 없는 방식으로 맞아 들어가며 그것을 뒷받침할 증거 법칙도 존재합니다."

신앙을 가진 사람들은 사실 이성적 뇌와 감정적 뇌를 구별하는 명확한 선은 없으며 오히려 이 둘 사이에는 대화가 존재한다는 사실을 애초부터 이해하고 있다. 바르톨로메오스 1세 콘스탄티노폴리스 세계 총대주교는 이렇게 말한다. "우리는 [기후변화에 대해] 무엇을 해야 하는지 알고 있고 어떻게 해야 하는지도 알고 있습니다. 그러나 알고 있음에도 불구하고 안타깝게도 실천은 거의 이루어지지 않는 실정입니다. 머리에서 마음으로 가는 여정은 깁니다. 그리고 마음에서 손으로 가는 여정은 이보다도 한층 더 길 것입니다." 이는 이성적 뇌로 기후변화를 이해한 다음 감정적 뇌를 거쳐 행동에 옮기기까지의 과정이 얼마나 어려운지를 잘 표현한 말이다.

이 책을 쓴 목적과 관련해서 볼 때 종교적 믿음과 기후변화 신념의 공통점은 둘 다 동일한 인지 장애에 대항해 싸우고 있다는 사실이다. 앞서 논의한 바와 같이, 기후변화는 전적으로 전달자의 권위에 의존해 어떤 주장을 사실로 받아들이도록 사람들을 설득해야 하며, 시간과 공간의 측면에서 동떨어진 사건을 명시하고 있고, 세상에 대한 우리의 일반적 경험과 가정에 도전한다는 점에서 대단히 어려운 문제이다. 무엇보다도 기후변화는 사람들에게 불확실한 장기 비용을 회피하기 위해 확실한 단기 손실을 감수할 것을 요구한다.

종교 역시 이 모든 장애물에 직면하고 있으며 그 정도는 훨씬 더 심하다. 기후변화에 비하면 종교는 훨씬 더 불확실하고, 객관적인 과학적 증거도 전혀 존재하지 않으며, 사람들의 일상생활과는 동떨어진 증거에 의존하고, 나아가 성생활, 식생활, 육아에 이르기까지 인간의 가장 사적인 생활을 지배하는 원칙을 받아들이도록 요구한다. 종교는 내세에서 보상을 받게 되리라는 점을 내세우지만, 이 역시도 지극히 불확실하다.

성공회의 목사이자 재생 에너지 옹호론자인 샐리 빙엄Sally Bingham은 이렇게 표현했다. "우리는 성모 마리아가 처녀였고, 예수님이 부활했으며, 천국에 갈 수 있다고 믿습니다. 어째서 우리는 2,000년이 지난 지금도 이 이야기를 믿을까요? 그리고 어째서 우리는 이런 이야기를 믿으면서도 세계에서 가장 유명한 기후 과학자들이 하는 말은 믿지 못하는 걸까요?"

또한 종교는 사람들에게 세속적인 욕구를 억제하라고 요구한다. 금욕과 극기의 전통은 동서양을 통틀어 세계의 모든 주요 종교에서 공통적으로 나타난다. 마호메트는 이렇게 말했다. "세속적인 욕구를 어떻게 해야 할까? 이 세상 속의 나는 나무 그늘 아래에서 잠시 쉬었다가 다시 길을 재촉하는 여행자와 같다."

종교는 오랜 기간의 사색을 필요로 하며, 신자들에게 책임을 받아들이고 그들의 세속적 삶을 초월하는 유산을 남기기 위해 애쓸 것을 권한다. 예를 들어 환경과 유태인 생활 연합Coalition on the Environment and Jewish Life이 내세우는 구호는 '대대로 우주만물을 보호하라'이다.

무엇보다도 종교는 사회적 검증과 전달자 신뢰라는 힘을 통해서 매우 불확실하고 입증되지 않은 주장에 대해 강한 믿음을 이끌어내는 방법을 찾아왔다. 미국에서 가장 빠르게 성장하고 있는 종교인 모르몬교는 불확실한 주장을 하면서도 큰 성공을 거둔 대표적 사례다.

전 매사추세츠 주지사 미트 롬니는 대통령 선거에 출마한 최초의 모르몬 교도(심지어 주교)였다. 또한 공개적으로 기후 과학을 부정한 최초의 대통령 후보이기도 했다. 여기서 아주 흥미로운 의문 하나가 생긴다. 대단히 지적 수준이 높고 세속적인 사람이 "나는 인간이 지구온난화에 얼마나 원인을 제공했는지 잘 모르겠습니다."라고 말하는 동시에, 한편으로는 산비탈에서 발굴한 금판에 적혀 있던 글이 하나님의 말씀이 확실하다고 받아들이는 이유를 어떻게 설명해야 할까? 모르몬교도를 무시하려는 의도가 아니라 그저 타당한 의문을 제기하고 있을 뿐이다. 기후변화는 무의미한 사기로 치부하면서 모르몬경은 일생을 의지할 지주로 여기는 까닭은 무엇일까?

그렇다면 아마도 문제는 기후변화가 종교와 얼마나 비슷한가의 여부가 아니라, 이 둘을 따로 떼어 놓기로 마음먹은 우리들이 불신과 부정을 극복할 가장 효과적이고 확실하고 믿을 수 있는 방식을 무시해온 것은 아니었는지의 여부가 될 것이다.

40

기후
신념

**환경 운동가는
기독교도로부터 무엇을
배울 수 있는가**

베이스음이 낮게 깔리고 통통거리는 피아노 소리가 들리는 가운데, 화면 속 영상은 해가 떠오르고 손으로 모래를 가르는 장면을 슬로모션으로 찍은 친숙한 다큐멘터리 스타일로 시작했다. 기묘하게도 그 영상을 보니 〈2001 스페이스 오디세이〉가 떠올랐지만, 내 생각에 그 영화는 지금 무대 위 13인조 록 밴드의 연주에 맞춰 일어나 손뼉을 치고 환호하고 있는 2만 5,000여 명의 복음주의 기독교인들이 좋아할 영화는 아닐 것 같다. "이 음악이 들립니까? 이 '소리'가 '들리나'요? 그것은 자유의 소리입니다!" 우리 모두는 함성을 지르며 환호했다.

미국 최대 교회인 레이크우드 교회는 훌륭한 패키지를 제공한다. 장소도 훌륭하고 연주도 훌륭하고 기념품 가게도 훌륭하다. 조엘 오스틴Joel Osteen 목사는 환히 웃으며 친근한 태도와 소탈한 느낌으로 훌륭한 설교를 한다. 아내인 빅토리아는 혈기왕성한 금발 여성이다. 펜슬 스커트를 입고 스틸레토를 신은 채 무대 위를 활보하며 숨 가쁜 목소리로 "사랑 속에서 성장할 때 여러분은 '제' 안에서 성장합니다. 깊은 곳에서 느껴 봅시다. '여러분'의 깊은 곳에서. 그 사랑은 성장하고 있습니다. 그러니 하나님께 더 많이 다가가세요."라고 말하는 빅토리아의 모습에서는 야성미도 느껴진다. 이것 참.

그곳에 있는 그 누구도 기후변화 이야기를 하길 원치 않았다. 오스틴 부부에게 거듭해서 인터뷰를 요청했지만 두 사람은 응하려 하지 않았다. 예배가 끝난 뒤 사람들에게 다가갔을 때 대부분은 외면하고 대꾸하지 않았다. 잘 모른다고 하거나 관심 없다고 하는 사람들도 있었다.

하지만 손을 뻗어 쏟아지는 축복을 빨아들이던 내슈빌에서 온 밥과 미셸은 내 옆에 앉은 탓에 나를 피하지 못했다. 그들은 어떻게 생각할까? 미셸은 이야기조차 꺼리며 고개를 돌렸다. 밥은 기후변화는 자연의 순환일 뿐이며 하나님의 통제 하에 있다고 확신했다. 나중에 내가 교회로 통하는 농구장에 에어컨을 너무 틀어 추울 지경이라고 불평하자, 밥은 빙그레 웃으며 "네, 여기는 지구온난화가 심각하지 않네요."라고 말했다.

내 머릿속에 의문(정말로 정당한 의문) 하나가 떠올랐다. 세계 최대의 위기에는 없는데, 레이크우드에는 있는 것이 무엇일까? 매주 레이크우드 교회는 기후변화 활동가들은 꿈에서나 볼 수 있는 엄청난 사람들을 불러 모은다. 이렇게 생각해 보자. 2013년 2월 워싱턴 D.C.의 60개 환경 단체가 연합으로 사상 최대의 기후변화 집회에 4만 5,000명을 불러 모으려고 갖은 노력을 기울였다. 같은 주에 그 정도 규모의 사람들이 한 교회에 모였다. 그리고 그 다음 주에도 그만큼 많은 사람들이 다시 그 교회에 모였다. 〈불편한 진실〉을 영화관에서 본 관객의 수보다 여섯 배 많은 수의 사람들이 그 예배를 텔레비전과 인터넷으로 시청한다.

기후변화 운동가들이 자금이나 언론 보도가 부족하다고 불평한다면, 그들은 복음주의 교회 방식의 운영을 시도해보는 게 좋을 듯하다. 교회는 자체 언론을 운영하고, 자체적으로 기금을 조성하며, 직접 책을 출판하고, 신도들에게 제공하는 경험의 질을 통해 스스로를 선전한다. 말하자면 복음주의 교회는 사람들을 움직이고 자극하고 설득하는 실시간 실험인 셈이다.

브리티시컬럼비아 대학교의 사회심리학 교수 아라 노렌자얀 Ara Norenzayan은 세계 주요 종교가 사람들의 마음을 끄는 데 성공한 심리적 특성을 알아내고자 애쓰고 있다. 노렌자얀은 전 세계를 통틀어 약 1만 개에 이르는 종교가 존재한다는 사실을 생각할 때, 세계 인구의 3분의 2가 그 중 단 세 개의 종교인 기독교와 힌두교, 이슬람교를 믿는 데에는 분명히 그럴 만한 이유가 있을 것이라고 말한다. 그는 이 세 종교가 "2000년에 걸친 성공적인 실험을 통해 문화 시장에서 승리한 극소수의 특이한 종교 운동의 계보"라고 주장한다.

노렌자얀 자신도 다른 심리학자들이 계속해서 무시하는 분야를 연구한 특이한 인물이다. 그는 WEIRD(서구의 교육 수준 높은 선진국이자 부유한 민주국가 출신)라는 두문자를 만든 연구자 중 한 명이었고, 이처럼 내집단에 편향된 가정 탓에 심리학자들이 종교의 연관성을 심각하게 과소평가하게 되었다는 결론을 내렸다. 그는 실험심리학자들이 그들이 속해있는 작은 문화권을 둘러보고 나서는 "내가 중요하게 생각하는 사람들 중 종교를 믿는 이가 아무도 없는 걸 보니, 종교는 크게 중요하지 않은 게 틀림없어"라고 말한다는 사실을 관찰했다.

내가 노렌자얀에게 기후변화 운동에도 같은 비판을 적용할 수 있겠다고 얘기하자 그는 전적으로 동의했다. "그들은 사람들을 행동에 나서게 만들 힘이 있다는 사실이 수차례 증명된 바 있는 세계 최대의 사회운동을 외면하고 있습니다."

나는 노렌자얀에게 기후 운동이 종교심리학을 다룬 그의 연구에서 무엇을 배울 수 있을지 물었다. 그는 잠시 생각하더니 대단히 흥미로운 답을 내놓았다.

"WEIRD의 관점에서 보면 기후변화에는 희망이 없는 듯 보입니다. 사람들은 이성적인 계산에 근거해서는 결코 희생할 각오를 하지 않을 테니까요. 하지만 종교의 경우는 그렇지 않습니다. 종교는 지극히 근본적이기 때문에 결코 타협할 수 없는 신성한 가치를 담고 있죠. 이런 신성한 가치는 사거나 팔 수 없고 사람들은 이를 지키기 위해 그 어떤 희생이라도 치를 것입니다."

신성한 가치가 종교에만 존재하는 것은 아니다. 뇌 스캔 연구 결과 신성한 가치와 연관된 뇌 부위는 다른 도덕적 선택들과도 연관이 있었다. 신성한 가치는 우리 문화 전반에 깊이 새겨져 있다. 자녀를 보호하는 것은 신성한 가치이며 우리는 얼마를 준다고 해도 자녀를 팔지 않을 것이다. 고문은 부당한 행위로 간주되며, 시간이 흐른다고 해서 그런 생각이 덜해지지는 않는다. 고문은 지금으로부터 10년이 흐른 뒤에도 지금과 똑같이 부당한 행위일 것이다. 국립공원은 미국인들에게 신성한 가치를 지닌다. 옐로스톤 공원을 매각하는 일은 결코 없을 것이다.

노렌자얀은 기후변화를 근본적으로 해결하고자 한다면 기후변화에 대처하는 행동을 타협할 수 없는 신성한 가치로 바꿔야 한다고 말했다. 그러나 종교가 아니어도 신성한 가치를 동원할 수 있을까? 노렌자얀은 물론 가능하다고 답했다. "어차피 종교는 어떤 실체가 아니라, 종교라고 불리는 집단의 특징들의 집합체입니다. 이런 성공적인 특징들을 선택하여 다른 맥락에 적용할 수 있습니다." 이 같은 노렌자얀의 관점은 종교가 "정의와 논리적 설명보다는 담론과 이미지, 입법에 의해 전파된다"고 주장했던 미국의 사회학자 로버트 벨라Robert Bellah의 연구를 연상시킨다.

그렇다면 주요 종교의 특징들은 무엇이며 기후변화와 관련하여 신성한 가치를 만들어 내기 위해 이런 특징들을 어떻게 적용할 수 있을까?

먼저 주요 종교는 하나같이 선교 봉사 활동과 전도를 통한 새 신도의 확보에 투자를 아끼지 않아왔다. 확실히 밝히지만 이 과정에서 자주 동반된 폭력과 강압을 옹호할 생각은 없다. 모르몬교가 이렇게 성장하게 된 이면에는 선교사에게 높은 지위를 부여하는 정책이 존재한다. 교회는 새로운 문화권을 포섭하기 위한 방법을 끊임없이 실험해 왔다. 예를 들어 가톨릭 선교사들이 중국에서 활동하기 위해 얼마나 다양한 전략을 채택해왔는지 생각해 보라. 프란체스코 수도회는 "여기에 새로운 신이 있다"고 선언하며 돌진했다. 예수회는 지도자 마테오 리치Matteo Ricci의 지시에 따라 중국식 의복을 입고 중국어를 썼으며 유럽인과의 접촉을 일절 피했다.

새 신도의 모집을 위해 종교 단체는 의식을 통해 신념을 공유하고 함께 예배를 드릴 공동체를 유지하기 위한 시설을 만들어갔다. 선구적인 사회학자 에밀 뒤르켐은 종교는 단지 사회의 창조물이 아닌 신성화된 사회라고 말했다. 믿음에 대한 보상은 믿음의 공동체에 대한 소속감에서 비롯되며, 불신의 대가는 따돌림이다.

레이크우드 교회가 그 어떤 기준으로 보아도 문화 시장에서 대단한 성공을 거둔 이유는 대규모 집회가 뿜어내는 억누를 수 없는 열정 때문이다. 레이크우드 교회를 비판하는 사람들 중에는 전통적인 기독교인이 상당수 존재하며, 이들은 레이크우드 교회를 매주 열리는 록 콘서트와 다름없다고 생각한다. 그러나 그보다는 좀 더 지능적이다. 조엘 오스틴 목사는 관련성, 즉 사람들이 가지고 돌아갈 만한 뭔가를 제공하는데 초점을 맞춘다. 오스틴 목사는 인간의 삶과 직접적으로 관련된 단순한 주제를 설교한다. 무엇보다도 그는 긍정적이다. 자존감, 자신감을 이야기하고 예수가 한 말을 인용하여 어떻게 '당신은 당신이 믿는 대상이 될' 수 있는지를 이야기한다. 그는 인생에서 더 높은 곳을 지향하고, 장애물에 굴하지 않으며, 건강하고 풍족하고 치유 받고 승리하며 살라고 충고한다. 내슈빌에서 온 밥이 오스틴 목사를 그토록 좋아하는 이유가 바로 이것이다. 밥은 "설교를 듣고 나면 항상 기분이 훨씬 좋아져요."라고 말했다.

하나님의 축복을 받고 기분이 좋아지기 위해 환경에 대한 책임이나 기후변화 이야기를 배제해야 할 필요는 없다. 플로리다 주 롱우드에 있는 노스랜드 교회는 규모와 쇼맨십 측면에서 레이크우드 교회와 견줄만하면서도 기후변화 메시지를 수용하고 하나님의 창조물을 보살핀다. 카리스마 넘치는 조엘 헌터Joel Hunter 목사가 이끄는 가운데 노스랜드 교회는 미국 30대 교회 중 하나로 성장했다. 노스랜드 교회의 특이한 점은 새로운 의사소통 기술을 실험한다는 점이다. 헌터는 4,200만 달러를 투자한 새로운 교회를 '피난처가 겸비된 의사소통 장치'라고 표현한다. 이 장치 덕분에 교회 세 곳에 모인 1만 5,000명 이상의 신도와 집에 있는 사람들이 일요 예배를 생방송으로 볼 수 있다.

헌터는 따뜻하고 사려 깊고 재미있는 사람이다. 은발에 환한 미소를 짓는 헌터는 잭 팰런스Jack Palance와 상당히 닮았다. 오바마 대통령이 헌터를 친구이자 종교 고문으로 기꺼이 맞이한 이유를 충분히 이해할 수 있다.

그렇다고 해서 헌터가 진보적인 인물인 것은 아니다. 헌터는 저서 《새로운 보수A New Kind of Conservative》에서 동성 결혼이 성경의 중심 교리에 위배된다고 서술했고 개인의 책임과 작은 정부를 요구했다. 헌터는 스스로를 정책에 따라 입장을 결정하는 중도파라고 설명한다.

이런 중도적 입장에서 헌터는 이슬람 성직자와 공개적으로 친분 관계를 맺었고 그 때문에 당연하게도 플로리다 극우파로부터 비난을 받았다. 그러나 그가 기후변화를 믿는다고 밝혀서 받은 공격은 이에 비할 바가 아니었다. 항의 메일은 이제 수그러들었고 '악마의 앞잡이'라고 비난 받는 일도 거의 없어졌지만, 여전히 사람들은 그에게 조심스럽게 "나는 당신이 좋은 사람이라고 생각하고 좋은 뜻으로 그런다는 것도 알지만 그 사람들한테 잘못 걸려든 거예요."라고 말한다.

헌터에게 기후변화를 알려준 인물은 동료 복음 전도사인 리처드 시직 Richard Cizik이었다(헌터는 "내 친구들은 언제나 나를 곤경에 빠뜨린답니다."라고 했다). 리처드 시직은 존 휴턴 경이 옥스퍼드에서 주최했던 2002년 회의에 참석했다. 시직은 옥스퍼드에서의 경험이 개종 체험과 같았다고 설명한다. "존 웨슬리의 말처럼 나는 마음이 따뜻해지는 것을 느꼈습니다. 그것은 다마스쿠스로 가는 길에 당나귀에서 떨어진 바울의 개종처럼 오직 하나님만이 행할 수 있는 변화였죠."

헌터 역시 기후변화에 대한 자신의 신념을 개종으로 표현했다. 그는 요한복음에서 예수가 "너는 다시 태어나야 한다. 바람은 자기가 내키는 대로 분다. 너는 그 소리를 듣지만 어디에서 불어와서 어디로 가는지 알 수 없다."고 한 구절을 인용했다. 이제 당신은 다른 기준으로 당신의 인생을 살라는 소명을 받았다.

늘 새로운 담론을 찾던 나는 헌터에게 그의 교회가 예수에 대한 믿음을 확인하고 키워나간 방법은 무엇인지, 그리고 그 방법이 더 많은 사람이 기후변화를 받아들이는데 도움이 될지를 물었다. 헌터는 기후변화와 직접적으로 관련된 주요 개념을 세 가지 제시했다.

첫째, 믿음은 사회의 영향으로 생겨나며 동료 및 공동체와 함께 증언하고 목격함으로써 공유된다. 헌터는 이 점이 '매우 중요'하다고 말한다. "동료 신자들과 유대감을 느끼게 됩니다. 자기와 같은 관심사, 목표, 가치를 지닌 사람들과 함께 어울리면서 우리에게 필요한 격려를 얻게 되죠."

그러면 교회는 개인적인 문제, 그리고 믿음과 의심 사이의 갈등을 안심하고 터놓을 수 있는 장소가 된다. "말장난 같아서 미안하지만, 우리는 환경을 만들어가야 합니다. 누구나 의심하고 다툴 수 있으며 누구나 격려가 필요하다는 것을 온전히 인정하는 환경을 만들어야 하죠. 우리가 그것을 도울 수 있는지, 함께 헤쳐 나갈 수 있는지를 생각합니다."

둘째, 사람들은 선택의 순간에 헌신할 수 있다. 성경에서 사람들은 선택의 순간에 놓인다. 하나님은 이스라엘 백성들에게 "내가 네 앞에 생명과 복, 사망과 화, 축복과 저주를 두었으니 이제 너와 네 자손이 살 수 있도록 생명을 택하라"고 말한다. 복음주의는 공적인 사회 규범 안에서 사람들이 신앙에 헌신하기로 적극적으로 선택하는 순간을 만들어내고자 노력한다. 위대한 복음주의 목사 빌리 그레이엄Billy Graham이 이끄는 봉사 전도단은 예배가 절정에 이르면 새 신도들에게 특별한 축복을 받기 위해 앞으로 나와 결신 기도를 하라고 청한다. 이는 방관자 효과를 깨는 단순하지만 아주 효과적인 방법이다. 헌터는 이렇게 말한다. "조금 주저하던 사람들도 많은 사람이 앞으로 나가는 모습을 보면서 '두려워할 것 없어. 나는 저 사람들과 함께 할 거야. 외톨이로 남지 않을 거야. 저 활동에 참가하고 싶어'라고 생각하게 됩니다."

군이 헌터가 추가 설명을 할 필요도 없이, 결신 기도는 교회가 잠재적인 새 신도를 찾아낸 다음 그들을 환영하고 후원할 수 있는 중요한 단계이기도 하다. 1970년대에 대단한 성공을 거둔 광고 캠페인 '나는 찾았어I Found It' 같은 전도 활동은 지역 교회를 통해 개인적 만남의 교제를 나누도록 사람들을 인도한다. 반면에 기후변화를 둘러싼 환경보호 활동은 더 많은 정보를 찾아볼 수 있는 웹사이트와 장소로 사람들을 인도한다.

셋째, 헌터는 기후변화에 대한 믿음을 개인적 계시personal revelation로 이해할 수 있다고 주장한다. 개인적 계시의 순간은 문화권이나 종교와 무관하게 4분의 3 정도가 겪었다고 말하는 보편적인 인간 경험이다. 1969년 한 영국 신문이 "여느 때의 자신과는 다른 정기精氣 혹은 힘을 느낀 경험"을 공유해 달라는 작은 광고를 싣자, 7,000명이 넘는 사람들이 답신을 보냈다. 그들은 그 체험이 즐거웠고, 때로는 무서웠으며, '형언할 수 없고', '불가사의'하다고 설명했다. 이런 경험들은 때론 종교적 체험으로 불리기도 하지만, 응답자의 4분의 1만이 '신'이라는 단어를 사용했다.

런던에 있는 그랜섬기후변화연구소의 소장인 브라이언 호스킨스Brian Hoskins 교수는 과학 정보에도 이러한 변혁의 순간이 필요함을 인식하는 특이한 인물이다. "우리의 일은 사도 바울이 깨달음을 얻을 수 있도록 그 환경을 조성하는 것일 때가 많습니다. 나는 그런 순간이 난데없이 찾아온다고 생각하지는 않습니다. 주변의 모든 정보에서 생겨나며, 우연히 누군가가 그 순간을 포착하죠. 우리 과학자들은 사람들이 그런 깨달음을 얻을 수 있는 환경을 조성하는 일을 합니다."

세계경제포럼 의장 린다 그래튼Lynda Gratton은 비즈니스 세계의 가장 야심차고 지속 가능한 프로그램은 언제나 영향력 있는 한 개인의 혁신적인 내적 경험에서 비롯된다고 말한다. 전 푸마 회장 요헨 자이츠Jochen Zeitz는 베네딕트회 수도원에 머물렀던 경험에서 영감을 얻어 재무제표에 환경 영향 평가를 반영하는 방법을 개발했다고 한다. 전 월마트 CEO H. 리 스콧H. Lee Scott의 경우, 전하는 바에 따르면 지구온난화가 단풍나무에 미치는 영향을 배우기 위해 뉴햄프셔 주로 답사 여행을 떠났다가 기후변화에 대한 '깨달음'을 얻었다고 한다.

아일랜드의 전 환경부 장관 이몬 라이언Eamon Ryan은 자신이 다녔던 예수회학교에서 '나무 뒤에 숨어 땡땡이치면서 담배나 피울 생각'으로 시작했던 생태학 수업이 어떻게 '인간과 자연의 상호 연결을 깨닫는 계기'가 되었는지 내게 말했다. 라이언의 말은 그 자체로 예수회 창설자 이그나티우스 로욜라Ignatius Loyola의 가르침을 반영한다. 로욜라는 강가에 앉아 있다가 자신의 소명을 찾았다고 한다.

사우스캐롤라이나 주의 전 공화당 하원의원 밥 잉글리스는 우리가 어떻게 이처럼 인생을 변화시키는 개종을 할 수 있는지 질문을 던진 다음, 교회에 다닌 경험을 활용하여 내게 이렇게 설명했다. "신뢰할 수 있는 전달자와 함께 다가가서 그들이 믿는 진리를 지지합니다. 그런 다음 우리의 이야기가 그들이 믿는 진리와 다르지 않음을 알 수 있도록 도와주고 그들과 함께 함으로써 존경심을 표하죠. 그러면 개종시킬 수 있습니다."

개종? 지지? 증인? 깨달음? 이런 단어들은 어떻게 기후변화에 대처하는 행동에 나서도록 할지를 논의할 때 결코 등장하지 않는다. 기후변화를 인정하는 것은 마치 삼투압 원리처럼 책을 읽거나 다큐멘터리를 시청함으로써 서서히 일어나는 과정으로 여겨진다. 일단 기후변화를 인정하고 나면, 기후변화의 근거가 되는 데이터처럼 견고하고 확고부동한 신념이 되리라 생각해버린다. 기후변화에 대한 신념을 인정하는 의식도 기후변화를 의심하는 언어도 없으므로, 그 누구도 '함께 헤쳐 나가자'고 격려하는 사람도 도와주는 사람도 없다. 타락과 부정에 대처하는 방어 수단도 없고 비탄에 대처할 기제도 없다.

그리하여 헌신적인 환경 운동가들 말고는 믿음의 공동체가 없다. 믿음의 증거는커녕 믿음을 공유할 사회적 기제도 존재하지 않는다. 사람들은 사회적 침묵을 강요당하고 에너지 절약을 실천하는 일부 소비자들 외에는 어떠한 격려도 받지 못한 채 홀로 희망과 공포에 대처한다. 만약 기독교를 기후변화처럼 홍보했다면 오두막에 모여 기드온 성서를 읽으며 선한 행실을 실천하는 모임 이상으로 발전하지 못했을 것이다. 이 점에 있어서는 비평가들의 말이 옳다. 만약 기후변화가 정말로 종교였다면, 죄책감과 책망, 공포만 있을 뿐 의지할 구원이나 용서 따위는 없는 형편없는 종교가 되었을 것이다.

'죄책감'은 기후변화와 관련한 논의에 항상 등장하는 단어이다. 제레미 버지스Jeremy Burgess는《뉴 사이언티스트New Scientist》에 발표한 논평에서 "살아있다는 사실에 죄책감을 느끼는 사람은 나뿐인가, 아니면 다들 그런가?"라고 썼다. 버지스는 잃어버린 것은 용서이며 이에 실패한 "우리는 처벌을 기다릴 수밖에 없다"고 말했다.

심리치료사 샐리 와인트로브는 이 말에 동의한다. 와인트로브는 용서 없이는 기후변화를 대하는 우리의 감정이 "증오와 신랄한 맞대응, 무자비에 갇히게 되고, 가혹한 비난을 받는다고 느끼기 쉬우며, 상실이라는 현실을 받아들이는 방향으로 나아가지 못할 것"이라고 말한다.

개인적 용서의 기제는 아브라함 혈통의 종교를 구성하는 핵심 요소이다. 기독교 신앙에서 개인의 변화를 위한 가능성을 여는 주체는 용서하는 신의 힘이다. 유대교의 속죄일 욤 키푸르Yom Kippur 전날에 열리는 알 헷Al Chet(죄 고백) 의식에서는 자신과 타인, 신에게 저지른 죄를 고백한다. 알 헷 의식은 무행동과 침묵을 의도적 죄악과 도덕적으로 똑같은 것으로 간주한다는 점에서 기후변화와 가장 관련이 깊다고 할 수 있다.

기후변화 담론에는 용서라는 말이 없다. 기후변화는 새로운 시작이라는 선택지를 제시하지 않은 채 사람들에게 자신의 잘못과 책임을 전적으로 받아들이라고 요구한다. 당연하게도 사람들은 지나치게 엄격한 그 기준을 전적으로 거부하거나 교묘한 도덕적 면허를 통해 스스로를 용서한다.

스탠포드 대학교의 용서프로젝트 책임자 프레드 러스킨Fred Luskin은 용서 연구라는 떠오르는 분야의 중심에 있는 인물이다. 러스킨은 지난 10년간 발표된 연구의 수가 네 배 증가했지만 그 중에 용서와 기후변화에 대한 연구는 단 한 건도 없었다고 말했다. 그는 기후변화의 영향이 점점 증가하는 상황에서 이것은 큰 문제이며 "벌하고 책임을 돌리고 자유를 제한하고 영웅대 악당의 구도를 만드는 광란의 움직임이 있을 것"이라는데 동의했다.

그런 상황은 국제 협상에서 이미 벌어지고 있다. 과거의 배기가스에 대한 책임 문제를 해결하지 못하면서 미래의 행동을 위한 합의 도출에도 어려움을 겪고 있다. 러스킨은 용서는 사면이나 면제가 아니라, "죄책감과 비난, 분노라는 지속적인 파괴의 감정을 공감이나 부흥과 같은 긍정의 감정으로 바꾸는 과정"이라고 말한다. 용서의 담론이 부재하면 건설적인 해결로 나아가는 선택지의 상당수가 무용지물이 된다.

나는 헌터를 비롯한 복음주의 교회 신도들과 이야기를 나누면서 활기를 되찾았다. 복음주의 기독교의 교리를 빼놓고 보면(기꺼이 인정하건대 나는 그들의 종교적 신념을 존중할지언정 공유하지는 않는다), 그들은 기후변화 논의에서는 찾아볼 수 없는 인지적 장애물들을 극복하기 위한 언어와 방법론의 기본을 보여준다.

이 책에서 나는 이성적 뇌에 경고를 하고 위협을 알리려면 과학적 데이터가 확실히 필요하지만, 그것이 감정적 뇌를 자극해 행동에 나서도록 하지는 않는다는 사실을 보여주었다. 앞서 이야기했듯이 실제로 기후변화는 불확실성과 거리감을 내포하고 있기 때문에, 머리로 아는 것은 믿고 행동하는 것으로부터 상당히 의도적으로 격리되고 억제된다.

종교로부터 배우면 '신념'의 중요성을 인식하는 기후변화에 대한 새로운 접근 방법을 찾을 수 있다고 나는 생각한다. 이성에서 감정으로, 머리에서 가슴으로 넘어가는 순간, 우리는 "충분히 들었고, 충분히 봤습니다. 이제 확신해요."라고 말할 수 있다.

기후변화에 신념을 적용하는 과정은 개인적인 계시나 정보에 근거한 선택, 공개적 약속을 통해 이루어지기도 하지만, 지속적인 인식의 향상을 통해 이루어질 수도 있다. 신념을 갖는다고 해서 의문과 의심을 배제할 필요는 없다. 또한 당연한 말이지만 기후 과학은 결코 이의제기를 할 수 없는 대상이 아니다. 신념을 공유하고 지지하는 공동체 내에서도 이러한 불확실성과 불안, 공포를 터놓고 인정할 수 있어야 한다.

마지막으로 사람들이 자신의 실패를 인정하고 용서를 받고 더 큰 뜻을 품을 수 있도록 하면, 기후변화를 외면하거나 부정하도록 이끄는 비난과 죄책감에 대처할 방법을 찾을 수 있을 것이다. 보편적이고도 타협할 수 없는 '신성한 가치'에 집중함으로써, 비용을 미래 세대에 전가하도록 부추기는 무미건조한 비용편익 계산에서 비켜날 수 있을 것이다.

이러한 생각은 종교에서뿐만 아니라 과거에 성공을 거둔 모든 사회적·정치적 운동에서도 찾아볼 수 있다. 우리는 기후변화를 무시하도록 만드는 인지 문제를 극복할 방법을 이미 알고 있다. 주의를 기울이자고 마음만 먹으면, 모든 답은 거기에 있다.

41

우리는
왜 기후변화를
외면할 수밖에
없는가…

그럼에도 우리는
왜 결국 행동에
나설 수밖에 없는가

오랜 진화 과정을 거치면서 인간은 세상을 보고 위협을 해석하며 그에 따라 행동에 나서도록 하는 기본적이고 보편적인 인지 능력을 형성해왔다. 의심할 여지없이 기후변화는 이런 타고난 성향에 부합하지 않는 특징을 갖추고 있다. 기후변화는 복잡하고 생소하며 천천히 움직이고 눈에 보이지 않는데다 세대 간에 걸쳐 영향을 미친다. 손실과 이익의 조합으로 이루어진 온갖 경우의 수 중에서 기후변화는 단연코 가장 어려운 조합이다. 불확실한 장기적 손실을 완화하려면 확실한 단기 손실을 감수하라고 요구하기 때문이다.

또한 기후변화는 우리의 내면 깊숙이 뿌리박힌 가정에 도전하고 그것을 뒤집는다. 우리가 안락하며 가족의 안전에 필요하다고 여겨왔던 생활양식을 갑자기 위험한 것이라고 말한다. 무해하다고 믿던 기체가 갑자기 유독해지고, 친숙했던 환경은 위험하고 불안한 것이 된다.

우리의 사회적 지능은 받은 도움과 베푼 호의를 잘 파악하고 이득과 손실을 공평하게 분배하도록 잘 조정되어 있다. 여기서도 기후변화는 중대한 도전에 직면한다. 왜냐하면 서로 경쟁하는 사회 집단들 사이에서 손실을 배분하고 그로 인해 크게 감소한 대기 공공재를 할당하는 문제에 대해 동의를 이끌어 내야하기 때문이다.

우리는 타인이 가하는 위협을 예측하는 데 만반의 태세를 갖추고 있다. 우리는 사회적 협력자와 적을 구별하고, 내집단 충성을 의미하는 사회적 단서와 외집단을 의미하는 사회적 단서를 구별하는 데 지나칠 정도로 뛰어나다. 이러한 범주화의 측면에서 기후변화는 대단히 어려운 문제이다. 기후변화는 해를 끼칠 명확한 의도를 지닌 외부의 적이 일으킨 문제가 아니다. 그러다보니 초강대국이나 큰 정부, 지식 엘리트, 진보적 환경 운동가, 화석연료 기업, 로비스트, 우파 싱크탱크, 혹은 소비 과잉이나 인구 과잉, 이기심과 같은 사회적 실패처럼 이미 존재하는 적이나 알고 있던 의도에 끼워 맞추는 경향이 있다.

게다가 여러 중대한 위협들보다 독특한 점은 우리 모두가 배기가스를 통해 기후변화에 직접적 원인을 제공하고 있기 때문에 개개인이 자기 자신과 내집단, 자녀와 후손들의 비용 부담 증가에 책임이 있다는 사실이다. 이러한 도덕적 난관이 개인의 무력감과 결합되면서, 개인의 부인과 사회적 침묵을 통해 기후변화 문제를 외면하게 만드는 뿌리 깊은 방어 기제를 작동시키는데 일조한다.

우리 뇌의 물리적 구조는 기본적으로 분석적 처리 체계와 경험적 처리 체계, 즉 앞서 말한 이성적 뇌와 감정적 뇌로 분리되어 있다. 복잡한 과제를 처리할 때 이 두 뇌는 함께 작동하지만, 행동에 나서도록 하려면, 특히 사회적 차원의 행동에 나서도록 하려면 반드시 감정적 뇌가 관여해야 한다. 기후 과학의 지나치게 이성적인 설명과 이에 대한 운동가들의 감정에 호소하는 해석 사이에 존재하는 긴장감은 이성적 처리 체계와 감정적 처리 체계 사이의 차이를 보여준다.

인지 체계는 복잡한 사안을 담론으로 바꾸려고 하며, 담론은 그러한 사안으로 관심을 유도하는 사회적 단서를 사람들 사이에 전파하는 주요한 매개체가 된다. 그러므로 우리가 이야기하는 방식에 따라(또는 앞서 논의했듯이 이야기하지 않기로 한 방식에 따라) 의미가 생겨나게 된다.

이야기와 담론에는 보편적 특성이 있으며, 우리는 이런 표준화된 이야기 형식에 새로운 정보를 집어넣는다. 그런 다음 우리는 이런 이야기를 최근 경험과 엮어서 정당화하며, 대개는 그러한 경험 자체도 사회적으로 만들어진 이야기 형식을 띠고 있다.

기후변화는 이례적일 정도로 '다면적'이다. 기후변화는 인과관계와 시기, 영향을 다양하게 해석할 수 있는 조건을 갖췄다. 따라서 기존의 가정을 확인하는 정보를 선택하거나 적용하고자 하는 인간의 타고난 기질, 즉 편향 동화와 확증 편향에 휘둘리기 매우 쉽다. 기후변화가 수많은 방식으로 해석될 수 있다면, 결국엔 우리가 선택하는 방식으로 해석되기가 쉽다.

따라서 이렇게 구성된 담론은 우리가 기후변화를 무시할 수 있는 결정적 이유를 담고 있다. 즉 그러한 담론에 문화적으로 매우 유별난 내용이 들어 있다 보니, 그 가치에 동질감을 느끼지 못하는 사람들은 그것이 설명하는 문제 자체를 거부할 수 있다.

문제를 가장 초기에 인식한 사람들에 의해 형성된 담론이 그 뒤에 이어지는 모든 논의를 지배하고 틀을 형성한다. 유정의 생산이 아닌 배기관의 배기가스에 초점을 맞춰 형성된 초기 담론은 이후 그 문제의 정의, 도덕적 책임, 정책 해법과 관련된 모든 담론에 영향을 미치는 상위 담론이 되었다.

기후변화 문제가 무르익으면서 부정론자들은 점점 더 목소리를 높이고 단호해졌으며 논의를 '오염'시키는 자체 담론을 만들었다. 이런 담론은 기존 담론에 근거하여 반응하고 기존의 프레임을 채택하고 고치면서 익숙한 적이 사리사욕을 위해 일부러 해를 끼치는 강렬한 이야기를 만들어 냈다.

　이런 담론들은 동질 집단 내에서 반복되고 공유되면서 사회적 증거를 형성하게 되었으며, 이는 언론과 정치 엘리트가 만들어내는 다른 사회적 단서의 강화로 이어졌다. 문제가 진화함에 따라, 이런 단서들이 축적되었고 강력한 사회적 피드백은 그것을 확장시키곤 했다. 그리고 이것은 사람들이 자신이 속한 사회 집단 내에서의 합의를 과대평가하고 자신의 의견과 일치하지 않으면 의견을 바꾸거나 억누르도록 만들었다.

　게다가 우리 모두는 이 과정에 능동적으로 참여하고 있다. 우리는 기후변화를 좀 더 요원하거나 덜 확실하거나 더 가망이 없거나 자신의 가치관과는 관련성이 낮은 일로 만들어버림으로써 불안, 도덕적 문제, 요구되는 희생을 다루는데 도움이 되는 개인적 담론을 만들어낸다. 심지어 우리는 사회 규범을 더 넓게 해석하여 우리가 선택한 입장을 가장 잘 강화해줄 사회적 단서를 고르기도 한다. 다시 말해 의도가 아무리 좋다고 하더라도, 우리는 담론이 극복하고자 하는 바로 그 편향에 부딪쳐 결국 실패할 운명에 놓인 담론을 세울 수밖에 없다는 뜻이다.

　그러니 사람들이 기후변화를 무시하도록 만드는 요인 따위는 없다. 그런 요인이 있다고 말하는 사람이 있다면, 분명히 그는 사악한 예언을 실행에 옮기고 그에 따른 결론을 옹호하도록 문제를 규정하려는 사람일 것이다. 더 정확히 말하면, 이기심과 사회적 정체성 사이에는 밀접한 절충이 이루어지며 그 안에서 우리는 기후변화를 회피 가능한 것으로 만드는 일에 적극적으로 참여한다.

요컨대 우리가 기후변화를 받아들이지 않는 이유는 기후변화가 유발하는 불안과 그것이 요구하는 근본적인 변화를 피하고 싶기 때문이다. 그런 점에서 기후변화는 다른 중대한 위협들과 다르지 않다. 그러나 기후변화에는 우리의 뇌가 단기적 이익을 포기하도록 이끌만한 요소가 하나도 없기 때문에, 우리는 편향을 작동시켜 서로 적극적으로 공모하고 기후변화를 영구히 뒷전으로 미뤄둔다.

그럼에도 우리는 왜 결국 행동에 나설 수밖에 없는가

한계에도 불구하고 인간은 어떤 일이든 받아들이고 이해하고 행동에 나설 수 있다. 인간은 친사회적이고 협조적이며 이타적인 행동을 할 수 있는 대단한 능력을 지니고 있다. 기후변화는 전적으로 우리의 변화 능력 안에 있는 문제이다. 어렵기는 하지만 결코 불가능하지는 않다.

즉각적인 신변의 위협을 제외하면, 인간에게 있어서 자신의 후손과 자신이 속한 사회 집단의 이해관계를 지키고자 하는 욕구보다 더 강한 본능은 없다. 기후변화를 사소한 불편으로 몰아가는 일부 담론이 있지만 결코 그렇지 않다. 기후변화는 핵전쟁과 맞먹는 규모로 인류를 위협한다. 기후변화는 우리가 살아가는 장소에 대한 느낌에서부터 정체성, 생활양식, 미래에 대한 기대, 자녀를 보호하고 집단을 지키도록 이끄는 가장 근본적인 본능에 이르기까지 모든 수준의 위협을 포함한다.

기후변화와 관련하여 우리가 대처 못할 문제는 아무것도 없다. 비록 기후변화가 미래의 위협이라는 형태를 띠고 있기는 하지만, 우리의 감정적 뇌를 끌어들일 담론과 문화 양식을 만들어내고 지속적 대응을 가능케 할 사회 제도를 정비함으로써 위협을 처리할 수 있는 능력이 우리에게는 있다. 우리는 집단적 행동에 나설 수 있는 강력한 추진력을 지니고 있으며, 그것이 바로 우리가 죽음의 공포에 대처하는 수단이기도 하다.

또한 받아들이기 어려운 대상이라 할지라도, 신념을 공유하는 문화에서 지지를 받고 사회 규범을 통해 강화되며 '신성한 가치'에 호소하는 담론을 통해 전달된다면 기꺼이 받아들일 수 있는 무한한 능력이 우리에게는 있다. 우리를 가만히 있게 만드는 것은 쉽지만, 행동에 나서도록 만드는 것도 그에 못지않게 쉽다.

정보가 신념으로 이어지는 길은 하나가 아니다. 기후변화를 먼 미래의 일, 불확실한 일, 가망이 없는 일로 느끼게 만드는 문화적 피드백이 있다면, 사회적 증거와 정당성을 만들어내어 그 피드백이 반대 방향으로 똑같이 작용하도록 만드는 것도 가능하다. 이때 우리는 더욱 긴밀한 소속감과 공동의 프로젝트에 기여한다는 만족감을 느끼면서 행동하는데 따른 보상을 얻는다. 기후변화는 우리를 화합하게 하고 분열을 극복하도록 이끌 수 있다. 이것이 바로 행동에 나섬으로써 얻게 되는, 경제적 이익과는 차원이 다른 진짜 보상이다.

너무나도 자명한 사실이지만, 우리가 원래부터 기후변화를 외면하도록 '타고난' 것은 아니라는 증거는 이미 기후변화를 중대한 위협으로 인식하고 필요한 변화를 모색하고 있는 세계 전역의 많은 사람을 보면 바로 알 수 있다. 그들은 현재 고립돼 있고 무력하다고 느끼지만, 만약 그들의 염려와 바람이 신념과 목적을 공유하는 공동체 내에서 인정받는다면 기꺼이 행동에 나설 것이다. 인류의 역사에는 언뜻 불가능해 보이지만 우리가 단호하게 행동함으로써 시련을 이겨냈던 수많은 사회 운동의 사례들이 존재한다.

그러나 이는 우리 앞에 열려 있는 수많은 길 중 하나에 불과하다. 기후변화는 고정된 사안이 아니며 전례 없는 규모와 기간에 걸쳐 기상이변 현상은 계속될 것이다. 강요된 사회적 믿음으로 가득 채워진 문화적·정치적 환경

속에서 지금 기상이변 현상이 일어나고 있다. 따라서 우리는 미래를 위한 중요한 질문을 해야 한다. 기상이변을 경험하는 개인이 늘어나면 기존의 담론에 어떤 영향을 미칠 것인가? 그리고 그 결과 우리의 행동이 기후변화의 원인이라는 사실을 인정할 사람은 늘어날 것인가, 아니면 줄어들 것인가?

42

요약

**이 위기에서
탈출하기 위한 개인적이고
지극히 편향된 생각**

기후변화는 과학적 사실이다. 과학자들은 정치 싸움에 시달린 나머지 훨씬 완곡한 표현을 사용하게 되었고, '매우 가능성이 높다' 혹은 '명백하다'는 식으로 기후변화를 규정한다. 그냥 기후변화는 사실이라고 하자. 정말로 사실이니까. 거대한 기후변화가 어떻게 흘러갈지에 대해선 불확실한 면이 많지만, 불확실하다는 것과 확신이 없다는 것은 다르다.

과학자들은 기후변화가 중대한 영향을 미치고 있다는 사실을 몹시 확신한다. 단지 인과관계를 확실하게 특정할 수 없을 뿐이다. '확실'이라는 단어는 과학자들이 특별한 의미로 사용하는 수많은 가짜 동족어 중 하나이다. 기후변화에 관련해서, 우리는 일상의 언어에 따라 나뉘곤 한다.

우리의 심리적 장애 역시 과학적 사실이다. 철저한 연구에 근거한 많은 증거에 따르면, 기후변화는 시간과 장소의 측면에서 멀게 느껴지는 위협에 작용하는 수많은 편향을 헤치며 나아가야 할 문제이다. 우리는 이러한 점들을 명확히 하고 잠재의식 속에 많은 편향이 있을 수 있다는 점을 인식해야 한다.

기후변화를 가깝게 느끼도록 만들려면, **기후변화가 지금 여기에서 일어나고 있는 문제라는 사실을 강조해야 한다.** 특히 머나먼 곳의 사람들에게 닥칠 미래의 위협, 특히 인간에게는 해당되지 않는 위협이라는 프레임을 만들어 **기후변화를 우리와 상관없는 일로 포장하는 행위를 경계해야 한다.**

우리는 미래보다 과거에서 상실감을 느끼며, 연구에 따르면 사람들은 현재 환경의 질을 향상시킬 때보다 손상된 환경의 질을 복구할 때 더욱 동기 부여가 된다고 한다. 따라서 사회적 손실(공동체, 가치, 목적의 상실)이든, 환경의 손실(생태계, 종, 아름다움의 파괴)이든, 기후변화를 이미 발생한 손실을 복구할 기회로 삼을 가능성이 존재한다. 환경이 파괴된 지역을 되살리자는 운동이 급성장하는 배경에는 미래 손실의 불확실성에 대한 흥미로운 반응이 담겨있다.

우리는 즉각적인 위협에 대응하는 데는 매우 익숙하지만, 지속적인 변화에 적응하는 데는 느리다. 기후변화는 사건이 아닌 과정이므로 주의를 끌려면 **기후변화를 가깝게 느끼도록 만드는 순간이 필요하다.** 정치적 의사결정이나 집단행동, 갈등 유발의 순간이 이에 해당할 수 있다. 내가 보기에 키스톤 XL 송유관은 역사적 순간을 만들기에 충분한 대상이다. 미국의 전체 배기가스 중에서 키스톤 XL 송유관이 차지하는 비중은 일부에 불과하다고 주장하는 비평가들은 핵심을 놓치고 있다. 그들의 주장은 마치 그린즈버로 울워스 식당이나 몽고메리 버스에서의 인종 분리가 사소한 문제에 불과하다고 말하는 것과 다르지 않다. **상징적인 순간을 만들어내려는 노력이 그 무엇보다 중요할 때가 있다.**

기상이변은 기후변화를 실감하고 인식을 높이는 계기가 되지만, 내집단 충성도와 불안 수준을 높여 기후변화를 무시하도록 만들기도 한다. 설사 기상이변의 직접적 증거를 마주하더라도, 사람들의 태도에 주로 영향을 미치는 것은 그들이 알고 신뢰하는 사람들의 관점이다.

그런 상황에서 외부인이 개입하면 역효과가 발생할 가능성이 매우 높으며, 신념을 만들어낼 가장 좋은 방법은 **신뢰할 수 있는 내부 전달자가 장기적 준비에 관한 대화를 시작할 수 있도록 정보를 제공하는 것이다**. 준비와 적응을 통해 사람들은 기후변화를 실재하고 벌어지고 있는 대상으로 받아들인다. 또한 앞서 보여준 바와 같이 더 광범위한 논의가 정치적으로 금기시되는 경우라 할지라도 그 정도 논의는 진행할 수 있다.

그러나 이러한 접근법은 항상 상황에 따라 달라질 수 있다. 'WEIRD' 집단의 피험자를 대상으로 실시한 심리학 실험에서 어떤 결과가 나왔든, 우리는 모든 사람들이 현상 유지를 원하는 것은 아니라는 사실을 잊지 말아야 한다. 특히 이미 경제적·사회적 불평등에 몸부림치고 있는 사람들이라면 더욱 그렇다. 따라서 우리는 **긍정적 변화의 담론을 필요로 하며**, 기후변화는 단순히 현상을 유지하는 차원이 아니라 **더 공정하고 평등한 세상을 만들어가는 차원에서 다뤄져야 한다**.

기후변화의 담론은 사회적 합의에 의해 형성되고 가까운 사람들을 통해서 전달된다. 사람들은 과학이 아닌 담론에 반응하므로, **인식 가능한 행위자와 동기, 원인, 결과라는 원칙에 따라 담론을 준비해야 한다**. 사람들은 가장 흥미진진한 담론에 이끌린다는 사실에 주의하라. **담론이 우리의 생각과 이야기 방식을 지배하도록 방치하지 말라.**

우리는 프레임을 통해 기후변화를 해석한다. 프레임은 우리의 관심을 유도하지만 이해를 제한한다. 즉 프레임 밖에 있는 의미를 배제하거나 무시하도록 만든다. 기후변화를 환경문제로, 위협이나 기회(양자택일)로, 또는 유정 문제나 배기관 문제(양자택일)로 그 의미를 제한하는 프레임 때문에 사람들은 기후변화 문제를 외면하게 된다. 그러니 **단순한 프레임에 저항하고 새로운 의미를 기꺼이 받아들여라.**

기후변화는 사악한 문제이기 때문에 자칫 우리가 제안하는 프레임과 해결책에 의해 규정되어버릴 수 있으며, 정책 입안자들은 비교적 유순한 문제의 일회성 해결책에 매몰되기 쉽다. 우리 모두는 반복적인 위험관리 과정을 통해 **광범위한 해결책을 지속적으로 검토해 나가야 한다.**

프레임은 논쟁의 대상을 규정하므로 제한된 프레임은 잘못된 논의로 이어질 수 있다. 재생 에너지가 에너지 안보를 강화한다는 주장은 화석연료의 확장을 부추길 수 있다. 저탄소 경제가 일자리를 창출한다는 주장은 고탄소 경제가 더 많은 일자리를 창출할 수 있다는 증거에 의해 무너질 수 있다. 인지 언어학자 조지 레이코프는 **절대 상대방의 프레임에 휘말리지 말라**고 조언한다. "상대방의 프레임을 부정하거나 반복하지 말고 그에 반박할 논거를 세우지도 말라."

해를 끼칠 의도를 지닌 적의 존재는 우리의 도덕적 뇌를 자극하고 분노를 부추긴다. 그러나 기후변화에는 명확한 적이 존재하지 않는다. 우리 모두가 이 문제에 원인을 제공하고 있고 우리 모두가 그 영향 하에 있다. 이는 불완전하고 따분한 담론이다. 그래서 모든 방면의 활동가들은 악당에 맞서는 영웅, 골리앗에 맞서는 다윗, 권력에 맞서는 정의의 구도에서 역할을 맡아줄 적을 찾고 있다.

우리는 중대한 변화를 필요로 하고 변화는 사회 운동을 요구한다. 사회 운동을 위해서는 적이 필요하다고 주장하는 사람들도 있고 급격한 변화를 일으키려 한다면 그럴 수도 있다. 하지만 여기에는 대가가 따른다. 바로 내집단과 외집단의 대립 구도이다. 따라서 공동의 목적을 추구해야 하는 시기에 **적대 담론이 분열을 가속화하거나 뿌리 깊은 적대감을 유발하지 않도록 주의를 기울여라.** 내 생각엔 대안적인 담론, 가령 외집단이 아닌 내집단의 약점을 적으로 규정하고 용기 있게 파고드는 사회 운동 등을 통해서 더 많은 것을 실험해볼 수 있을 듯하다.

전체적으로 볼 때 우리는 공동의 목적을 중심으로 사람들을 모을 수 있는 **협력의 담론을 만들어가야 한다.** 이때 통일이 아닌 협력을 강조해야 한다. 똑같은 사람이 될 필요는 없으며, 특히 보수주의자들은 융합보다는 명확한 차이를 요구한다. 급진적인 시위자, 로비스트, 정책 입안자를 비롯한 다양한 영역에서 구체적인 목적은 달라도 **같은 방향으로 전진하고 있는 모두에게 적용할 다채로운 접근방법을 수용하라.**

기후변화를 이야기할 때 우리는 **위험에 대해 정직해야 한다.** 그러나 전달자가 믿을만한 사람이어야 하고 동시에 행동하고 변화할 기회를 볼 수 있어야 비로소 사람들을 동기부여할 수 있다는 사실을 잊지 말아야 한다. **긍정적인 시각을 장려하되,** 그러한 시각에 다른 사람들을 배제하는 사회적 단서가 담길 수도 있다는 사실을 기억하라. 예를 들어 기술 관료주의의 낙관적 미래 비전은 자칫 엘리트주의와 물질만능주의로 흘러 이미 박탈감을 느끼고 있는 사람들을 소외시킬 수 있다.

사람들이 기후변화는 가치의 변화를 요구한다고 말할 때, 그 말은 하나같이 다른 사람들이 그들의 가치를 바꿔야한다는 것을 의미한다. 사실 우리 모두는 올바른 가치를 지니고 있으며 인간은 타인의 행복에 공감하고 마음을 쓸 수 있는 특별한 능력을 지니고 있다. 문제는 우리 모두가 그 올바른 가치에 기후변화 문제를 담아내지 못한다는 사실이다. 이제 **어떻게 하면 경쟁적 가치가 아닌 협력적 가치를 가장 잘 작동시킬 수 있을 것인가를 모색해야**

한다. 자녀를 위한 더 나은 세상, 건강, 안전, 공동체의 번영 등 우리 **공통의 가치를 강조하라.**

반대로 개인적 이기심에 호소하여 사람들을 동기부여하려는 시도는 성공할 가능성이 낮다. 광범위한 조사 결과에 따르면, 사람들은 통념과는 반대로 돈에 크게 좌우되지 않는다. 돈은 중요하지만, 그것은 안전, 가족을 위하는 마음, 사회적 정체성 등 다른 목표들의 대리물일 뿐이며 그러한 목표는 다른 방식으로도 달성될 수 있다. **기후변화의 해결책을 행복의 근원, 그리고 우리가 친구와 이웃, 동료들에게 느끼는 연대감과 결부시키는 것이 훨씬 더 효과적인 방법이다.**

사람들은 어떤 행동이 그들의 정체성과 소속감을 강화시켜줄 때 가장 잘 동기부여된다. **기후변화를 위해 행동에 나서는 것이 스스로를 자랑스럽게 만든다는 점을 강조하고,** 그렇게 행동에 나서면 의식 있는 사람으로 보일 거라는 '사회적 단서'와 '사회적 증거'로 그것을 강화하라. 기후변화와 저탄소 행동을 둘러싼 소통의 대부분은 고독과 고립, 절망을 기반으로 해서는 확장되기 어렵다. 그러니 **가까운 사람들에게 전달될 수 있고 명확한 사회 규범을 만들어낼 수 있는 고유한 상호작용을 통해 소통하라.** 더 이상 기후변화를 고립된 지적 활동으로 여기지 말고, 사람들이 의심과 두려움을 공유할 수 있고 서로의 헌신에 의지할 수 있는 **신념 공동체를 만들어야 한다.**

기후변화는 과학인 동시에 신념이다. 우리 뇌 속에 이성적 처리 체계와 감정적 처리 체계가 따로 있다는 사실을 고려할 때, 기후변화에 대해 알면서도 그것을 전혀 믿지 않는 것이 충분히 가능하다. 신념은 기후변화를 도덕의 틀 안에 통합시키고 행동에 나서도록하기 위해 반드시 필요한 과정이다.

신념은 맹신이 아니다. 우리는 계속해서 **열린 마음을 유지해야 한다.** 지나치게 편협한 태도가 만연해 있고 설문 대상자의 3분의 2가 기후변화에 대한 생각을 결코 바꾸지 않겠다고 말하는 실정이다. 기후변화는 애매하고 다면적이기 때문에 다양한 해석의 여지가 있다. 따라서 기존의 관점을 확인해 주는 정보만 선별하여 받아들이는 **당신의 편향과 성향을 경계하라.**

전문가들 역시 자신의 전문 분야나 세계관으로 인해 편향에 빠질 수 있음을 기억하라. 똑똑한 사람들은 똑똑한 확증 편향에 탐닉한다. 전문가들 역시 인간으로서 내면의 갈등을 다루며, 기후변화를 해석하는 방식에 그러한 갈등들을 투사할 수 있다. 그러니 **언제나 다양한 관점을 찾도록 노력하라.**

당신과 의견이 다른 사람들의 말에 귀를 기울이고, 때로는 그들이 통찰력의 원천이자 당신의 편향을 일깨우는 사람이 될 수 있음을 인식하라. 논쟁은 유용하다. 그러니 **당신을 비판하는 사람에게 배워라.**

그리고 보수주의자와 회의론자들을 위해 덧붙이자면, 당신들 역시 반대편의 목소리에 귀를 기울이고 기후변화를 위해 30년 넘게 노력해 온 **환경 운동가들을 존중하라.** 만약 환경 운동가들의 주장이 마음에 들지 않는다면, 과학적 근거를 훼손하려는 승산 없는 싸움을 벌이는 대신 당신들이 내세우는 가치에 맞는 긍정적인 해결책을 내놓는데 더 힘을 쏟아야 할 것이다.

우리는 종교로부터, 그리고 수천 년에 걸쳐 사회적 믿음을 유지하는 방법을 창조해온 **종교계의 경험으로부터 배울 준비를 해야 한다.** 그렇다고 기후변화가 종교라는 의미는 아니다. 개인의 자유나 재정 건전성, 군사력에 대한 믿음이 종교가 아닌 것처럼 말이다. 그것은 각자 마음에 지닌 이상에 헌신하겠다는 선언이다(공교롭게도 이 말은 공화당 소속 대통령이 한 발언이다).

종교에서 배운 것을 활용해 우리는 **기후변화를 신념의 여정처럼 보이도록 만들 수 있다.** 이 여정에는 개인적인 계시와 갑작스러운 깨달음의 순간만 있는 것이 아니라 의심스럽고 불확실한 시기도 있을 것이다. 신념을 유지하기 어려울 때도 있기 때문에 재확인하는 과정이 필요하다는 것을 명심하고, 사람들이 기후 과학을 받아들이려 애썼던 순간과 과정을 자신의 언어로 설명하도록 격려하라.

또한 우리는 바람직한 결과와 비극적인 결과 사이의 **합리적 선택으로 기후변화의 프레임을 만들고 헌신의 순간을 창조해야 한다.** 이 과정에서 사람들은 행동에 나서지 않는 것 자체가 심각한 기후변화를 일으키는 선택임을 이해할 수 있다.

이기심을 부추기는 인지 편향을 극복하고 감정적 뇌를 활성화하기 위해 우리는 **타협할 수 없는 신성한 가치에 호소함으로써 사람들이 장기적인 공동선을 위해 단기적 희생을 기꺼이 감수할 수 있도록 해야 한다.** 가령 귀중한 문화유산을 파괴하거나 약자 또는 무고한 자에게 해를 입히거나 조물주가 창조한 자연을 훼손하거나 부모 또는 자식에게 모질게 대하거나 하는 일 등을 금하는 가치들이 이에 속한다.

신념을 형성하는 과정에서 신뢰는 정보보다 중요하다. 전달자들, 특히 과학자들은 **신뢰를 주는 자질들(독립성, 가치, 책임감)을 강조하고 직접 이야기하는 법을 배워야 한다.** 전달자들은 특히 자신이 의심하던 입장에서 확신하게 되었다면 그 과정에 대해 이야기해야 한다. 전달자들은 감정적으로 솔직하게 자신이 느끼는 희망과 두려움, 불안에 대해 터놓고 이야기할 수 있어야 한다.

신뢰 형성을 위해서는 도덕적 일관성이 특히 중요하다. 기후변화의 전달자가 되고 싶다면, **먼저 자신이 내뿜는 배기가스를 살펴보아야 한다.** 많은 탄소를 배출하는 생활을 하면서 제대로 판단하기는 어려울뿐더러, 기후변화 전달자라면 탄소 배출을 줄이기 위한 노력과 성공담을 나눌 수 있어야하기 때문이다.

활동가와 정치인들은 거대한 하향식 교육 프로젝트가 결국 사람들의 의식을 바꿀 수 있으리라는 환상에 자주 사로잡히곤 한다. 그런 방식이 효과를 발휘할 가능성은 낮다. 그보다 우리는 **생생한 진짜 목소리를 낼 수 있어야 하며**, 광고 대행사가 내놓는 번지르르한 구호에 의존해선 안 된다. 이는 현재 기후변화를 전달하는 사람들, 특히 환경 운동가들이 뒤로 물러나 **새로운 전달자를 격려할 준비를 해야 한다는 뜻이기도 하다**. 운동가들의 무대에 손님으로 부를 것이 아니라 그들이 당당히 홀로 설 수 있도록 지원해야 한다.

거기서 한 걸음 더 나아가 보자. 기후변화는 환경 운동가들의 전유물도 아니고 환경문제도 아니다. 물론 기후변화는 환경과 관련한 문제를 동반하고 환경에 영향을 미치지만 본질적으로는 훨씬 더 큰 현상이다. 기후변화에 어떤 딱지를 붙이는 순간, 그 문제를 이해하는 폭은 제한된다. 물론 환경 운동가들이 그들의 영역 안에서라면 무슨 말을 하든 상관없다. 그러나 더 넓은 집단이나 언론을 대상으로 하는 경우 제발 애원하건대 **생태 타령 좀 그만하라**. 특히 북극곰과 지구를 구하자는 구호를 비롯하여 기후변화를 환경보호 문제로 국한하는 언어는 중단하라.

무엇보다 보수의 프레임과 가치에 기후변화가 받아들여질 수 있도록 함으로써 좌파와 우파 사이의 **정치 성향에 따른 격차를 좁히는 것이 중요하다**. 그러기 위해서는 **더 넓은 가치를 제시하는 것에서부터 시작해야 한다**. 실험에서도 입증됐듯이 더 넓은 가치를 제시할 때 사람들은 자신의 세계관과 충돌하는 정보를 훨씬 더 기꺼이 받아들인다. 이를 위해서는 과학에 근거해 사람들에게 가치를 심던 일반적 흐름을 뒤집어서, 전달자들이 먼저 사람들의 가치를 이해하고 인정하는 것에서부터 출발하여 그런 가치에 호소할 수 있는 기후변화 방안을 내놓을 수 있도록 해야 한다.

실험에 따르면, 가치의 새로운 프레임에는 권위에 대한 존경, 개인의 책임, 공동체와 국가에 대한 충성심, 다음 세대에 부담을 전가하는 일 피하기,

사회적 역기능의 축소 등이 포함될 수 있다. 나는 진보적 환경 운동가들에게 성공하려면 어느 정도 불쾌할 수도 있을 대화의 방식도 감수해야 할 것이라고 경고하고 싶다. **절대로 당신에게 효과가 있었던 방법이 타인에게도 효과가 있을 것이라고 가정하지 말라.** 실제로 당신이 뭔가를 아주 좋아한다는 사실은 당신과 다른 가치를 지닌 사람이 그것을 싫어할 것이라는 반증이 될 수도 있다.

또한 우리는 **솔직해져야 한다. 이것은 어려운 일이다.** 심리치료사들은 부인이나 전면적 부정으로 이끄는 강한 감정을 유발한다는 것이 기후변화의 진짜 문제라고 주장한다. 우리는 **사람들이 느끼는 비탄과 불안을 인식해야 하며** 모순, 양가감정, 상실, 애도와 같은 감정을 인정하고 털어놓을 수 있는 공간을 제공해야 한다.

사람들이 자신의 감정을 터놓고 인정하고 공유할 수 있는 공간을 마련하는 일이 출발점이 될 수 있다. 우리는 **잃은 것을 애도하고 남아 있는 것을 소중히 여겨야 한다.** 이는 자연에만 해당하는 것이 아니다. 더럽고 위험하긴 했지만 동시에 무척이나 풍요롭고 자유롭고 흥미진진했던 **화석연료 시대의 종말도 애도해야 한다.** 저탄소 시대에도 새로운 즐거움이 있겠지만, 이제 포드 머스탱 V8이 내는 달콤한 엔진소리와는 이별이다.

우리 모두는 기꺼이 폴리애나 Pollyanna**가 되어야 한다.** 폴리애나는 우둔한 낙관론을 의미하는 단어가 됐지만, 엘리너 H. 포터Eleanor H. Porter의 원작에서 폴리애나는 자신이 가진 것, 즉 친구, 공동체, 살아 있음의 기쁨에 감사하는 마음으로 지독한 슬픔과 고난을 견뎌내는 인물상을 분명하게 보여준다.

확실한 것은 기후변화가 빠르게 진행되고 있으며 모든 것이 변하리라는 사실이다. 현재 기후변화는 익숙한 경험 및 기존의 프레임에 의해 형성된 예측의 담론으로 존재한다. 그러나 기후 체계와 탄소 순환에 엄청난 변화가 일어나고 있으며, 이로 인해 생애 주기가 끝나기도 전에 기후변화는 정말이지 현실적이고 현저하며 피할 수 없는 문제가 될 것이다. 과거에 확실했던 것들이 사라진 세상이 올 것이며, 우리의 타고난 사회적·심리적 편향이 점점 더 크게 판단에 영향을 끼칠 것이다.

현재의 대응이 대단히 중요한 이유가 바로 이 때문이다. **지금 우리의 대응 방식이 미래의 대응을 결정하는 본보기가 될 것이라는 사실을 잊지 말아야 한다.** 인정, 연민, 협동, 공감은 공격, 경쟁, 책망, 부정과는 완전히 다른 결과물을 내놓을 것이다. 두 가지 미래가 모두 우리 수중에 있다. 기후변화를 고민할지, 그리고 어떻게 고민할지를 선택할 때, 우리는 우리 자신과 우리가 만들어갈 새로운 세계에 대한 고민을 선택하는 셈이다.

섭씨
4도

**이 책이
왜 중요한가**

이 책 서두에서 나는 마지막 장까지 기후변화의 영향에 관한 정보는 설명하지 않겠다고 선언했다. 후반부에서 나는 정보를 알고 있는 과학자들이 마음의 평정을 유지하기 위해 얼마나 고군분투하고 있는지를, 구체적으로 과학자들이 섭씨 4도(화씨 7.2도)의 지구 평균 기온 상승에 대해 걱정하고 있다는 사실을 이야기했다.

오랜 세월 과학자들은 더 낮은 범위의 기온 상승, 특히 정책 입안자들이 임의로 '위험한' 기후변화의 경계 수준으로 정한 2도 정도에 관심을 집중해왔다. 그러나 최근 들어 과학자들은 4도가 우리가 직면하게 될 실제 미래라고 한층 더 적극적으로 경고하게 됐다. 정부 간 기후변화협의체 부의장인 로버트 왓슨^{Robert Watson} 교수는 2008년 각국 정부에 4도의 기온 상승에 적응하기 위한 대책 마련을 공개적으로 경고하면서 처음으로 다른 의견을 냈다.

이듬해 국제 전문가들은 옥스퍼드 대학교에서 열린 '4도와 그 이상' 회의에 모여 처음으로 구체적인 시나리오를 제시했다. 2013년에 이르자 유니버시티 칼리지 런던 기후학과 교수 마크 마슬린Mark Maslin이 바르샤바 기후 협상에서 "우리는 이미 섭씨 4도의 세계를 준비하고 있습니다. 바로 그곳으로 우리가 향해 가고 있기 때문입니다. 제가 아는 과학자들 중 이 사실을 믿지 않는 이는 아무도 없습니다."라고 말할 정도로 충분한 의견의 일치가 이뤄졌다.

정책 입안자들의 머릿속에도 점차 4도가 자리를 잡고 있다. 국제에너지기구는 현재의 배기가스 수치가 지속되면 우리는 4도 상승을 향해 갈 것이라고 보고한다. 2012년 급진적 환경 단체도 아닌 세계은행은 〈세계는 왜 섭씨 4도의 상승을 피해야 하는가Why a 4°C Warmer World Must be Avoided〉라는 제목의 보고서를 내놓았다. 보고서 서문에서 세계은행 총재 김용 박사는 "우리의 모든 일과 생각은 섭씨 4도의 세계라는 위협을 염두에 두고 계획되어야 한다"고 말했다.

그렇다면 4도는 무엇을 의미하는가? 전반적으로 과학자들은 과장을 극도로 경계하는 집단이지만, 그럼에도 계속해서 '재앙'이라는 단어를 쓴다. 오스트레일리아 뉴사우스웨일즈 대학교의 기상학과 교수 스티븐 셔우드Steven Sherwood는 기온이 섭씨 4도 상승하면 '재앙'이 발생하고 대부분의 열대 지방에서는 생활이 '불가능까지는 몰라도 힘들어질 것'이라고 주장한다. 틴들 기후변화연구센터의 전 소장인 케빈 앤더슨 교수는 섭씨 4도 상승이 '인류 사회와 생태계 모두에 재앙이 될 것'이라고 생각하지 않는 과학자는 거의 찾아보기 힘들다고 말한다.

온갖 통계를 들이대고 싶은 유혹은 억누르도록 하겠다. 온라인에서 탁월하고 자세한 자료를 찾아볼 수 있다. 그 대신 여기서는 섭씨 4도 상승한 세계를 짤막하게 묘사해보겠다.

1. **혹서.** 세계은행은 '전례 없는 규모로 새로운 수준의 혹서'가 발생할 것이라고 예측한다. 과거 500만 년 동안 지구상에서 볼 수 없었던 기온이 관측될 것이다. 섭씨 4도는 지구 기온의 평균 상승분이므로 북아프리카와 중동, 미국 본토처럼 광활한 대륙의 기온은 이보다 훨씬 더 높은 6도까지 상승할 것이다. 지중해 지역 7월 최고 기온은 현재의 7월 최고 기온에 비해 섭씨 9도까지 상승할 수 있다.

2. **멸종.** 동식물의 40퍼센트가 멸종 위기에 처하게 될 것이고 그보다 훨씬 이른 시점에 국지적으로 산호초 생태계 전체가 멸종하는 사태가 발생할 것이다. 숲은 특히 취약하다. 아시아 열대우림의 4분의 1이 위기에 처할 것이고 아마존 대부분이 소실될 가능성이 대단히 높다.

3. **식량 생산.** 지구의 평균 기온이 3도 상승하면 현재의 경작 지역에서 모든 작물의 수확량이 급격히 감소하게 된다. 아프리카에서는 전체 농작물 수확량이 3분의 1까지 감소할 수 있다. 일부 추정에 따르면 4도 이상 기온이 상승할 때 미국의 옥수수, 대두, 면 생산량은 63~82퍼센트까지 감소할 수 있다고 한다. 다른 곤란한 상황도 발생한다. 아프리카와 오스트레일리아에서 현재 경작지의 60퍼센트가 계속적인 극심한 가뭄의 영향에 놓이게 된다. 홍수, 폭풍, 잡초와 병충해 발생의 피해로 이런 문제들은 악화될 것이다.

이에 필적할 만한 또 다른 대참사가 이어질 것이다. 지구의 평균 온도가 섭씨 4도 증가하면 그린란드의 빙하는 확실히 전부 녹아내릴 것이고 서부 남극 지방의 빙하 역시 전부 녹아내릴 가능성이 높다. 이렇게 되면 해수면

이 9.75m 이상 상승하게 된다. 그 시기는 불확실하지만 결과는 확실하다. 세계 주요 도시의 3분의 2와 남부 방글라데시, 플로리다 주 전체가 물에 잠기게 될 것이다. 게다가 기온이 4도까지만 상승하고 멈춘다는 보장은 그 어디에도 없다. 이 수준에서 한층 더 강력한 피드백과 티핑포인트가 지속적인 온도 상승을 유발하면서 6도, 나아가 8도까지 상승할 수 있다.

이에 대한 연구는 지금도 계속되고 있으며 이러한 변화들이 어떤 상호작용을 발생시킬는지는 여전히 미지수이다. 반복적으로 발생하는 가뭄과 폭풍, 혹서와 해수면 상승이 결합되면 어떤 결과가 발생할까? 주요 농업 지역에서 생산성이 급격하게 감소하면 90억 세계 인구는 어떻게 대처할까? 그나마 지금도 인간이 간신히 거주하는 지역인데 그곳이 완전히 인간이 살 수 없는 지역으로 변해버리면 그곳에 사는 사람들은 어떻게 될까?

틴들 기후변화연구센터에서 기후 모형을 연구하는 레이첼 워런Rachel Warren 박사는 이러한 상호작용을 언급하면서 "인류와 자연의 적응 한계를 넘어설 가능성이 높다."라고 썼다. 세계은행은 이 견해를 반영하여 "적응이 가능하리라는 확신은 없다."라고 결론 내렸다. 이렇게 수동적이고 추상적인 언어로 표현하면 무슨 뜻인지 이해하기 어렵다. 세계에서 가장 영향력 있는 기후 과학자 중 한 명인 존 셸른후버John Schellnhuber 교수는 좀 더 직설적으로 말한다. 2013년 한 회의에서 셸른후버는 섭씨 4도 상승이 오스트레일리아에 미칠 위험에 대해 이야기하면서 "2도와 4도의 차이는 인류 문명입니다."라고 말했다.

그렇다면 이런 사태는 언제쯤 닥칠까? 영국의 한 조사 팀은 현재의 연구 결과들을 검토한 뒤 2070년대에 4도 상승의 사태를 맞게 될 가능성이 크다고 결론을 내리면서 2060년대에 일어날 가능성도 없지 않다고 덧붙였다.

그러나 4도 상승을 둘러싼 과학은 계속 변하고 있으며 대개 더 비관적인 방향으로 변하고 있다. 오스트레일리아 뉴사우스웨일즈 대학교에서 최근 발표한 한 논문에 따르면, 열대지방에서 구름의 양이 감소하면 온난화가 급격하게 가속화되어 21세기 중반에 이미 지구 온도가 4도까지 상승할 수 있으며 21세기 말에는 8도까지 상승할 가능성이 있다고 한다. 미래 세대에게 기후변화는 대단히 심각한 문제가 될 것이다.

이 같은 예측은 경고의 형태를 띠고 있고 불확실한 표현을 쓰고 있지만 이는 대개 결과가 아니라 시기의 문제이다. 모두가 동의하는 주요 변수는 배기가스의 수준(특히 화석연료 연소가 유발하는 배기가스)과 이를 감소시키는 속도이다.

이렇게 해서 다시 한 번 우리는 우리가 어떤 길을 선택할지 결정함에 있어서 우리의 심리적 반응(수용, 회피, 혹은 부정)이 미칠 매우 중요한 영향력의 문제로 돌아오게 된다. 기후 과학의 예측이 바뀐다는 것은 우리가 기후변화를 무시하기로 한 집단적 의사결정 때문에 미래에 대한 통제력이나 선택권을 잃어버리고 있다는 사실을 보여준다. 이 책에서 분석한 기후변화 문제를 인식하고 이해하고 해결하는 과정이 그토록 중요한 이유가 바로 이 때문이다.

○

참고 문헌, 출처 및 더 읽을거리

참고 문헌과 출처는 이 책의 웹사이트 www.climateconviction.org에 자세하게 실려 있다. 웹사이트에서 활발한 논의를 계속하고 있으며 참고 문헌은 새로운 설명과 명확한 해명을 더해 정기적으로 갱신하고 있다.

700건이 넘는 출처 중에서 가장 유용하고 흥미롭다고 생각하는 대상을 엄선해 보았다. *표로 표시한 문서는 인터넷에서 찾아 다운로드할 수 있다. 일부 제목은 검색의 편의를 위해 줄여서 표시했다.

기후변화의 심리학에 관한 개요

클라이브 해밀턴은 내가 다룬 쟁점을 오랫동안 생각해 왔으며, 나는 그의 저서《누가 지구를 죽였는가》(2013, 이 책)에서 큰 영감을 얻었다. 2009년 팀 캐서Tim Kasser와 공저로 발표한 논문 *〈섭씨 4도 상승의 위협과 스트레스에 대한 심리적 적응Psychological Adaptation to the Threats and Stresses of a Four Degree World〉에서도 해밀턴의 식견을 찾아볼 수 있다.

온라인에서는 두 가지 주요한 기후변화의 심리학 개요를 찾아볼 수 있다. 사빈 마르크스Sabine Marx의 *〈기후변화 소통의 심리학: 안내서The Psychology of Climate Change Communication : A Guide〉는 매우 잘 쓴 개요서이다. 미국 심리학회 특별 전문가 위원회가 작성한 *〈심리학과 지구 기후변화Psychology and Global Climate Change〉는 좀 더 전문적인 개요서라 할 수 있다.

카리 노가드가 기후변화 부정과 침묵을 선구적으로 분석한 저서 《부정하며 살아가다^{Living in Denial}》(2011, MIT·Press)는 무척 읽기 쉽다. 노가드는 세계은행의 온라인 보고서 *〈기후변화에 대응하는 인지 및 행동 과제^{Cognitive and Behavioral Challenges in Responding to Climate Change}〉에서 자신의 생각을 간추려 설명했다.

샐리 와인트로브가 엮은 《기후변화와 씨름하기: 정신 분석 및 학제간 시각^{Engaging with Climate Change: Psychoanalytic and Interdisciplinary Perspectives}》(2012, Routledge)에는 높은 통찰력을 보여주는 엄선된 소논문들이 실려 있다. 이 책은 기후변화의 근원에 있는 심리를 정신 분석을 바탕으로 혁신적인 시각에서 분석한다.

인지심리학 및 의사결정과 관련한 서적으로는 대니얼 카너먼이 쓴 《생각에 관한 생각》(2012, 김영사)을 강력 추천한다. 에비아타 제루버블이 쓴 《방안의 코끼리^{The Elephant in the Room}》(2007, OUP)는 사회적 침묵에 대해 생각할 때 아주 훌륭한 길잡이가 될 것이다. 또한 나는 조너선 하이트와 대니얼 길버트의 글에서도 커다란 영향을 받았다.

스테판 르완도우스키와 동료들이 쓴 거의 알려지지 않은 논문 *〈허위 정보와 그것의 수정: 계속되는 영향력과 성공적인 편향제거^{Misinformation and Its Correction: Continued Influence and Successful Debiasing}〉는 담론 형성에 관한 연구와 도전에 대한 뿌리 깊은 신념의 저항을 간략하게 설명한다. 제목만 봐서는 어렵게 느껴지지만 실제로는 대단히 접근하기 쉽고 흥미진진한 연구이다. www.culturalcognition.net에서는 댄 카한의 연구와 블로그 게시물을 찾아볼 수 있다. 카한이 《네이처^{Nature}》에 발표한 소론 *〈왜 우리는 기후변화에 대해 양극단으로 갈리는가^{Why We Are Poles Apart on Climate Change}〉는 좋은 출발점이 될 것이다.

마이크 흄은 저서 *《우리는 왜 기후변화에 동의하지 않는가^{Why We Disagree About Climate Change}》(CUP, 2009)에서 원로 기후 과학자로 25년 동안 쌓아온 경험과 흥미롭게도 독실한 기독교 신앙에 의지하여 문화적 편향이 위험과 기후 담론에 대한 우리의 인식에 미치는 '사악'한 영향을 논의한다.

댄 가드너^{Dan Gardner}와 데이비드 로페이크^{David Ropeik}는 위험 심리학을 주제로 여러 훌륭한 책들을 썼는데, 그 중에서 나는 학술 연구를 종합한《이유 없는 두려움》(2012, 지식갤러리)을 추천한다. 엘케 웨버가 쓴 논문 *〈왜 우리는 (아직도) 지구온난화를 두려워하지 않는가^{Why Global Warming Does Not Scare Us (Yet)}〉는 기후 위험에 대한 연구 결과를 요약하여 담고 있다.

행동에 나서야하는가에 대한 기후 쟁점과 논쟁

기후변화를 다룬 쟁쟁한 글들이 워낙 많고 온라인에서도 쉽게 찾아볼 수 있어 한 가지 출처만 언급하기는 어렵지만, 조지 몬비오와 빌 맥키번, 나오미 클라인, 조 롬, 데이브 로버츠^{Dave Roberts}, 샤론 애스틱^{Sharon Astyk}에게서 항상 자극을 받고 있음을 고백한다. 맥키번이 2012년 콜로라도 산불 사태 이후《롤링스톤》에 기고한 글 *〈지구온난화의 가공할 새로운 수학^{Global Warming's Terrifying New Math}〉은 주목받아 마땅하다.

푸테라커뮤니케이션스가 발행하는《시즐^{Sizzle}》, 서스테이니아의 자료들, 그리고 도발적인 보고서〈환경보호 운동의 종말〉을 비롯한 브레이크쓰루인스티튜트의 여러 출판물에는 좀 더 긍정적인 기술 관료적 메시지들이 담겨있다.

테다 스카치폴^{Theda Skocpol}이 발표한 논문 *〈문제에 이름붙이기 : 극단주의에 대항하고 미국인들을 지구온난화와의 싸움에 참여시키려면 어떻게 해야 하는가^{Naming the Problem : What It Will Take to Counter Extremism and Engage Americans in the Fight Against Global Warming}〉는 기후변화 입법 캠페인에 대한 비평을 담고 있다. 인정사정없는 스카치폴은 온라인에서 기후 활동가들과 격렬한 논쟁을 벌이기도 했다.

이념 운동으로서의 기후변화 부정 운동에 대한 자세한 분석은 온라인 사이트 www.desmogblog.com와 나오미 오레스케스^{Naomi Oreskes}의《의혹을 팝니다》(2012, 미지북스), 제임스 호건^{James Hoggan}의《기후 은폐^{Climate Cover-Up}》(2009, Greystone)에서 찾아

볼 수 있다. 그린피스가 발표한 보고서 〈기후변화 부정 단체를 은밀히 지원하기[Secretly Funding the Climate Denial Machine]〉와 〈기후변화 부정을 부채질하기[Still Fueling Climate Denial]〉는 코크 인더스트리에 대한 폭로를 담고 있다. 직업적인 기후변화 부정론자들의 인격에 대해서는 조엘 아켄바크[Joel Achenbach]가 《워싱턴포스트》에 쓴 대단히 흥미로운 기사 *〈태풍[The Tempest]〉을 추천한다.

극우 보수주의의 도덕성에 대해 좀 더 알고 싶다면, 바네사 윌리엄슨[Vanessa Williamson] 등이 쓴 *〈티파티와 공화당 보수주의의 재건[The Tea Party and the Remaking of Republican Conservatism]〉, 기후 지원 및 정보 네트워크[Climate Outreach and Information Network](COIN)의 보고서 *〈중도 우파와 나눈 기후변화에 관한 새로운 대화[A New Conversation with the Centre-Right about Climate Change]〉를 참조하라.

올리버 티켈의 중요한 책《교토2[Kyoto2]》(2008, Zed Books)는 탄소배출권 경매를 통해 유정 생산을 통제하는 국제 기후 정책을 자세하게 소개한다.

이 책에서 나는 구체적인 과학적 논의는 피했지만, 미래에 닥칠 충격을 대단히 읽기 쉽게 설명한 훌륭한 책으로 마크 라이너스[Mark Lynas]의 《6도의 멸종》(2014, 세종서적)을 추천한다. 또한 나는 세계은행의 다소 어려운 보고서 *〈열기를 낮춰라: 왜 섭씨 4도 더 높은 세상을 피해야 하는가[Turn Down the Heat: Why a 4°C Warmer World Must Be Avoided]〉와 2009년 '4도와 그 이상[Four Degrees and Beyond]' 기후 회의에서 발표한 온라인 논문들에서 중요한 정보를 얻었다.

기후 과학을 비판하는 수많은 책이 있다. 대부분은 매우 지루하지만, 신념 체계로서의 기후변화를 가장 재미있게 공격한 책은 제임스 델링폴이 쓴《수박: 환경 운동가들은 어떻게 지구를 죽이고 있는가[Watermelons : How Environmentalists Are Killing the Planet]》이다. 델링폴은 과학이나 증거에 아무런 관심이 없으므로 이 책에서는 순전히 담론에 의존해 분통을 터트리고 있다.

여론

매튜 니스벳[Matthew Nisbet]과 테레사 마이어스[Teresa Myers]는 *〈지구온난화에 대한 20년간의 여론[Twenty Years of Public Opinion about Global Warming]〉에서 1987년부터 2007년까지 실시한 여론조사 결과의 부침을 도표로 자세하게 개관했다. 좀 더 최근의 연구는 예일 기후변화 의사소통 프로젝트가 정기적으로 내놓은 간행물, 특히 '미국인의 사고방식[American Mind]' 프로젝트에서 찾아볼 수 있다. 일반 대중의 태도 분류 모형은 예일 기후변화 의사소통 프로젝트가 발표한 *〈6개 부류의 미국인[Six Americas]〉 정기 연구 보고서와 사회 자본 프로젝트[Social Capital Project]가 발표한 *〈기후에 대한 미국인의 태도[American Climate Attitudes]〉 보고서에서 찾아볼 수 있다.

기후변화 소통

일반적인 기후변화 소통에 대해서는 환경 단체 클라이미트액세스[Climate Access]가 발행한 *〈기후 교차로[Climate Crossroads]〉가 좋은 입문서가 될 것이다. www.talkingclimate.org와 www.climatenexus.org에서 풍부한 온라인 자료를 찾아볼 수 있다. 그린얼라이언스[Green Alliance]는 유명 이론가들이 쓴 글을 모아 *〈뜨거운 공기에서 해피엔딩으로[From Hot Air to Happy Endings]〉를 발행했다.

기후변화의 기호학을 훌륭하게 분석한 주디스 윌리엄슨의 강의 〈진실 해제하기: 기후변화 이미지 속 지식과 부정[Unfreezing the Truth: Knowledge and Denial in Climate Change Imagery]〉, 그리고 기후변화 담론을 검토한 길 에로트[Gill Eraut]의 *〈따뜻한 언어: 우리는 기후를 어떻게 이야기하고 있는가?[Warm Words: How Are We Telling the Climate Story?]〉는 이 책을 쓰는 내게 특히 호기심을 불러일으켰다.

조지 마셜의 다른 연구들과 기후 지원 및 정보 네트워크(COIN) 소개

내 처녀작《탄소 해독[Carbon Detox]》(2007, Octopus)은 이 책에서 소개한 견해 중 일부를 이해하기 쉬운 자기계발서 형태로 제시한 책이다. 내가 만든 단체 COIN은 그런 주제들을 한층 더 자세히 분석하고 있다. 우리의 웹사이트 www.talkingclimate.org에서는 사회 규범 및 네트워크, 행동의 변화, 과학적 소통에 관한 간략한 정보들을 찾아볼 수 있다. 최근 발표한 보고서로는 *〈기후 침묵(과 그것을 깰 방법)Climate Silence (and How to Break It)〉과 *〈홍수 이후: 기상이변을 통해 기후변화 소통하기After the Floods: Communicating Climate Change around Extreme Weather〉가 있다. 정기적 보고서는 www.climateoutreach.org.uk/resources/에 게시한다.

○

이 책을 쓴 목적은 기후변화를 받아들이기가 왜 그렇게 어렵다고 느끼며 어떻게 확신을 형성할 수 있는지 장기간에 걸쳐 폭넓은 논의를 장려하고자 함이다. 기후변화는 활발하고 때로는 격앙되기도 하는 화제이며 누구나가 의견을 지니고 있는 듯하다. 그러니 다들 토론에 참여해서 본인의 생각과 경험을 알려주고 특히 주변 사람들의 견해를 전해 주길 바란다.

이 책의 웹사이트 www.climateconviction.org에서 자세한 참고 문헌과 출처(최신 연구와 의견을 정기적으로 업데이트하고 있다), 보도자료, 논평, 다가올 행사를 찾아볼 수 있다.

다음 매체에서도 토론에 참여할 수 있다.

트위터 @climategeorge

유튜브 채널 climategeorge

페이스북 Don't Even Think About It – How Our Brains Ignore Climate Change

내 개인 블로그 www.climatedenial.org

www.climateconviction.org에서 파워포인트 자료와 강의 자료를 받아

당신이 속한 집단이나 직장, 대학, 혹은 독서회에서 직접 토론을 주도해 본다면 한층 더 도움이 될 것이다. 우리는 이런 기후 침묵을 깨야만 하고 당신이 바로 그 일을 할 사람이다!

감사의 말

먼저 인터뷰를 위해 기꺼이 시간을 내어주고 서슴없이 의견과 경험을 공유해 준 모든 분들께 감사 인사를 드리고 싶다. 이 책에서 모든 분들을 직접 인용할 수는 없었지만 모두가 이 책에 영향을 미쳤다. 여러분의 견해를 정확하고 공정하게 반영하거나 전달했길 바란다.

애비 필빈 보먼, 애덤 혹실드, 알리아 하크, 앤드루 심스, 애니 레너드, 앤서니 레이세로위즈, 아라 노렌자얀, 아토사 솔타니, 벳시 테일러, 빌 블레이크모어, 빌 맥키번, 밥, 부잔코, 밥 잉글리스, 브루스 돕코스키, 브라이언 조지, 카라 파이크, 크리스 래플리, 클라이브 해밀턴, 코트니 세인트 존, 신리 라이트, 댄 길버트, 댄 카한, 대니얼 카너먼, 데이비드 버클랜드, 데이비드 혼, 데이비드 라이너, 데브라 메디나와 텍사스 티파티 활동가, 데얀 수딕, 디나 롱, 이몬 라이언, 데린 비비아노, 에린 테일러, 에비아타 제루버블, 프랭크 베인, 프랭크 마이사노, 프레더릭 러스킨, 개빈 슈미트, 조지 로웬스타인, 길 에로트, 지니 피커링, 제임스 핸슨, 제니퍼 모건, 제니퍼 워커, 제레미 레깃, 짐 리치오, 조애나 메이시, 조 롬, 조엘 헌터, 존 애덤스, 존 애슈턴, 존 참리, 줄리엣 쇼어, 칼리 크라이더, 커트 데이비스, 케빈 앤더슨, 케빈 윌, 케야 채터지, 커크 존슨, 로라 스톰, 마크 모라노, 마르틴 부르시크, 매튜 니스벳,

마이클 브룬, 마이클 돕코스키, 마이클 만, 마이클 마르크스, 마이클 살바토, 마이런 에벨, 올리버 번스타인, 올리버 티켈, 패트릭 레인즈보로, 폴 슬로빅, 피터 쿠퍼, 르네 러츠만, 리처드 플러, 로스 곌브스팬, 사빈 마르크스, 샐리 빙엄, 샘 캐즈먼, 샌디 던롭, 스티븐 리, 스티브 크레츠만, 테드 노드하우스, 토머스 셸링, 팀 니콜슨, 톰 아타나시우, 비네이 굽타, 웬디 에스코바르.

이 프로젝트를 진행하고 여행을 하는 동안 도와준 수많은 사람들, 연락을 취하고 계약을 할 때 조언해 주고 생각과 식견을 공유해 주었으며 나를 재워주고 참고 견뎌준 모든 이들에게 진심으로 감사를 표하고 싶다. 여러분의 너그러움에 다시 한 번 감사드린다.

알라스테어 매킨토시, 아마라 레비 무어, 앤디 크로프트, 앤디 레브킨, 애니 레너드, 베스 코노버, 빌 데이, 브라이언 토카르, 브루스 리치, 브루스 스탠리, 캐롤라인 크럼패커와 로베르토 로시, 카스파르 헨더슨, 크리스 쇼, 클레어 로버츠, 클레어 엘리스, 클리프 조던, 대프니 와이셤, 데이비드 파트너, 데이비드 로덴버그, 에드워드 C. 창, 에릭 파이페, 이브 레비, 프레드 피어스, 개리슨 연구소, 가슨 오툴, 게리와 그레이트오크 카페 직원, 그레이엄 로턴, 하트 피닉스, 제임스 메리어트, 제니퍼 캘러핸, 제니 혹, 조 해밀턴, 조애나 켐프너, 존 포섹, 존 파사칸탄도, 존 시드, 조너선 번트, 조너선 스포티스우드, 캐런 해든, 카리 노가드, 캐서린 헤이호, 캐시 게라티 아코스타, 라프카디오 코르테시, 로렌스 컬버, 리사 오어와 맷 해리스, 로레인 위트마시, 루이자 테럴, 린 잉럼, 마크와 잰 스콧, 마크 해든, 마크 레빈, 마크 라이너스, 매튜 제이콥슨, 마이클 코벌리스, 믹 웨스트, 마이크 로젤, 닉 런치, 닉 피전, 니콜라 베어드와 피트 메이, 올가 로버츠, 패디 매컬리, 팸 웰너와 유진 디키, 피터 립먼, 피터 윈터스, 레베카 헨더슨, 랜디 헤이스, 리처드 시직, 리처드 해리스, 리처드 헤링, 로버트 윌킨슨, 라이언 리튼하우스, 사프란 오닐, 샐리 와인트로브, 세라 스미스, 세라 우즈, 스콧 파킨, 존 휴턴, 스테판 르완도우스키, 스튜어트 캡스틱, 수전 브라이트코프, 테드 글릭, 미국작가조합, 톰 크럼프턴, 톰 '스미티' 스미스, 세포라 버먼, 조 브로턴, 조 레비스턴.

두서없이 쓴 초안을 읽고 실수를 수정해 준 친구들, 조지 몬비오, 휴 워릭, 패트릭 앤더슨, 폴 채터튼, 로먼 크르즈나릭, 비비언 사이먼, 그리고 기후 지원 및 정보 네트워크에서 함께 일하는 동료들, 특히 애덤 코너, 올가 로버츠, 제이미 클라크에게 진심어린 감사를 전한다. 하지만 그 중에서도 원고를 한 줄 한 줄 꼼꼼하게 지적해주고 자세한 수정 대안까지 제안해 준 랜 밀러와 제이 그리피스에게 무한한 감사를 전한다. 이 책을 재밌게 읽었다면 그것은 이들의 기술과 지식 덕분이다.

마지막으로 무명의 영국 작가에게 미국 시장을 겨냥해 그 누구도 읽고 싶어 하지 않는 주제에 관한 책을 쓸 기회를 준 블룸즈버리 출판사의 낸시 밀러에게 커다란 감사를 전한다. 정말 용감한 출판이었다. 그리고 언제나 지원을 아끼지 않는 아내 애니와 우리 아이들 엘사와 네드에게 고마움과 사랑을 전하며 스트레스로 무뚝뚝하게 굴었던 점을 사과하고자 한다.

기후변화의 심리학
우리는 왜 기후변화를 외면하는가

조지 마셜 지음 | 이은경 옮김

2018년 2월 10일 초판 1쇄 발행
2023년 11월 1일 초판 6쇄 발행

펴낸이 이제용 | 펴낸곳 갈마바람 | 등록 2015년 9월 10일 제2019-000004호
주소 (06775) 서울시 서초구 논현로 83, A동 1304호(양재동, 삼호물산빌딩)
전화 (02) 517-0812 | 팩스 (02) 578-0921
전자우편 galmabaram@naver.com
블로그 blog.naver.com/galmabaram
페이스북 www.facebook.com/galmabaram

인쇄·제본 이지프레스

ISBN 979-11-956340-5-7 03300

이 도서의 국립중앙도서관 출판예정도서목록(CIP)은 서지정보유통지원시스템 홈페이지
(http://seoji.nl.go.kr)와 국가자료공동목록시스템(http://www.nl.go.kr/kolisnet)에서
이용하실 수 있습니다. (CIP제어번호: CIP2018003478)